新时期嘉定作家群
文学丛书

练水集

陶继明 著

文汇出版社

新时期嘉定作家群文学丛书序

孙甘露

此次由文汇出版社出版的这套丛书,是在2010年,由上海文化出版社出版的《新时期嘉定作家群——资料卷、作品卷》的基础上,为进一步全面深入地回顾新时期以来嘉定作家的文学创作成就,以作家个人作品或作品集的形式,梳理展示嘉定作家在文学创作上的探索和贡献。同时,也令我们深思嘉定这一具有深厚的历史文化底蕴的古城如何在今日延续文脉,养育了风格如此多样的作家,他们的作品透露出对时代和生活的细致观察,叙事沉着从容,不为喧嚣的潮流所动,而角度和笔触又是迥异多姿。

此次收录文丛的殷慧芬、张旻、楼耀福、龚静、须兰、许佳、戴达、魏滨海、戴臻、陆棣、赖云青、赵春华、陶继明、葛秋栋、王威尔等十五位作家的作品,涉及了小说、散文、儿童文学等诸多领域,作家的年龄和创作经历也伴随着新中国的发展而来,他们的作品既表现了当代中国日常生活的巨大变化,也反映出时代变迁下不同阶层、不同领域的人群的内心生活的细微演化;同时,在不同时期和各自领域文学创作的流变中保持了敏锐的观察和高度的警惕,不为时俗所迷惑,又新意迭出,触动人心。深厚的生活积累和对文学历史的深入研究使这些作品周正、持重、谦逊而意蕴绵长。

对这些作家、作品的研读和品鉴,应该更多地着眼于上海文学乃至中国当代文学的视野中,更应该仔细地探寻滋养他们的嘉定的历史、文化、地理的特质和氛围。在某种意义上，特殊的地理位置，也使他们获得了有效的距离和冷静的观察，这种文学上的大城小镇正是孕育史上无数重要作家、催生重要作品的得天独厚的土壤。

正如许多专家、学者一再提及的，嘉定作为人文荟萃的名城，产生过钱大昕、陆俨少等著名的学者、艺术家、教育家等，我们深信，随着时间的推移，文丛所收录的嘉定作家的写作，会在历史的眼光中被不断地再发现、再阐发，也为后来者接续传统树立有益的典范。

2019 年 5 月 19 日

自序

2000年初冬，我出版了第一本散文随笔集《疁城漫笔》。此书面世后，自己忐忑不安，不知社会评价如何。承蒙方家、读者的错爱，普遍反响较好，出乎我的意料，大大激发了我的勇气和信心。否则，本就不太自信的我可能就此搁笔了。

近二十年来，我继续在文学园地里笔耕，自觉小说与诗歌非我所长，没有勇气去涉及。就在研究文博和地方史的同时，继续写与之相关的散文随笔。因为人疏懒，有不少文章是被媒体逼出来的，数量不少，但趋时应景，遵命文字，在所难免，有的作品尚缺乏精打细磨。此次挑选时，都舍弃了。

世事沧桑，白云苍狗，一晃我已年过七旬。近二十年来，我又在各种媒体上发表了相当数量的作品，产生了一定的影响，有的作品还获了奖，甚至收入了大学语文教材。这本集子是我从50岁到70岁这二十年的作品中精选出来的，跨越了从知天命到随心所欲不逾矩的年龄阶段，是自己生命历程中最重要的阶段。其间，我对人生有了新的思考，而这些思考都自然融入到作品中。嘉定是我生于斯、长于斯、老于斯的"血地"，我一生都未离开过故乡，偏隅一地，视野窄，是其短；而聚焦一方，开掘深，又是其长。所幸嘉定是个人文底蕴十分深厚的地方，丰富的资源让我有讲述不完的故事，倾吐不尽的感情。只要我的健康状况许可，我还会继续写下去。

《练水集》是我的第二部散文随笔集。取名《练水集》，是因为练水即练祁河，为嘉定的母亲河，我是喝着练祁河水长大的。

这本书由风物、人物、西门、序跋、情怀等五个部分组成，共70余篇文章，以嘉定的人、事、物为主轴，说古道今，不少是从故纸堆中发掘出来的新内核，应属乡土文学的范畴。而将西门也列为一辑，是因我是嘉定西门外的原住民，对西门有特殊的情感，虽迁至城中已三十年整，但旧梦依稀，余温犹在。《练水集》与《嘐城漫笔》相比，在内容与形式上有承接关系，故它也是《嘐城漫笔》的续篇。

走笔至此，感慨万千。都说书比人更长寿，但真正能留得下的作品实属凤毛麟角，绝大部分作品将被无情地湮没在历史长河中。若在数十年、数百年之后，有人偶尔翻到这本《练水集》，知道嘉定历史上曾有一个叫陶继明的人，则不胜荣幸也。

2019年暮春于古嘐练水东滨菖蒲书屋

目录

风物篇

003　寻访嘉定古迹
005　走进嘉定孔庙
012　孔庙的树
015　法华塔下的风景
021　老街的音符
023　风淡淡，水茫茫，动一片晴光
026　刻在石头上的史书
034　三通碑刻与金氏家族的故事
041　风雨天恩桥
045　秦园琐记
050　檀园新生记
057　清廉书院风波
061　情洒震川书院
064　翥云峰传奇
070　风雅绝伦的嘉定竹刻
078　嘉定茶事
081　文化名人与南翔小笼馒头

人物篇

087　归有光与教化嘉定
091　松圆老人程嘉燧
096　寻寻觅觅

100　多才多艺的竹刻大师朱缨
104　金元钰——竹刻美学评论第一人
112　槎溪茶仙陆廷灿
120　惊涛骇浪中的学术之舟
128　一官唯养志，书生报国心
136　顾维钧的乡土情结
139　无瑕人生
141　故乡情
144　桂叶草堂的怀念
149　我记忆中的秦瘦鸥先生
154　悠悠练水情
161　故乡的怀念
165　练水河畔吊诗魂
168　飘零的花魂
171　陈四益其人其文
173　诗人之吟　学者之思

西门篇

179　风雨沧桑话练祁
187　练祁之根护国寺
190　人性光芒
194　上林春书场
197　善牧堂轶事
200　曾氏瑞芝义庄
203　石马弄故事
207　信念的证明
214　陶家洋房轶事
216　古银杏悲歌

序跋篇

221　纸上的纪念馆
225　大海馈赠的城市
231　螺居笔耕几沉浮　斟字酌句心血凝
238　《震川》小引
241　第一等人
244　书友孙镇
248　穿越时空：一个世纪的嘉定沧桑岁月
251　古镇乡愁
255　空中的足音
259　那充满泥土芬香的画卷
261　芭蕉叶叶为多情
265　为中医药复兴鼓与呼

情怀篇

271　练川梦寻
275　小楼一夜听春雨
277　最忆街头叫卖声
280　那令人难忘的红烧肉
282　金色的翅膀
284　绵长的记忆
286　扬帆：从《疁城文博》开始
288　好风凭借力　送我上青云
290　淘书记趣
292　我的《东坡乐府笺》
294　提心吊胆的三天三夜
296　纸上的余温：《疁城漫笔》回音壁
299　我为嘉定地名"平反"记
303　随笔三章

风物篇

寻访嘉定古迹

有着"教化嘉定"美誉的嘉定,八百年风雨沧桑像一条历史的河,岁月的河流中积淀的是文化,能够穿越岁月风霜的是遗存的古迹。古迹是权威的教科书,存储着丰富的信息。在我的人生历程中,它像一位无言的老师,让我读懂了家乡的文化和历史。

我在冈身上行走,这里曾出土过沉睡了三千多年的石器和陶器,它告诉我数千年前,嘉定的先民已经顽强地在这块土地上生息繁衍。我登临鹤槎山,这座英雄的山上曾经驻扎抗金名将韩世忠的部队,这里似乎还能够听到战马的嘶鸣和士兵的呐喊声。同是在这座山上,罗汉党在这里秘密结集起义,吹响上海地区反清斗争的号角。我漫步西水关,耳畔仿佛又响起了小英雄石童子的呼叫声:"倭寇来了,倭寇来了……"他倒在血泊中,全城百姓得救了。我瞻仰侯黄纪念碑、叶池碑、陶庵留碧碑、黄淳耀墓,仿佛看见侯峒曾、黄淳耀身披铠甲,昂首挺立在嘉定城头,指挥着嘉定军民抵御强敌。我登上高义桥,中国共产党领导的"五抗"斗争中,革命先烈的头颅悬挂在桥头,我看见1928年那腥风血雨中的激情燃烧,《国际歌》的旋律震颤着人们的心灵,由此,灵魂得以洗礼、净化……

嘉定的古迹是美的象征,寻访古迹是一次美的探索,也是一次知性之旅。

我常在嘉定城中漫步,这里有高耸入云的宝塔——法华塔。历史上,嘉定人曾八次修建这座文峰塔。从法华塔地宫出土的宋元文物,浑厚大气,精美绝伦;塔院内的职业外交家顾维钧生平陈列室，展示了这个嘉定人漫长而传奇的一生，浓缩了一部中国外交史。我在孔庙流连忘返，清澈的泮池，苍翠的古柏，林林总总的碑刻，号称"吴中第一"的巍巍孔庙，它是"教化嘉定"发祥地，也是嘉定境内唯一的国家级文物保护单位，七千多名秀才、五百余名举人、192名进士从这里走出，他们中有三人摘得科举状元的桂冠。我徜徉在秋霞圃、古猗园内，五百岁高龄的秋霞圃是上海最古老的园林，春兰秋菊，云蒸霞蔚；占地145亩的古猗园是上海最大的古典园林，白鹤亮翅，绿竹猗猗。老屋潜研堂是著名学者钱大昕的学术之舟，他曾在这里青灯黄卷、潜心著述，构筑里程碑式的学术巨著——《廿二史考异》……

嘉定境内古迹星布，每一处都有动人的故事，假如失去它们，听得见文脉的断裂声。因为，它们是古城的灵魂、文明的圣火。

走进嘉定孔庙

嘉定，江南的一片"清嘉之土，安定之地"，自古就是精致发达的吴文化圈中的一个重镇，历来人文荟萃，人杰地灵。嘉定的文化生态环境得天独厚，文物古迹众多，其中最负盛名的当数国家级文物保护单位——嘉定孔庙。

孔庙位于历史文化名镇嘉定镇南端，掩映在一片绿色的丛林中，素有"吴中第一"的美誉。十分庆幸的是我服务的嘉定博物馆就在孔庙内。我终日与孔庙为伴，每天都能感受孔庙的气息，每当我触摸嘉定的历史文化时，一种"心向往之"的崇高美便迎面扑来。

嘉定孔庙已有八百年的历史，早在南宋嘉定十二年（1219），即嘉定建立县治仅一年，首任嘉定知县高衍孙为"教化人民，培育人才"，手辟草莱，筚路蓝缕，建造了高峻雄伟的大成殿和化成堂（即明伦堂）。嘉定人民应当感谢这位非进士出身的宁波人，是他奠定了孔庙的基础。以后又历时三十年，直至南宋淳祐九年（1249），占地30余亩的孔庙建筑体制终于初具规模。从此，虔诚的嘉定人民视孔庙为文明的圣殿，对她珍爱有加。八百年来，无数次天灾未能改变她，无数次战火未能摧毁她，无数次动乱未能消灭她。如今，经历了八百年风雨沧桑的嘉定孔庙更加巍峨庄严，水木清华。

在古代，孔庙有双重职能：一方面是古代地方官员和士子们祭孔的场所；另一方面又是当地的官办学校——县学，古时候也称为"学宫"，或"庠序"，从而使孔庙形成"庙学合一"的基本格局，全国各地一概如此。

嘉定孔庙是嘉定文人智慧的产物，凝聚了他们的奇思妙想。在国内也堪称独一无二。孔庙由内景和外景两部分组成。

外景以碧波荡漾的汇龙潭和林木葱茏的应奎山为主体。明代中叶，嘉定士子们认为孔庙前半里许的一座留光寺破坏了孔庙的风水，妨碍了他们的中举。嘉定知县就下令在佛寺与孔庙之间堆一座土山，又挖了一个大潭，当时孔庙附近有五条河道纵横，于是形成了"五龙戏珠"的胜景。依我看，士子们提出佛寺破坏孔庙风水不过是个借口，真正的目的是为孔庙营造惬意的山水自然景观，体现孔子智者乐水、仁者乐山的美学理念，满足自己亲近山水的文人情结。

汇龙潭东为魁星阁，初名魁星亭，建于清康熙年间，雍正十三年（1735）改建成魁星阁。传说魁星是上天执掌文运的星宿，也是士子们顶礼膜拜的命运之神。全国各地的孔庙都建有魁星阁，但都建于庙内，唯有嘉定文人将其建于水畔，使魁星阁与水景配合，可以入诗入画。也许是嘉定的教化发达，故魁星阁造得特别大，重楼飞檐，底层四面有门，阁影映入潭水，令人产生无穷的遐思。

汇龙潭北，有三座高大的牌坊。东西对峙的是分别建于宋代的"兴贤坊"和建于元代的"育才坊"，显示了举才任贤的传统办学理念。明代中叶，在东西两坊之间、直对棂星门处又建造了一座"仰高坊"。"仰高"语出《论语·子罕》中的"仰之弥高"一语，赞扬孔子的学问博大精深。三座牌坊器宇轩昂，其中仰高坊最为高敞雄伟，四根高七米的石柱，粗可两人合抱，上覆重檐屋顶，配有鸱吻等装饰，檐下斗拱小而紧密，造型精美古朴。三坊之间以石栏连接。石栏杆柱顶上，坐落着姿态各异的七十二尊石狮子，象征着孔门七十二贤。两侧是十几棵有两百年以上树龄的古枫树，形成一条绿色的长廊。

跨进"棂星门"，就是孔庙的内景，进门便给人以藏龙卧虎之感。泮池平静如镜，绿水盈盈，游鱼可数。泮池上飞架三座石桥，中间一座雕龙石桥称为"状元桥"，只有考中状元的士子才有资格走过。有史以来，嘉定有三位士子考中了状元，他们是清代王敬铭、秦大成、徐郙。可以想见这三位蟾宫折桂的嘉定才子，当年走过状元桥时，是何等的风流倜傥，威风自在。

走过泮桥，只见古木森森，最引人注目的是植于元代的桧柏，它已经670多岁了，在同类树种中名列第一，三人方能合抱。它半身已经枯死，另半身却依然生机勃勃，如一位阅尽人间沧桑的历史老人，默默地守望在大成门前，极富智慧之美。传说孔子曾在家门前亲植桧柏，从此相沿成习。据地方志记载，这棵桧柏栽于元代至顺三年（1332），当时种植60棵，如今就它硕果仅存。1961年，被周恩来称为"国宝"的文博大师、版本学权威徐森玉先生在这棵桧柏下徘徊抚摸良久，临走时，充满感情地嘱咐孔庙管理人员："桧柏不仅是孔庙一宝，更是上海一宝，它像一位老人，每年春天你们要在它的根部浇一些烧酒，刺激它焕发青春，千万不要忘记呵……"

穿过朱漆高槛的大成门，有一条笔直的石砌甬道，直通大成殿。甬道两旁苍松翠柏，生机勃勃，每逢春天杂树生花，可闻鹧鸪的啼叫声。院内还有三棵枝干虬曲、苍老遒劲的古桧柏，它们虽已枯死，但死而不倒，老而弥坚，抚摸其干，滑泽坚润，叩之有金石声，外形如刺向天空的巨笔。看着它们，你就会理解孔子"岁寒，然后知松柏之后凋"的名言，不只是指松柏的颜色，更是指松柏的精神。

大成殿是历代官员和士子祭孔的场所。大殿雄伟宏敞，重檐歇顶，飞檐高翘。里面有孔子塑像及祭孔器具，还悬挂着清代康熙皇帝题写的"万世师表"、雍正皇帝题写的"生民未有"、嘉庆皇帝题写的"圣集大成",以及光绪皇帝题写的"斯文在兹"等匾额,显得庄严肃穆。

大成殿前是石板铺成的月台,这里是举办祭孔活动的场所。每当祭祀时,士子们演奏祭孔乐,跳祭孔舞,场面十分壮观。如今,这宽敞平整的月台显得年深日久,当你漫步在上面时,可以感受到这里曾经的漫长岁月。

东部明伦堂,是孔庙中学校的部分。我翻阅有关史料后得知,旧时,这里是学官讲学、入学秀才就学之所。明清时期,新进秀才由县官率领到孔庙,先入大成殿拜谒孔子,然后到明伦堂见学官。每月学官负责考核,还召集文、武生员上课。明伦堂内还布置本县士子科举成绩的匾额,以鼓励士子们努力求进。如今,这里是"中国科举文物陈列",展出各种考卷、作弊用具,还有复原的考场,生动地展现了旧时士子们科举之路的艰辛。

走过明伦堂前玉兰老桂、梅花兰草的一条石径,前面是当湖书院。嘉定历史上曾出现过数十个书院,如今仅剩这一家书院,同时它也是上海地区仅存的书院建筑。当湖书院是嘉定文人为纪念康熙时期曾任嘉定知县的著名理学家、教育家陆陇其所修建的。他任职期间,传播理学,推动教化,为嘉定文化注入了一种独特的道德美感,深得嘉定士子的拥戴。

明伦堂和书院都与科举密切相关。科举刺激了嘉定文化的发展,嘉定士子以读书为荣,敢于搏击科场,孔庙成为"教化嘉定"的沃土。从这里走出了七千多名秀才、五百多名举人、192名进士,星汉灿烂,云蒸霞蔚,堪称奇观。有清一代三名状元金榜题名,科举夺魁,为上海地区之最。发祥于齐鲁大地的儒家文化,在嘉定这块烟雨之土上生根、发芽、开花、结果。

孔庙是"教化嘉定"的脊梁。无论是名震江南文坛的"嘉定四先生"唐时升、娄坚、程嘉燧、李流芳,仗节而起的风骨之士侯峒曾、黄淳耀,科学家孙元化,还是著作等身的乾嘉学派巨擘钱大昕、王鸣盛……哪一个不是从孔庙中走出?

孔庙是"教化嘉定"的源头。明伦堂里精彩的论辩声,当湖书院中朗朗的读书声,横沥河潺潺的流水声,汇龙潭汹涌的波涛,以及孔庙八面来风声,嘉定的诗海文潮,生生不息,清初著名学者阎若璩称"天下文章萃于嘉定"。

孔庙内林林总总的碑刻则是另一道风景。一百多通碑刻如一本可圈可点的大书。这里有宋代哲学家、教育家朱熹所书的大字碑,全碑由五幅青石组成,气势不凡,行书点画波磔,合乎法度,端重谨密,气韵生动,被人赞为"笔法险劲,精彩四射";有元代大画家倪云林、诗人顾阿瑛的自撰墓志铭,但死后并没有置于墓中,想不到经过六百多年辗转,到了嘉定孔庙;还有"嘉定四先生"的画像、诗词石刻。这些历史的积淀,无处不渗透出浓烈的文化氛围和艺术气息。

孔庙是一个有着巨大引力的磁场。孔庙周边出过无数文人学者,他们都曾得到过孔庙的滋养和影响。孔庙南数十公尺是明代古建筑"涛阁",受到毛泽东接见过的著名戏剧家葛一虹就诞生在这里,他翻译的苏联名剧《带枪的人》在根据地演出时盛况空前。涛阁东边是著名电影艺术家、戏剧家瞿白音的故居,他的《关于电影创新问题的独白》一文,冲破"左"的坚冰,敏锐而富有才气,他编剧的《红日》是战争影片的经典。瞿白音故居再往东,是著名翻译文学家陈冰夷的故居。陈冰夷对俄苏和东欧文学有精深的研究,曾任中国作协书记处书记、《世界文学》主编。陈冰夷故居再往南百步是著名作家秦瘦鸥的故居,他以长篇小说《秋海棠》一鸣惊人,饮誉文坛。秦瘦鸥曾对我说:"孔庙离我家近,我从小喜爱到孔庙玩,孔庙里的风景和气息都能触发我的创作灵感。"孔庙往西数十公尺,是曾被毛泽东称为"坐过班房的记者"浦熙修的故居。她从小在孔庙边的企云小学读书,孔庙是她每天上学的必经之路。1947年及1949年,她曾两次回嘉定重游孔庙,寻找儿时的感觉。孔庙往北数十公尺,是著名诗人、报人唐大郎的故居。唐大郎的诗严格遵守传统格律,又有浓厚的海派气息,诗作被周恩来称为"有良心有才华的爱国主义诗篇"。

著名作家陈白尘曾说:"作家都应有一片乡土,都应有在自己植根的土地上所培育出的特有的自尊心。有没有这种倔强和自尊是大不一样的,这是一种财富。"新时期旅居他乡的作家同样有着嘉定所特有的风骨和气质,并以此创造着新的辉煌。陈四益以老辣锋利的杂文称誉文坛,已完成《古话今说》《新百喻解》《瞎操心》等十余种杂文集;陈祖芬在报告文学领域成就卓著,她的作品追求力度和广度,思想锋芒锐利,富于哲理性,反映了改革开放的时代精神,有报告文学集《祖国高于一切》《青春的证明》《挑战与机会》《中国牌知识分子》等二十多种,多次获全国优秀报告文学奖及其他文学奖;钱宁在完成长篇纪实文学《留学在美国》后,又完成了长篇历史小说《秦相李斯》《圣人》,写出了历史的厚度,又写出了新意;钱江则以纪实文学见长,他已完成了《乒乓外交始末》《秘密征战》《周恩来与日内瓦会议》等七部长篇纪实文学,史料严谨,文笔流畅优美;姜戎以长篇小说《狼图腾》崛起文坛,此书被小说界称为"奇书";"孤岛"作家、诗人陆象贤宝刀未老,笔耕不辍,近年来又奉献散文随笔集《爝火集》;社会科学大师于光远戏称自己为"文坛新秀",《古稀手记》《碎思集》《窗外的石榴花》等一部部作品喷涌而出;复旦大学中国语言文学研究所所长黄霖,学养深厚,著作甚丰。

今天，在中国作家协会及上海市作家协会会员的名单中，有一长串嘉定人的名字，被称为"嘉定作家群"：竹林、殷慧芬、须兰、龚静、许佳、陈一凡、柳易冰、赖云青、张旻、陆棣、戴达、戴臻、赵春华、楼耀福、魏滨海、葛秋栋、王威尔、陶继明……孔庙的故事还在演绎，孔庙的历史还在延伸，孔庙那脉文化血骨必将积薪传火，绵延流长。

孔庙的树

遥望嘉定孔庙,她坐落在绿岛中,氤氲着郁郁葱葱的文化气息。试想,如果没有树木,孔庙是否将黯然失色?因为绿化从来是文化的孪生兄弟。

古树是孔庙的精灵,也是有生命的文物。孔庙的古树究竟有多少?如果不计品种贵贱,只以身高过人、主干臂粗、形态有成为标准,我认真数过几遍,共101棵。这是一个循环无穷的奇妙数字。其中有14棵已被列为上海市古树名木:标明200年以上的有桧柏、银杏、椰榆等;100年以上的有龙柏、紫玉兰、广玉兰、罗汉松等。

踏进"棂星门","撞"入视线的是树龄250余年的古银杏,两抱有余,茁壮而正直,枝条劲力充沛,皆成上扬之势,以天为伸展空间。逢春绽绿,盛夏投下一片绿荫,深秋满树白果,无数似蝶翼般的扇叶随风飘舞的景象,引得诗人郭沫若在一地金黄里痴醉地打了几个滚后,写下了著名的《银杏》一文,形象地称银杏是"东方的圣者"。

古银杏的东边是与之遥遥相对的古椰榆,树龄也在200年以上,一人不能合抱,主干挺拔,树冠亭亭如盖,一如宽袖大袍的隐居高士。可惜树大招风,2004年夏秋之交,椰榆被一场热带风暴摧垮,仅剩一人高的主干,断绝的上半截,如不堪重荷的巨伞,轰然倒地,断裂处流出一大片树乳,似倾尽生命之汁,令人心痛不已。我很想写一篇《树殇》的吊文,哀悼死去的椰榆,不料,未及动笔,奇迹出现了,椰榆的上部,窜出了数十枝嫩芽,不久,成为一圈密密的枝干,枝繁叶茂,犹如经过艺术加工的巨型盆栽树桩,是一种别样的美,不禁令人赞叹生命的顽强和美丽。

泮桥北端是孔庙中的老寿星——古桧柏,它已经670多岁了,在同类树种中名列第一,三人方能合抱。它半身已经枯死,另半身却依然生机勃勃,如一位阅尽人间沧桑的历史老人,默默地守望在大成门前,极富智慧之美。传说孔子曾在家门前亲手植桧柏,相沿习。查光绪《嘉定县志》,这棵桧柏栽于元代至顺三年(1332),当时种植60棵,如今就它硕果仅存。算起来,侯峒曾、黄淳耀先生在孔庙读书时,它已300多岁;钱大昕、王鸣盛先生在孔庙求学时,它已400多岁。1961年,被周恩来称为"国宝"的徐森玉先生在这棵桧柏下徘徊抚摸良久,郑重地嘱咐孔庙管理人员:"桧柏不仅是孔庙一宝,更是上海一宝,它像一位老人,每年春天你们要在它的根部浇一些烧酒,刺激它焕发青春,千万不要忘记呵……"

孔庙大成殿前还有三棵已经枯死的桧柏,论树龄都在670岁以上,也栽于元代至顺年间。它们苍老遒劲,死而不倒,老而弥坚,抚摸其干,滑泽坚润,叩之有金石声,外形如插向天空的巨笔。看着它们,你就会理解孔子"岁寒,然后知松柏之后凋"的名言,不只是指松柏的颜色,更是指松柏的精神。其中东西对称的两棵为"龙凤柏",东边一棵外形像凤,西边一棵似龙,似龙的枯柏上爬满了紫藤。每至春末,万绿丛中挂满了一串串的紫藤花,花香袭人。此时,用文人、园艺学家周瘦鹃先生描写紫藤花的一句诗"花光一片紫云堆"来形容最为贴切。

大成殿甬道两旁的罗汉松、翠柏,当湖书院内的广玉兰、紫玉兰,树龄均在百年以上,郁郁苍苍,俯视人寰,与孔庙空寂的气氛十分和谐,多富庄严之美、古朴之美和"愈老愈峥嵘"的成熟独立之美。

孔庙中的桂树则是另一道风景，嘉定人称桂花为"木樨花"，孔庙中的数十棵桂树大都为金桂，都有数十年的树龄，得孔庙之精气，棵棵长得枝繁叶茂，叶片绿得发亮发黑，其中以泮池东边的一棵最为高大硕壮。桂树是文人树，也是吉祥树，过去士子们参加乡试，放榜时正值桂花怒放，于是被雅称为"桂榜"。桂树又是百姓喜爱的树，嘉定人称桂花开放为"木樨蒸"，我觉得这个"蒸"既通俗形象又入诗，每逢中秋时节，约莫有半个月，孔庙弥漫着桂花浓郁的香气。

据明末清初著名文人张岱的《陶庵梦忆》记载，曲阜孔庙中的树是个异数，能死而复生。当年孔子手植的那棵桧柏，经千年后，至晋代枯死；300年后，至隋代复生；50多年后，至唐代再度枯死；370多年后，至宋代又复生；宋金战争中桧柏枝叶俱焚，仅存其干；至元代再度复生，长得枝叶蓊郁，生机勃勃，直至今日。犹如孔子开创的儒家学派，虽历尽劫难，仍延绵不绝。

嘉定孔庙中的那三棵枯柏是否也会发生这样的奇迹，就像凤凰涅槃，死而复生？我期待着这一天的到来。

法华塔下的风景

当你漫步在州桥老街的碎石路上时,首先映入眼帘的是雄伟秀丽的法华塔。"法华"是佛的智慧的意思,法华塔又名文笔峰,犹如一枝硕大无比的毛笔,巍然屹立在古老的嘉定城中。在嘉定人心目中,她是一座智慧的塔,文化的塔。旧时登上法华塔,凭高望远,全城的风景即可一览无遗。

法华塔建于南宋开禧年间,当时嘉定尚未设县,法华塔见证了嘉定800年人世的代谢兴衰,就像一位阅尽风雨沧桑的历史老人。早在宋代,法华塔下就有一座美丽的园林——梅里,它是嘉定有史记载最早的园林,园中植梅千枝,寒梅临冬怒放,阵阵幽香,传遍四周。梅里的园主就是忠节之士孙察,他奉命出使金国,面对凶狠的金国国主正气高昂,威武不屈,被金人点油烧死,傲霜斗雪的梅花象征了他的风骨和气节。悠悠岁月,当年的梅里早已湮没了。

如今,法华塔下有一个地势开阔的庭院,铺着大块的花岗石板,四周种植了桂花、山茶、蜡梅、月季等花木,林木扶疏,四时不凋。东侧是一座石牌坊,上面有"圣旨"两字,看来设此牌坊时,曾得到皇帝的亲自批准。塔院北侧有一座精巧的中式小楼,为修葺法华塔时增建。这里成为"中国近代著名外交家顾维钧生平陈列室"。

顾维钧,字少川,嘉定人。少年时期留学美国,获哥伦比亚大学博士学位。1912年入北京政府任总统府英文秘书,开始从事外交活动,至1967年以海牙国际法院副院长退休,服务中国及国际外交界55年。在顾维钧一生中，他担任过中国驻美、英、法外交使节，担任过派驻国际联盟和联合国代表，还曾任北京政府外交总长、国务总理和南京政府外长。出席过巴黎和会和旧金山会议，参与创立国际联盟和联合国。他在巴黎和会上勇敢地向外国列强喊出了"不"，振奋了中国民众的爱国精神。

顾维钧是一位杰出的爱国外交家，他的外交生涯始终以维护国家利益与民族尊严为宗旨。他勇于任事，尽力护卫中国主权和领土完整，反对侵略战争，坚持和平自主外交，在海内外具有深远的影响。他的口述自传《顾维钧回忆录》不仅具有重要的史料价值，而且是中国最长的回忆录。

顾维钧晚年居住在美国，但身居异国他乡的顾维钧从未停止对家乡的思念，晚年尤甚。见到每一个从上海去美国看望他的人，他总要一遍遍地问去过嘉定没有。顾维钧晚年还十分想吃家乡的塌棵菜和罗汉菜。远在大洋彼岸的顾维钧似乎对家乡的一切都深深地眷恋。1983年女儿顾菊珍回大陆观光探亲，顾维钧委托她将自己珍藏了半个多世纪的明代嘉定四先生和侯峒曾、黄淳耀的墨迹捐献给国家，并且再三嘱咐女儿，一定要去嘉定，看看家乡的变化。顾维钧还托顾菊珍带回了他在97岁时写的怀念家乡的杜甫诗句"露从今夜白，月是故乡明"，表达了他青春报国、暮年思乡的游子深情。

顾维钧逝世后，他的亲属向嘉定博物馆捐赠了200余件遗物，这个陈列生动形象地展示了顾维钧传奇而漫长的一生。

塔院东南方为翥云堂，因堂前的奇石翥云峰而得名。翥云堂是宽敞华丽的明清风格建筑，原在东城秋霞圃旁，系明天启年间御史赵洪范始建的厅堂。在漫长的历史岁月中，翥云堂曾数易其主，先是赵氏易主进士王暤、状元王敬铭父子；后来王氏又易至周姓，成为周氏宗祠。再后来翥云峰与翥云堂分离，翥云峰于

1980年迁至汇龙潭公园；翥云堂则于1998年修缮法华塔时整体迁至塔院，并被公布为嘉定区文物保护单位。今翥云堂内布置为"胡厥文同志生平事迹展览"。

胡厥文，原名保祥，字厥文，嘉定人。他出身于开明绅士家庭，在风雨如晦的旧时代，立志实业救国。他在北京高等工业专门学校毕业后，从工人做起，后开设工厂，为促进民族工业的发展创造出成功的业绩。"九一八事变"爆发后，在民族危亡之际，他以毁家纾难的精神，义无反顾地投入到抗日救亡运动中，积极组织百余家工厂内迁，生产军需物资支援抗战，为保存民族工业的根基作出了卓越的贡献。1945年他与黄炎培等创建了中国民主建国会，投入到反独裁、争民主的斗争中，为新中国的诞生立下了历史功绩。在改革开放的年代里，他不顾身患癌症，带病工作，要求工商界同行把"吃奶的力气拿出来"，"尽心竭力为四化"。

胡厥文曾先后担任上海市副市长、全国人大常委会副委员长、中华职业教育社理事长、中国民主建国会中央主席等职。他是忠诚的爱国主义者、著名民主党派领袖、国家卓越领导人。他桑梓情深，关心家乡的建设和文化事业，多次视察故乡，对嘉定竹刻尤其喜爱，大声疾呼恢复嘉定竹刻。

胡厥文逝世后，家属将他遗物220余件捐给嘉定博物馆，如今都陈列在这个展示中。2015年9月，在中国人民抗日战争胜利70周年暨胡厥文诞辰120周年之际，"胡厥文同志生平事迹展览"被公布为爱国主义教育基地。

与法华塔院毗邻的是嘉定别墅群，嘉定称这些别墅为"花园洋房"。别墅群虽然不是园林，步入院内，但见古木参天，柏树森森，东侧潺潺而流的横沥上，架着小小的传统石拱桥，尽得园林之趣。别墅群内一栋栋水磨青砖的洋房，建于不同时期，历史的积淀，让它们显示出厚重和寂静幽雅的氛围。我数了一下，别墅群内共有各种风格的建筑10座。

在别墅群最南端是高介人洋房，该房建于民国初年，是嘉定最早的洋房之一。高介人为前清秀才，是上海滩最早的职业股市投资人，也是一位实业家。高介人洋房的形制中西合璧，一、二层立面为方形砖柱承托五座连续的圆形拱券，中间的砖柱附有雕花的希腊式样多立克柱。房屋面积487平方米，楼房8间，平房12间，有花坛、围墙等，由于墙体的立面采用红砖与清灰砖，颇有特色，人称"红楼"。

高介人洋房往北是华兴永电气公司办公用房，建筑也是清水砖墙，有大小房间十余间，阳台上一架老紫藤，春日绿叶如飞瀑而泻，花事极为繁茂，如一片紫云堆，阵阵幽香，为嘉定一景。上世纪60年代初，这里扩建为嘉定机关招待所，民间称之为"高干招待所"，用于接待国内外宾客政要。当年的上海市领导柯庆施、魏文伯、陈丕显、曹荻秋等人都曾在这里居住过，都十分喜爱这里清静的环境。

别墅群内最引人注目的是嘉定竹刻博物馆。嘉定竹刻已有500余年的悠久历史，集诗、书、画、印、文于一身，风雅绝伦，有极高的艺术品位。嘉定竹刻博物馆由文博大家王世襄题写馆名，建筑为二层楼，面积500余平方米，坐西向东，前面建有小池塘，池内游鱼可数，池上架有小木桥，观众经由木桥入馆参观。建筑周边种植了竹子，可谓绿竹猗猗。整个一楼与二楼的北部为展览区，采用现代化的布展手段，全方位、多角度地展示嘉定竹刻的历史沿革、传世作品、著名竹人、流派传承、竹刻收藏等内容。

进入嘉定竹刻博物馆，首先映入眼帘的是由国务院颁发的"第一批国家级非物质文化遗产保护名录"铜牌。场景复原的是"竹刻三朱"——朱鹤、朱缨、朱稚征祖孙三代正在潜心研究竹刻，栩栩如生，活灵活现，突出地展示了"三朱"作为嘉定竹刻之源的主题。

嘉定竹刻博物馆的竹刻藏品达 80 余种，其中有识之士的捐赠占有一定的比例，而且他们所捐的竹刻大多为精品。馆内收藏和展示的明代嘉定竹刻中，有嘉定工商实业家、胡厥文的胞弟胡叔常捐献的"无款透雕五老观松图笔筒"和"无款圆雕煮雪山石杯"，两件精品均系晚明作品，构图巧妙，风格简洁明快，为典型的嘉定派竹刻。浦泳捐献的"无款圆雕芭蕉叶摆件"，利用一片天然形状的竹根，精细地加工成一片芭蕉叶，形态惟妙惟肖，呈现出朴素的美感。

此外，清代竹刻作品也具有很强的艺术性。上海收藏大家顾景炎捐献的"无款深浮雕观鹤品茗笔筒"为清代早期作品，从构图到刀法均属上乘；另一件"吴之璠款浅浮雕桃花笔筒"有明显的吴之璠风格，也系清代前期作品。嘉定名医葛成慧捐献的"无款圆雕牛背嬉儿摆件"，生动活泼，系清代早期作品；另一件"无款圆雕兰芝水盂"，构思精妙，刀法熟练，为圆雕中之极品。胡叔常捐献的"无款圆雕虬松水盂"，巧妙地利用一个不大的竹根，刻成一棵盘根错节的老松，老松中间是水盂，构思极为精巧，刀法老辣流畅；另一件"无款圆雕罗汉降龙"，形象生动传神，刀工精良。浦泳捐献的"练秋圆雕鼻烟壶"及"味兰圆雕鼻烟壶"构思巧妙，刀法圆熟，为清后期的作品，是把玩之珍品。

"吴之璠款浅浮雕布袋和尚笔筒"，是嘉定竹刻博物馆的重要藏品。刀法为吴之璠的薄地阳文，风格也接近吴之璠，为藏品中的上品。王梅邻"浅雕翠筠逸兴笔筒"是他的代表作，也是嘉定竹刻博物馆的镇馆之宝。笔筒的一面为文人雅士在切磋诗艺，另一面为诗句，风格清标绝俗。张学海的"圆雕狮子"高 35 厘米，为圆雕中的大件，也是张学海的典型风格，大狮子背上还有一只活泼可爱的小狮子，生动可爱。程庭鹭的"阴刻松风琴趣图臂搁"

也是嘉定竹刻博物馆的重要藏品。程庭鹭精通诗文书画，也是竹刻高手，臂搁画面高古简洁，极具文人笔墨的韵味。嘉定竹刻博物馆的近现代藏品中，有赵梦苏、潘行庸、万一鹏、范勋元、张迎尧、范其昌等人的作品，也有较高的艺术水准。

行走在法华塔院、嘉定别墅群，如在山阴道上，应接不暇，你须慢慢走，细细品，会情不自禁地发思古之幽情，足够消磨一天。

老街的音符

我的家乡嘉定,古称"疁城",是一座历史悠久的文化名城,鳞次栉比的青瓦粉墙的民居,几千家住户紧紧夹着狭长的碎石子街,街面年深日久地被人踩踏,亮得发出暗光。这种街道在江南一带的小镇也许很寻常,只有当你在这里住久了,同她成了真正的莫逆之交,你才会真正认清她,领略她优娴的风度。

在我童年的记忆里,老街很清静,汽车绝少见到,自行车也不多,来来往往的行人都面熟陌生。

老街临近清澈平静的练祁河,高高的石拱桥边爬满了青藤,河上传来清脆而悠闲的摇橹声,你会想起鲁迅笔下乌篷船的韵味。

临街的书场飘出淡淡的茶香,传出勾人心灵的吴侬软语,叮叮咚咚的琵琶弹奏声。

老街空闲的地上,常常可以看到有数百年树龄的银杏、老榆、老桂、梧桐。树上的小鸟不怕生人,啼叫声亲切悦耳,犹如动听的交响乐。某处的墙缝里几株藤蔓,年年岁岁,以红花紫花溢出古朴香风。

夏日里,人们的木屐在老街上行走,像在弹奏清亮而悠长的乐曲。

深夜,不时传来小贩的叫卖声:"檀香橄榄——卖橄榄——"

老街是这样的古老、幽静。曾经到过嘉定的许广平先生,对嘉定的老街印象极为深刻,她曾在《两地书》中描写嘉定:"完全是乡村景象,田野树木,举目皆是,居民大有上古遗风,淳厚之至。"老街的每一块石子,都布满了岁月的痕迹,叠印着居民生活清晰的投影，世纪记载着老街的兴盛和喧闹，欢乐和苦闷。一条老街就是一本厚厚的书，每一页都使人流连。

然而老街并不都很诗意。400多年前倭寇就曾染指过老街；"嘉定三屠"时，老街成为清军的屠场，嘉定几乎成为一座空城；清末，小刀会和太平天国战士的鲜血染红了老街南端的汇龙潭；"五抗斗争"失败后，革命者的头颅曾高悬老街西门的城头。

岁月的风铃敲打了数百年，老街总是演着这个音符……哦！老街毕竟老了，仿佛驼着背，掉了牙，飘着长长的银发。老街曾作为嘉定的主动脉，渐渐苦于狭窄，一辆稍大的汽车便会造成堵塞。

生活的万花筒瞬息万变。70年代末，一股催醒万物的春风吹到了老街，老街悄悄地发生变化。先是不少人家的屋顶架起了黑蜻蜓一般的天线，街头巷尾传出了"小城故事多"的歌声。继而老房子成片消失，一幢幢新工房拔地而起，与老街的石子街显得极不协调。

老街正在消失，使人有一丝无奈的伤感，但老街的音符毕竟是美丽的，她的美学价值和旅游价值是任何现代建筑也无法替代的。试想，在杏花春雨的江南小镇，如果见到的不是秦砖汉瓦的民居和碎石子老街，而是成片火柴盒子式的工房和水泥马路，就会使人灵气全无，诗意顿消。值得庆幸的是政府在规划城建时，决定保留和整修法华塔一段的老街，老街和新街将和谐地奏出完美的音符。

风淡淡，水茫茫，动一片晴光

水是生命之源，正如管子所言："水者何也？万物之本原也，诸生之宗室也。"嘉定地处长江之尾，东海之滨，是典型的江南水乡。旧时嘉定境内有大小河道4300余条，干河纵横，支流密布，干支相连，构成了四通八达的水系。

水是宝贵的资源，水为嘉定人提供了饮用、灌溉、养殖和舟楫的便利，成为人们在生产、生活中必不可少的资源，故嘉定农家大都傍水而居，宅前宅后还常有大小池塘。"几簇人家烟水外，数声渔唱夕阳边"，宋代诗人吴惟信的《泊舟练祁》写出了嘉定水乡当年旖旎的风采。

水利之于农耕社会，是生产的命脉。嘉定境内以吴淞江、浏河为主要干河，练祁塘、蕰藻浜横贯中部，顾浦、盐铁塘、横沥为纵向干河，形成了依赖吴淞江、浏河的自然体系。农作物生长离不开水，良田还要依赖水来灌溉，嘉定作为稳产、高产的江南丰饶之地，同水乡之地利密不可分。因为水的涵养，农耕时期的嘉定大地，曾呈现出叶绿、花红、竹青、禾壮的美景，真可谓"风淡淡，水茫茫，动一片晴光"。

水也是城市发展的依托。练祁河是嘉定的母亲河，练祁也成为嘉定的别称。千百年来，嘉定曾借助优越的地域优势，丰沛的水资源供给，成为四方辐辏之地。宋元时期，具有开放意识的嘉定人，就从长江走向海洋，元代至元年间，海运家张瑄就是从娄江出发，把南方的粮食通过海洋运至北方，创漕粮海运之先。明永乐年间，大航海家郑和七次下西洋，也是从娄江出海，扬帆远航,成就了中国远洋航行史上的一段佳话。

然而,水又有两重性,欠则为旱,盈则为患。嘉定地处东海之滨,常遇梅雨、台风,丰沛的雨水带来了宝贵的水资源,但也带来了困扰。明万历《嘉定县志·水利考》称:"岁至夏秋之间,不幸遇飓风霪雨,挟潮而上,漂没人民庐舍,倏忽皆尽,故至其时,莫不惴惴然,如寇至。"嘉定历来少旱灾,多水患。治水成为嘉定的重要问题,历代官府和民间都十分重视水利建设事业。从某个角度讲,嘉定的一部农耕史,就是一部治水史。

《尚书》中有"三江既入,震泽底定"之语,依唐代史学家陆德明解释,所谓"三江",即指松江、娄江、东江。松江即今天的吴淞江,古称松江;娄江即今天的浏河,古称娄江,又称刘河,而东江早已淤没。嘉定的兴修水利集中于吴淞江、浏河、练祁塘、横沥等主要干河,尤其是吴淞江和浏河的治理,更为突出。据史料记载,元、明、清三代,嘉定治理、疏浚吴淞江及浏河均达170余次,不仅工程量大,而且十分频繁,几乎平均每四年就要疏浚一次。

嘉定的先贤,都十分重视调查研究和治水的理论探讨。明嘉靖年间,一代文豪归有光寓居安亭,目睹太湖水患对江南一带造成的灾难性后果。归有光把调查的重点放在吴淞江,或乘小舟,或步行,沿吴淞江岸进行细致的考察,不耻下问,甚至向百岁老人询问水实况。他还吸收了前人的研究成果,编著了《三吴水利录》,这是一部重要的治水著作,《四库全书提要》对此书有很高的评价:"有光居安亭,正在松江之上,故所论形势脉络最为明晰。"

归有光的治水思想,对后来产生了重要影响,海瑞、林则徐等在治水时,都曾研究和参考过归有光的《三吴水利录》。

治水是历代地方官员的重要职责,在治水过程中,嘉定的地方官也涌现出一些对治水有重要贡献的代表,嘉定人民感恩戴德,为他们树碑表功。如明万历年间知县吴道长、钱默,清乾隆年间知县姚学甲等,治理、疏浚境内的盐铁塘、顾浦、吴塘、练祁河、清镜塘等河道,留下惠民的政绩。

由于嘉定治水的工程量大,为有效地组织治水,嘉定独创了夫束制度,这个制度滥觞于明代,盛行于清代。夫束的"夫"为壮丁,"束"即约束,即是壮丁应按规定服劳役的意思。明代嘉定就有"塘长""塘夫"的称谓,即为河工。到清代初期夫束制度渐趋成熟,前后执行了300余年。

大步迈入城镇化后,嘉定除了部分农田需要灌溉,河道的主要功能已转化为排涝、景观及生态,但水质和水利却遭到了严峻挑战。为满足城市发展,嘉定曾经填河扩地,减少了不少镇村河道,由于人口的增加和产业的发展,未及时、妥善处理"三废",导致河水黑臭,鱼虾绝迹,水草不生。河流成为城市环境之痛。近年来,人们终于认识到水的重要性,以及改变现状的迫切性,政府重拳出击治水治污,还制定了各级政府领导负责的河长制。相信经过若干时间,一个水清岸绿、鱼虾成群的胜景,将再现人间。

刻在石头上的史书

《红楼梦》又名《石头记》,众所周知这石头所承载的是关于一个大家族盛衰兴亡的故事。这是曹雪芹笔下的小说,那么现实中一块刻有文字的石头,又记录了怎样的故事呢?这些文字也许不是出自名家的手迹,也不是书法家的绝世墨宝,但它们所记载的可能是传世文献之外的某个遗漏,或是足以载入民间历史档案馆的珍贵资料,也可能是一个美丽动人的传说故事。在这些栉风沐雨的古老碑刻世界里,上自皇帝的诏书、大臣的奏疏,下至普通百姓的墓志墓表,内容包罗万象,故碑刻堪称"刻在石头上的史书"。

嘉定碑刻　言而无声

嘉定碑刻数量多。嘉定碑刻历史悠久,是碑刻十分丰富的地区。清光绪《嘉定县志》设《金石志》专章以记其盛。据不完全统计,嘉定各地就有800余通碑刻。这些碑刻历经战乱、迁移、自然风化等原因,已消失了近半,至今尚存的有近400通,是今上海地区存碑最多的地方。

嘉定碑刻内容广。嘉定碑刻内容广泛,信息丰富。碑刻内容涉及社会、政治、经济、文化等各个方面,大致可以分为文化教育、社会经济、社会秩序、寺观祠庙、纪功颂德、墓志世系等几大类。

嘉定碑刻意义深。嘉定碑刻是"教化嘉定"的佐证,也是

"教化嘉定"的重要组成部分。其所承载的历史信息，是研究嘉定、研究上海乃至研究江南地区不可或缺的极其重要的第一手资料。

嘉定碑刻，存世的主要见于嘉定孔庙、秋霞圃、思贤堂、安亭中学等四处。这四处以嘉定孔庙为首。嘉定历来就有保护传统文化的良好风气。早在上世纪60年代初，在修葺嘉定孔庙时，政府有关部门就精心设计修建了一条长达40余米的碑廊，至80年代又在当湖书院东侧修建了一条近40米的碑廊，这两条碑廊不仅收集了大量的碑刻，也为嘉定孔庙增添了一道富于文化气息的风景。在修建思贤堂时，文物工作者将碑刻的保护列为重要内容。在修建秋霞圃、安亭中学时，又分别修建了碑廊、碑亭，将存碑集中安置，使之得以长期保存。每逢基本建设施工时，有识之士会特别留意地下是否藏有石碑，一旦发现就会报告有关管理部门。嘉定文博单位也经常会接受热心人士的碑刻捐赠……滴水成河、集腋成裘，嘉定的碑刻就这样形成了今天的规模。

碑文见证"教化嘉定"

进入嘉定孔庙，可以看到七个巨大的赑屃，其中有六个分别背负着保存基本完好的高大石碑。孔庙大成殿、明伦堂、当湖书院等建筑都有类似的碑刻，两条碑廊更是集中了大量的碑刻。这些碑刻见证了教化嘉定的实史。

孔庙内的碑刻，记录了古代地方政府倡导教化、兴办学校的方针和措施，还有历代修葺孔庙的记录。其中有宋代《嘉定县学之记》《嘉定县重修县学碑并铭》《廪士田租记》，元代的《平江路嘉定州儒学大成乐记》《嘉定州重建庙学记》，明代的《学校禁例》《嘉定县重建儒学记》，清代的《疁庠八景诗石刻》《嘉定文庙重建两庑暨修儒学明伦堂记》等。

立于宋绍定二年（1229）的《嘉定县学之记》碑，是关于嘉定办学最早的记录。碑文由时任知县沈璞撰写，详细记录了嘉定孔庙创建之初的艰难历程、规模大小、基本功能。更难能可贵的是，碑文还记录了嘉定首任知县高衍孙在开县之初百废待举、经济十分困难的状况下，筚路蓝缕，深谋远虑地提出了"教化人民，培育人才"的治县方针，为"教化嘉定"奠定了基石。

办学同时离不开地方人士的热心支持。立于元至正九年（1349）的《故宋东祁王先生归田兴学记》碑，就记载了宋末元初人称"东祁先生"的诗人王子昭两次捐田给嘉定孔庙的事迹。

而在当湖书院内，有一通著名学者钱大昕在清嘉庆三年（1798）撰写的《当湖书院养士经费记》碑。碑文中钱大昕不厌其烦地介绍捐资人所捐的数量，即使是那些虽然捐资只有几两的老妇人，也记录得一丝不苟。因为钱大昕深知这些铜板是老妇人挑灯数夜纺纱得来的，实属不易，其支持办学的精神，令人动容。

折漕为银　碑传千古

折漕碑是嘉定碑刻中的一大特色，共有十余通。何谓"漕"？"漕"即漕粮，俗称皇粮，古代赋税的一种，是地方政府必须上缴的实物税种。古代嘉定所规定的"漕"就是稻谷（大米），也就是说农民必须上缴一定数量的大米以充赋税。当时嘉定的情况是，因当地种棉织布比种粮食有更高的收益，加上海岸线向东延伸，嘉定的土地变为高坑地，宜棉不宜稻。因此嘉定百分之九十的农田种植了棉花，只有百分之十的农田种植水稻，农民的口粮尚无法自足，吃粮都要依靠周边供给，何况还要赋税。这使当地的农民必须到邻县稻区购买大米缴税，不但费时费钱，还要遭到中间商的残酷盘剥,购得的粮价是原价的两倍。明末,嘉定农民不堪重负,纷纷逃往他乡,或沦为豪强地主的家奴,嘉定出现了十室九空、"几成废邑"的惨象。

眼见快成"空城"的嘉定,有识之士果断提出了"折漕为银"的倡议,即以银两替代漕粮,把实物赋税变成货币赋税,以保住嘉定种植棉花及棉纺织等专业化生产的经济优势,稳定和发展嘉定的经济。明万历年间,嘉定平民瞿仁、徐行,不顾个人安危,赴京上书朝廷,首倡折漕之事,得到时任礼部尚书的嘉定人徐学谟的鼎力支持。孙元化、侯震旸、唐时升、李流芳、娄坚、侯峒曾、赵洪范、黄淳耀、王泰际等入仕或在野的嘉定知识精英,几乎都参与其中。嘉定知县中也有朱廷益、王福征、韩浚、卓迈、谢三宾等人力挺折漕之事,甚至还有中央大员张居正、王锡爵、史可法等人。在自下而上的努力下,折漕倡议最终获得了成功。

为了纪念为折漕作出重大贡献的有功之士,嘉定人民特地在嘉定城西门外建造了"折漕报功祠",为他们树碑列传。碑文详尽地记录了折漕事件的始末,传为佳话。如今,折漕报功祠早已不复存在,但记录折漕事件的碑刻却依然屹立。

"书香门第" 立碑禁臭

在嘉定孔庙东角门壁间,有一通立于清乾隆三十一年(1766)的《奉宪永行严禁》碑。这是一部关于保护孔庙周边环境的法规文献。该碑由当时的嘉定县教谕(相当于县教育局长)陈从王立。

清乾隆时期,孔庙周边环境疏于管理,汇龙潭一带因水面开阔、舟楫交通便捷,从而成为城外各路粪船、粪担的集散中心,粪户、农民在这里卖出买进,热闹非凡。再加上周边居民为图方便，沿河岸隙地摊晒粪草，纵放牲畜，甚至安放茅坑、粪缸，环境杂乱，乌烟瘴气。先师孔子、历代贤儒的神灵以及入学的士子，在如此恶臭的环境下熬过了无数春秋。

陈从王到任后，为免学子们"遗臭万年"，当即陈请知县予以禁止。然而，只得到知县的口头告诫，收效甚微。为此，陈从王再次提笔，恳请当局行文批准严加禁止。在陈从王坚持不懈的努力下，该议案经县、州、府逐级报批，直至江苏巡抚批准签发，终于成为一项法令，勒碑永禁。乾隆三十一年八月，陈从王恭恭敬敬地将该道法令刻于碑石，明令永久禁止于汇龙潭内停泊粪船，还了孔庙书生的清静。

艺术碑石　留存书画

金石自古为和谐之声，也是至美艺术。嘉定碑刻中，有30余通艺术碑，不乏出自名家之手，其中的石刻画像、名家书法作品，都极富艺术品位。

孔庙碑廊内的"宋四家"中苏轼法帖五幅、黄庭坚法帖两幅，笔力遒劲厚重，又不失潇洒飘逸；理学家朱熹所书的五幅《易经》大字碑，世所罕见，书法端庄缜密，气韵生动，被人称为"笔法险劲，精彩四射"。

孔庙碑廊中还存有一方元代大画家倪云林画，诗人顾瑛（号"金粟道人"）自题诗《金粟道人小像石刻》，堪称天作之合，具有极高的艺术价值，为后人称赞"文字挺拔，笔力精到，超凡脱俗"。

碑廊内还有《嘉定四先生小像暨真迹石刻》。"嘉定四先生"为明代唐时升、娄坚、李流芳及程嘉燧等四位著名文人学者，他们诗、文、书、画、印，门门精通，是明代嘉定文化的标杆。这组刻于清嘉庆年间的著名石刻，将"嘉定四先生"潇洒儒雅的风度惟妙惟肖地凸显出来，精、气、神十足；书法手迹，体现了四先生各自不同的风格。还有"吴门画派"沈周、文徵明、祝允明，"松江画派"班头董其昌等名家法帖，都十分难得、珍贵。

碑与寺庙的故事

嘉定自古佛教文化、道教文化都很繁荣，南翔、曹王等地不仅因寺成镇，而且地名就取自寺名。嘉定有寺庙480余所。历史上，菩提寺、南翔寺、护国寺、圆通寺、吴兴寺、城隍庙、集仙宫、关帝庙等著名古刹和祠宇达数十座。这些寺观祠庙中有不少碑刻，或记载历代信徒捐资修庙，或叙述这些寺观祠庙的艰难修建过程，或介绍这些寺观祠庙的规模和地位。

明万历二十年（1592），安亭菩提寺急需重建，却苦于没有资金而迟迟未动工。寺中海月法师遂仿释迦牟尼祖师苦行之举，在身上缠绕沉重的铁链与枷锁，重达百余斤，并把解锁之钥匙投入井中起誓：不募集到修葺祠庙的资金绝不解锁。为此，法师在外游历三年，终筹得善款得以修寺。"嘉定四先生"之一的唐时升所撰写的《重建大雄宝殿记》碑，就生动地记录了此事，碑文中说海月见当年菩提寺破败，"感极悲深，泣涕如雨，遂发宏愿，誓复胜缘"。

位于嘉定城中的圆通寺建于元代。元延祐六年（1319），由当时的著名文人、书画家赵孟頫撰书的《大报国圆通寺之记》碑，是一通具有极高史料价值和艺术价值的名碑。赵孟頫所撰写的碑文文采飞扬，书法圆润劲拔；碑额由当时精于篆书的高丽国王璋所书，珠联璧合，相得益彰。清乾隆时期，正在城东读书的钱大昕常到圆通寺游玩，摩挲圆通寺碑，赏析赵孟頫的文章和书法，长久不忍离去,称之为"嘉定之宝"。他还在《潜研堂金石文跋尾》中设专章考证此碑。后来寺破碑毁,幸亏有拓片存于嘉定博物馆,依稀可见此碑当年的风采。

安亭菩提寺是嘉定最古老的佛寺。在菩提寺原址有一座碑亭,其中一通由钱大昕撰书、状元秦大成篆额的《重修菩提寺记碑》,记载了菩提寺僧人遂修上人修建菩提寺坚苦卓绝的坚持和努力。

宋《留光寺碑》是存碑中最早的寺庙碑,留光寺位于孔庙南。此碑的发现颇有些传奇色彩。1992年新春,宋史专家朱瑞熙教授回乡探亲,当他与姐夫张应嘉老师在嘉定镇东下塘街沿河散步时,突见河滩躺卧一块方形黑色青石碑,朱教授以其职业的敏感,觉得此碑颇有来历,立即上前辨认字迹,当他看到"平江府""留光寺"等字时,顿时眼睛一亮,欣喜万分,断定这是一块宋代寺庙碑,自费请人把这块碑精心收藏到张应嘉老师家中,后捐给嘉定区档案馆保存。

嘉定碑刻之最

嘉定体量最大、文字最多的碑是《永折漕粮碑》。明万历二十六年(1598)嘉定知县王福征所立的《永折漕粮碑》高2.65米、宽1.70米、厚0.28米。碑上刻有文字4816个,体量之大,文字之多,堪称上海碑刻中之最。

数量最多的碑种是墓志铭。墓志铭是记录死者生平的一种碑刻,与死者同葬于墓中。墓志铭一定程度上反映了当时的社会现实,对研究嘉定的人文历史有着重要的价值。这样的墓志,在嘉定有100余通,其数量也是上海少有,是嘉定碑刻里数量最多的一种碑。

最早的植树碑是《汇龙潭种树记》碑。碑文所刻乃清嘉庆三年（1798）县教谕刘崧秀撰写的《汇龙潭种树记》，记有沿汇龙潭北、东、西堤岸植桐、榆、枫杨七十余株，四面插种杨柳无数。可见当时人们已有植树美化环境、造福后人的意识。

三通碑刻与金氏家族的故事

2017年5月初,家住嘉定区徐行镇的金伟仁老先生将珍藏了数十年的三通四块墓志铭《明乡贡进士伯谦金君墓志铭》《金母傅氏墓志铭》《金府君墓志铭》,捐给上海市嘉定博物馆。

金伟仁是金氏家族的后人,他所捐献的这三碑刻都是金氏家族的墓志铭。墓志铭在旧时土葬时,请名人撰写死者的生平传略,然后刻于石上,与棺材同时葬入坟内。墓志铭一般由志和铭两部分组成,志都用散文撰写,铭用韵文概括全篇,是中国古代一种重要的文体,中国最著名的墓志铭有唐代韩愈为柳宗元写的《柳子厚墓志铭》。

三通墓志铭的内容和价值

这三通碑刻的时代处于明万历至崇祯时期,三位墓主金大有、傅氏、金兆登是一家人,他们之间的关系是:金大有为父亲,傅氏为母亲,金兆登是儿子。

《明乡贡进士伯谦金君墓志铭》由王锡爵撰文、娄坚书。王锡爵的《王文肃公全集》也收有这篇墓志铭。墓主金伯谦,即金大有(1533—1576),字伯谦,号豫石,世居界泾(今徐行镇曹王劳动村),"乡贡进士"是举人的美称,即省一级进士的意思。撰文者王锡爵,字元驭,太仓人,比金大有小一岁。嘉靖三十七年(1558),王锡爵与金大有为江南乡试同科举人。后王锡爵于嘉靖四十一年(1562)高中榜眼(一甲第二名进士),官至内阁大学士

(相当于宰相)，金大有却科举艰难，44岁即英年早逝。

王锡爵与金大有是同窗好友，他在文中说自己与金大有"同游故吴守金双渠先生之门"，朝夕相处，结下了深厚的友谊。王锡爵在文中描述了金大有的外形和性格，"君魁貌大度，性不喜抑阖械，巧遇所知呼饮辄醉。余间与同寝，久侧不成寐，而君声如雷"，笔端生动传神，又饱含感情。他还记述了金大有为受冤者辩白之事："乡人有兄与弟争产，而暮死盗者，弟被疑杀兄抵罪，事连监生苏某，君密为邑令楼侯白其冤狱，覆上御史，御史以案成疑之。而楼侯乃对众引君言自许，众始知君之有德于两家，两家事卒解，而无敢归德于君者。"光绪《嘉定县志·孝义》为其列传，《练川名人画像》为其画像列传，称他"性长厚，内行淳备"，"工古文、诗辞"，著有《金伯谦诗稿》。金大有死后葬于界泾祖茔。

由于王锡爵与金大有是莫逆之交，王、金两家联姻，在小辈尚孩童时，已结成儿女亲家，王锡爵的儿子王衡（万历年间榜眼、曾任翰林院编修）娶金大有的女儿为妻。墓志铭的书写者娄坚，字子柔，万历贡生，"嘉定四先生"之一，他精于古文、书法，书法称为"绝妙天下"，他的小楷较为少见，弥足珍贵。2012年出版的《嘉定碑刻集》中未收入此碑，属首次向世人露面，价值很高。

《金母傅氏墓志铭》由娄坚撰文，程嘉燧书，墓主傅氏（1533—1609）为金大有的妻子，明代嘉定吴淞江东（今浦东新区高桥镇）人，傅氏出身于江东名门，为人勤劳、能干、好客。娄坚在文中说她"内娱二亲，外洽朋好"，因金大有壮年早逝，傅氏挑起了家庭重担。儿子金兆登称傅氏"堂构冀然，族姻咸睦，则慈母之躬俭与劳又实先之，盖德而能勤，爱而能肃"。娄坚在文中还讲了一则傅氏能干、勤劳的故事：有一次，亲家王锡爵与其弟王鼎爵在黄昏时突然来到金家,金家无准备,"中厨萧然,先君患无以供客",傅氏却胸有成竹,叫丈夫与王氏兄弟"出与对弈,少需之",不久,"刲羊治具,咄嗟而丰膳办",一桌丰盛的菜肴摆出来了。2012 年出版的《嘉定碑刻集》中录有这通碑文,但当时碑文是从娄坚的《学古绪言》中录得,碑刻实体尚首次露面。书法者程嘉燧,字孟阳,号松圆,"嘉定四先生"之一,明末著名文学家、书画家,时人高度赞誉其"书法清劲拔俗,时复散朗生姿",艺术价值很高。

《金府君墓志铭》由钱谦益撰文,程嘉燧书丹,章懋德刻石。墓主金兆登(1557—1638),字子鱼,金大有子,"少为文章,汲古振奇,大变吴中举子熟烂之习"。金兆登于明万历十年(1582)中举人,但之后科举道路坎坷,"万历壬午举乡贡,十上不第"。"府君"是对已故者的尊称。金兆登参与折漕为银,"皆昌言力任",朋友有难,鼎力相助,晚年授都察院都事,未赴任。金兆登为嘉定名士,交游广阔,钱谦益、王衡、唐时升、娄坚、程嘉燧、李流芳等均是他的文朋诗友,光绪《嘉定县志·孝义》为其列传,《练川名人画像》为其画像列传,崇祯十一年(1638)82 岁时逝世,死后入祀乡贤祠、折漕报功祠,著有《攸好录》《谈谐随笔》《福持堂古文稿》。2012 年出版的《嘉定碑刻集》中录有这通碑文,当时碑文是从钱谦益的《初学集》中录得,此次为首次露面。钱谦益为明末清初的文坛领袖,曾任礼部侍郎;书丹者为程嘉燧,钱、程两人的作品珠联璧合,让这通碑刻的史料价值和艺术价值均为最高。

这些碑刻有很高的文献价值和艺术价值,具有无可替代的原真性。碑文证实了地方史志所载金氏家族的记载大体准确,有助于弄清楚墓主的生卒年,完善了地方志书的内容,为研究明清之际嘉定望族提供了重要的历史信息。碑文还提供了第一手材料,可以丰富和补充《嘉定碑刻集》的缺失。碑刻出土的所在地为曹王劳动村，而明清地方志将其地称为罗店，从而可以准确地考证出古今地域称谓的变化。墓主金大有、金兆登都是举人，墓志铭与嘉定科举相关，是科举文物的重要佐证。碑刻大都由书法名家书，有很高的艺术价值，如程嘉燧、娄坚的书法，世所罕见，弥足珍贵。

美中不足的是《金母傅氏墓志铭》《金府君墓志铭》这两通碑刻，本应都是一通两方，但都失去了上一方，显得不完整，幸有文献可查，可使之璧全。

忠勇礼义的金氏家族

明清之际，嘉定出现了一批名门望族、文化世家，其中金氏是富有代表性的一门，金伟仁就是金氏后裔。金氏世居嘉定东部界泾西侧（今属徐行镇曹王劳动村），金氏一门世代忠孝节义，深受儒家文化的熏陶。

金氏世代务农，其先祖可以追溯到第一代金璧，第二代金昂，第三代金棣，第四代金翊、金珝、金鬻。最早见之于地方史志的为金翊。金翊（1512—1573），字廷赞，号逸斋，金棣长子，嘉定名士。为嘉定折漕为银，造福于地方，他在父亲金棣患病时，仍为嘉定赋税改革毅然赴京请愿，至京师时，父亲逝世，金翊"痛欲绝，久之始苏，长号邸中"，帮助友人时"急人之难事甚于己"。金翊死后，葬于泾界墓园，"嘉定四先生"之一的唐时升为其撰写行状，刑部尚书、太仓王世贞为其撰写墓志铭。光绪《嘉定县志·孝义》称其为"家世孝友"，《练川名人画像》为其画像列传。

金鬻，字廷杰，号守斋。金棣季子，金翊弟。为人淳朴善良，死时已80余岁。礼部尚书、邑人徐学谟为其撰写墓志铭。

从金翊开始，金氏家族从界泾迁入嘉定城内，在东城龚氏园（今秋霞圃）旁、清镜塘北构筑"金氏园"，园中有柳云居、止舫、霁霞阁、冬荣馆等景点。清初邑人张僧乙有诗《柳云居忆旧》赞赏园景之美：

> 香雪寒梅景最佳，紫薇红药称人怀。
> 棣花绝似黄绸被，盖遍朱栏与绿阶。
> 细縠纹波绕四隅，浑疑画舫泊江湖。
> 微吟细语秋窗里，一幅潇湘夜雨图。

今金氏园已纳入秋霞圃中。

金大有，金翊子，生平传略见《明乡贡进士伯谦金君墓志铭》，死后也葬于界泾墓园。

金大雅（1547—1604），金鬻子，字伯醇，秀才，通医术，"岁尝大祲，人多病疫，凡所治辄效，名播远迩"。他也积极参与嘉定折漕为银运动，为人孝友，"尤好急人之难，有告以困乏，未尝不周之，或为人贷，后卒代之偿"。死后葬于曹王祖坟。《练川名人画像》为其画像列传，娄坚为其撰写墓志铭。

金兆登，金大有子，生平传略见《金府君墓志铭》，金兆登娶妻南翔进士李汝节女。死后也葬于界泾墓园。金兆登在城内除有金氏园外，还在法华塔西有别业"福持堂"。

金德开，字尔宗，金兆登长子，国子监生，抗清志士侯峒曾的妹夫，为人富有气节。"以文行世其家"，清军攻入嘉定城时，金德开"危坐室中，手持家训，兵至不为动"，其女儿"仓猝间以身翼父，皆醢之，敛时莫辨，盛以一棺"。朱子素在《嘉定乙酉纪事》曾记述了此壮烈的事件，光绪《嘉定县志·忠节》为其列传。著有《诒翼堂诗钞》，钱谦益称金德开的诗"情真词婉，行安节和",《练川名人画像》也为其画像列传。

金德衍,金兆登次子,天启三年(1623)秀才。

金德开的六个儿子,其中有三个在抗清斗争中壮烈殉国。长子金吉士,字怀节,秀才,曾参与侯、黄先生筹划的抗清斗争,守东门,"策应捍御,目不交睫者浃旬",城破后牺牲。著有《兰扬》《鹃花》,《练川名人画像》为其画像列传。次子金堪士,字幼舆,崇祯十六年(1643)秀才,"端谨能文",死于嘉定三屠,《练川名人画像》为其画像列传。三子金仲士,字侯在,也死于嘉定三屠。此外,金德开的儿子金献士,字治文,崇祯十六年(1643)中秀才,另一个儿子金造士曾师从侯岐曾(侯峒曾弟),也是秀才。金氏在抗清斗争中,他们坚守文人气节,表现了不畏强敌、舍生忘死的精神,在明末这场空前劫难中,这个曾经在嘉定历史上辉煌一时的金氏世家,惊天地,泣鬼神,"三族并于难""一门死者八人"(光绪《嘉定县志·忠节》),只有少数后人侥幸存活,后开始衰落,逐渐淡出人们的视线。

碑刻的发现和保存

据金伟仁回忆,金氏墓园位于界泾之东,要走过横跨界泾上的陆维桥,那里的坟头又高又大,旁边古木参天,史称"界泾金氏祖茔",当地人俗称为"金家坟山",金伟仁小时候常到那里割草、玩耍。这一片墓园里,埋葬着历代金氏的族人,明代时这里属嘉定县罗店镇,清雍正二年(1724),朝廷从嘉定东部析出部分乡镇建宝山县,罗店也划归宝山了,但界泾之东的金氏墓园仍属嘉定地域。这些墓志铭在金氏墓园内已经沉睡了300多年,1967年,当地开展大规模的土地平整运动,高出平地的一大片金氏墓园自然属于平整的对象,古墓一个一个地被开挖平整,这些墓志铭都被农民从墓穴中挖了出来，它们都是平整的石材，上面密密麻麻地刻着许多文字。金伟仁当时刚高中毕业，是一位回乡知青，与生产队的农民在一起干土地平整，他看到碑刻上刻着金氏的文字，知道是自己祖上的东西，尽管当时他还不知这些墓志铭的价值，但他想到自己作为金氏后人，对老祖宗的东西，一定要保存好。然而，当时生产队领导就地取材，将这些墓志铭用作地基，建造了生产队的牛棚。金伟仁默默地把这一切都看在眼里，记在心里，他在等待时机，将其收集起来。

1988年，村民组里不养牛了，牛棚的历史也结束了。金伟仁就将这间牛棚整体买下来，然后将碑刻清理出来，看到这些碑刻的碑体仍然完整，字口清晰，品相较好，金伟仁十分高兴，就一直精心保存着。

30年过去了，金伟仁已从一个回乡知青成长为生产队会计、五金厂厂长，退休前是曹王镇教委主任。近年来，不少贩子多次上门要收购这些碑刻，金伟仁不为所动。随着年龄的增大，金伟仁决定要为这些碑刻寻找一个最妥善的保存之处，他决定将碑刻全部捐给嘉定博物馆，他的想法得到了全家的理解与支持。此次捐出这些珍贵的碑刻，是金氏后裔向嘉定建县800周年献上的一份厚礼。

风雨天恩桥

记得小时候乘沪嘉公交车，在马陆与南翔之间有个站名叫"真圣堂桥"，也俗称"大桥"，问其中原因，大人们也都茫然不知。

一直想实地看看真圣堂桥，未能如愿。直到1970年初夏，我在当时的马陆农场参加"三夏"劳动，一天放工后，突发兴趣，骑着自行车来到了真圣堂桥。

只见夕阳下，真圣堂桥似一道美丽的彩虹飞架东西，静静横跨在横沥上，从浏河发端的横沥，流经嘉定城，又穿过马陆，流到这里时，又雅称"槎溪"，河面十分开阔。故这座三孔石拱桥，桥身体量，堪称嘉定第一。桥上石板因天长日久被人踩踏，亮得发出暗光，石缝间钻出几株低矮而壮硕的树木，加之古藤垂绕，使石拱桥显得更加苍深古老。

随着年岁的增长，我对真圣堂桥的历史也有了更多的了解，原来真圣堂桥又名"天恩桥"。称它为真圣堂桥，是因为桥西曾有一座庵院，叫"真圣堂"。而称它为天恩桥，有一个美丽的传说，古代有位勤劳善良的老石匠，为了方便人们渡河，决定造一座石桥。他的行动感动了天上的神仙，在神仙的帮助下，石桥终于造成了，人们为了感谢天仙的恩赐，取名为"天恩桥"。

然而，民间传说不足信，天恩桥的真实历史却是另一番景象。在古代，天恩桥是嘉定境内一座立于横沥上的大桥，为横沥两岸民众交通往来的必经之桥。在未建前，人们往来只得以木船摆渡，十分不便。直至明代才建了简易的木桥。据明代乡贤李流芳先生的《檀园集》中《募造真圣堂石桥疏》记载,天恩桥建于嘉靖年间,本是一座木桥,木桥易损,行走十分危险,每过数年就要重建,"舟行过于桥下,见行者摇摇焉……飘风则东西隔绝,而不敢渡"。当地一林姓父子目睹此景,发誓要造一座石桥,并为此"拮据十年,沿门请乞之劳,以躬亲畚筑之苦,与夫铢积寸累,早作夜息,寒暑无间之勤"。林氏父子的精神感动了人们,在大家的帮助下,林氏父子积累了一定的财力和建材,为造桥打下了基础。然而,此时内忧外患的明王朝已经无暇顾及修桥铺路的善事,不久便灭亡了。

直到清代顺治年间,社会恢复了平静,地方财力有了增强,在有识之士的大力呼吁奔走下,才由里人徐孝竹、陈尚之等发起,三孔石拱桥终于建成,但限于财力,天恩桥的石护栏没有修建。到雍正年间,曾对桥做了部分修缮,直至乾隆十八年(1753),大善人程虔五倾力资助,增设了石护栏。修建天恩桥的过程竟如此漫长而富有传奇,难怪嘉定人会如此珍爱。

数百年的历史岁月中,天恩桥曾多次得到地方人士的修葺。清末,天恩桥因多年失修,又显颓败的状态,摇摇欲坠。同治十三年(1874),时任翰林院编修的徐致祥出任浙江乡试主考官,回乡探亲,目睹天恩桥倾圮严重,"情实难安",向江苏巡抚张树声大声疾呼,后筹款5000两银子,将桥修缮一新。事后,由时任金山知县温粹之撰文,时任海州训导陆诒燕书丹,树碑记事,此碑现存嘉定孔庙。碑文中有"波澄匹练,月印寒塘。青龙蜿蜒,白鹤翱翔"的诗句,写得颇为传神。后来,"天恩赏月"成了"槎溪十八景"之一。天恩桥的石阶面全长40米,桥顶高5.5米,中孔净跨11.5米,两个边净跨5.5米,宏伟壮观。半圆形的石拱,与水中的倒影恰成圆圈之状。待到晚上来观赏,江清月近,尤其佳妙,天恩桥今已被公布为嘉定区文物保护单位。

在天恩桥两侧共刻有四副对联，是天恩桥的一大特色，为天恩桥更添人文底蕴：

> 云际龙飞高凌百尺，波间虹卧彩耀三槎。
> 境接吴淞势挟汪洋通万顷，名颜真圣义兼廉让媲千秋。
> 行看桂子月中落，定有仙槎海上来。
> 人杰地灵白鹤来飞传胜迹，风恬浪静彩虹耀映镇槎溪。

第一联描写了天恩桥雄伟壮丽。第二联描写了天恩桥周边的风景。第三联描写了天恩桥由来的古老传说，相传西汉博望侯张骞乘木筏出巡南方，曾途经槎浦。而第四联最为上乘：上联从"白鹤飞来"引出了关于南翔形成的一个优美而动人的传说。传说一千多年前的梁代时，南翔还是一个偏僻的乡村。一天，一位老农种地，挖到一块巨石。这时恰有两只白鹤飞来停在石上。后来石上出现了一首诗，有"白鹤南翔空不归"句。有个叫德齐的和尚认为这里是一块佛地，便化缘建庙，从此香火不绝，慢慢地形成了一个集镇，成为人杰地灵的胜地。下联具体写桥。天恩桥横跨在流穿南翔的槎溪，犹如一条美丽的彩虹，与充满灵气的南翔古镇相互辉映。联语以白鹤南翔的传说，写出了南翔悠久的历史和文化情况，又以寥寥几笔，刻画了风恬浪静的江南水乡风光，有很高的艺术水准。

2006年秋，天恩桥再次重修，复归原貌。桥修得很好，但是，石缝中的树木古藤不见了，古桥好似失去了生命活力，因为这些树木古藤已与古桥共生共荣，融为一体了。如果当时在修桥时，把古藤树木保留下来，该有多好啊！

又过了十年，我听说在天恩桥附近修了一个横沥亲水平台，又专程去参观了天恩桥。横沥亲水平台建成了传统园林风格，与天恩桥十分匹配，新旧景观相得益彰。然而，就在天恩桥东的不远处，崛起了一个大型住宅区，成片的高楼插入云霄，相比之下，当年雄伟的天恩桥成了一个儿童积木般的玩具，显得极不协调，令人不胜唏嘘，不知规划者为何要把两者靠得如此近。

秦园琐记

很小的时候,就听大人说起过城中有一所古老美丽的"秦家花园"。但第一次进入秦园时,我已经成人了。记得那是1964年的初秋,暑气尚未退尽,我正在书店学徒,骑了一辆破旧的自行车,为嘉定县教师红专学校(今教师进修学院的前身)送书,教师红专学校就设在秦园内。秦园位于嘉定州桥南大街,距法华塔不过百步之遥。当进入秦园时,心灵不禁为之一震,只见眼面前古木参天,假山壁仞,斑驳的围墙上爬满了青藤,连小径的砖缝里也布满了密密匝匝的青苔,草木生香,满园荡漾着清气。教师红专学校的办公楼在园东北角的绿荫深处,楼梯的木板虽已年深日久,仍厚实坚固,走上去咚咚作响,秦家花园显得幽深、陈旧,似乎藏着几许神秘,几多故事。

后来,想不到真的与秦园结缘了。1982年,我考入上海电视大学嘉定分校的中文专业,中文班就设在秦园内,我在这里读了两年书,三天两头进进出出,成了秦园的常客。慢慢地,我成了"秦园迷",长期关注它;我还认识了秦氏的后人,与他们交往,秦园的史料也越积越多,秦园面纱也自然渐渐撩开了……

秦园的来头确实很不寻常。据传,秦园的前身叫"周氏园",又称"国丈园",是明朝末代皇帝崇祯的丈人周奎的私家园林。想不到,这个花园还与皇家沾上了关系。查阅《明史》,周奎确系国丈,封"嘉定伯"。而周氏、秦氏后人至今都口口相传,称此园为"娘娘花园",即为崇祯皇后周娘娘的花园。周氏园当年的景观今已无从考证,但"小山园""小山堂"的名称应该在这个时候出现了。周皇后一定知道这个花园的规模、布局，只因生于末世，没有来得及像《红楼梦》中贾元春那样"省亲返园、光耀门第"，但是梦魂牵绕，心向往之。所以在明王朝摇摇欲坠之际，还告诉皇帝："吾南中尚有一家居。"想南下过普通人的生活，刚说出口，"帝问之，遂不语"。皇后对皇上只说了半句话；皇上追问，皇后没有回答；这样的对话载入了《明史》，耐人寻味，又有几分凄楚。

明清易代，"嘉定三屠"，经过天崩地解的历史大变动后，周家败落，花园凋零，周氏园易手张氏。张氏在园内又筑有秋水轩等建筑，据清光绪《嘉定县志》记载：小山堂为张氏别业，王时敏为之题额。王时敏为明末清初大画家、娄东画派鼻祖，他能为张氏小山堂题额，足见张氏在当时的社会地位也不同凡响。秋水轩更与众多名流渊源至深，康熙时，名士沈枧居于此，与邑中文人结诗社、画社，侯玄涵、孙致弥均有诗记述当时的盛况。

清乾隆年间，国子监生秦荷从张氏手中购得小山堂、秋水轩，成为这个园林新的主人。秦氏是世代嘉定望族，出过许多文化名人，嘉定的首部地志书《练川志》，就出自迁嘉始祖秦辅之之手。当花园传至秦荷的孙子秦溯萱时，秦园终于进入了全盛时期。秦溯萱是附贡生，博学擅诗，名噪士林，酷爱园艺，他利用通番贸易和私盐贩卖赚了大钱，成为嘉定首富。他出巨资购地，扩大了这座宅院，使之东起南大街，西迄彭家弄，北起张马弄，南到目前的塔城路，占地38亩。请名匠堆山凿池，栽花树石，增拓修葺，风光愈发旖旎，至道光二十九年（1849），花园全部竣工，遂成为嘉定乃至苏州地区的一座名园，闻名遐迩，大放异彩。时有无锡文人顾氏，曾寄居秦园读书，撰有《嚠城秦园》一文，极尽园景之美，称"此园真有四时不谢之花，朝夕百鸟争鸣，活尽天机，豁人心目"，"园中之木，无美不备也。所奇者凡粉壁凿花窍盈百种，尚精巧无伤处，虽此时径生荆棘，犹觉游乐不尽也"。秦园不但园林精致，"陈设书画玩器靡不精美"，园内的"权酌书屋"俗称牡丹厅，"藏古今书籍，陈设精雅"，充溢着浓郁的文化气息。

秦园中有太湖石堆砌的两座假山，东边的假山，山体大，后世俗称为大假山。西假山山体稍小，形状就像一个立体的"山"字，后来家人就把这个花园叫作"小山园"，南侧的堂，叫作"小山堂"。这个小山堂，原是周家、秦家的宗祠。小山堂的对面是戏厅，也是秦家花园的一部分。

秦家花园带有漏窗的粉壁围墙内，有花池、鱼潭，有假山、石洞，有曲廊、雕栏，有书屋、戏厅，有凉亭、石桌石凳，有名木、奇花。秦家花园初建时期，就是它的鼎盛时期。当时的景点有：寻芳唇所、权酌书屋、纳凉亭、牡丹厅、睡花轩、挹翠亭、夜来香棚、观鹤亭、弈棋台、三星石、攀月馆、攀桂馆、载月舟、怀古草庐、秋水轩、塔影岩、补过堂、以古作今厅（又称"小山堂""鹤鸣堂"，为观戏听唱的场所）、白石码头（洗砚处）、别俗池塘、钓鱼矶、三曲石桥等。

秦园的花草名木种类繁多，遍植奇花异卉。据秦氏后人秦元澄在上世纪 70 年代末回忆，上世纪初，秦园的树木尚多，有：雪松、罗汉松、白皮松、黄杨、黄连、梧桐、蜡梅、棣棠、枸骨、密林擒、绣球、山茶、银杏、桃、李、杏、桂、橘、月季、洋玫瑰、金丝桃、木香花、紫薇、贴梗海棠、垂丝海棠、白玉兰、紫玉兰、广玉兰、龙柳、石榴、绿梅、红梅、黄天竹、凤尾天竹、葡萄、榆树、垂柳、紫藤、芙蓉、白沙枇杷、红沙枇杷、火杉等。秦园内修竹万竿，竹声萧萧，有紫竹、方竹、斑竹、燕竹、鹤膝竹、慈孝竹、飞白竹、护居竹等品种。

秦园多奇事轶闻。据秦家后人说，园内有一棵三百岁的老树，高数丈，围三抱，根部裂开，中空。每次园主家里有节庆喜事，提前两三天的晚上,这棵树的树梢都会有巨蟒探头,头如巴斗,双目如炬。次日看树,没有任何异常。次数多了,人们知道这条蟒蛇与人和谐相处,而且会给人送来喜讯福音,就不去干预。秦园原先还有一棵火杉,当时就知道极其珍贵。估计即是现在所谓的红豆杉。红豆杉为常绿植物,是第四纪冰川后遗留下的珍稀濒危植物,分布范围狭窄,现存数量逐年减少,近年来发现是抗癌新药紫杉醇的原料植物,而且对环境的净化作用比其他树种更加明显,可惜这棵火杉今已不存。

偌大的秦园,除了主人与亲友玩赏,还经常对普通市民开放。尤其是小山堂,有各地的戏班艺人借台。演出收益由戏班与园方分成。小山堂演戏,园方、市民、戏班三方都得益。各地的戏班络绎不绝,几乎没有断档的日子。嘉定居民、买卖人、远近的人们,白天在城隍庙一带赶集、游览,傍晚到秦家花园看戏,所以就流传出"日日城隍庙,夜夜小山堂"的民谣,以显示秦园之盛。

秦园内走出了一批才俊之士:秦绥章、秦夔扬、秦曾潞三进士;秦毓麒、秦曾源、秦曾荣三举人;秦曾谷、秦曾浩双贡生。秦绥章官至兵部侍郎护军统领,官阶一品;秦夔扬官至翰林院编修、监察御史;秦曾潞官至翰林院编修、大理寺推事。说秦氏为钟鼎簪缨之家,可谓名副其实。

到了清咸丰、同治年间,嘉定发生了连续的农民暴动,后太平军李秀成部又攻克嘉定,社会秩序混乱。秦溯萱担心自家危险,带领全家躲到远方。秦园无人照料、管理,这里驻扎过小刀会、太平军、清军,太平军撤退后,又先后成为军队粮库、嘉定县署、守军营房。其间,多次有豪强想要霸占这个宅院。因为没有专人管理,园林的部分设施毁坏,草木荒芜,部分奇石被运走。秦园虽劫后余生,也遭到了严重破坏,从此走向衰落。1916年,秦溯萱之孙秦绥章借祭扫祖墓之机重游故园,见秦园萧条荒芜,盛景不再，不由感慨万分。事后，秦绶章请著名书画家、吴江翁绶祺绘成《芜园感旧图》，自作《芜园感旧图记》，知交好友也纷纷题诗作跋，最终裱成六米长卷，后被其曾孙秦诒泰携至台北。《芜园感旧图记》以凄婉的笔调叙述了秦园的盛衰变迁，是研究秦家与秦园不可或缺的史料。

抗日战争时期，日军师团长三浦忠次郎中将曾住在秦园对面的姜家花园内，而他的副官居住在张马弄的乔玉麟洋房中。为方便进出，曾在西面的秦家花园与彭家弄间开后门连通，秦园被三浦忠次郎命名为"清和园"，侵略者梦想让秦园渗入大和民族的因子。此时，屈辱的秦园也越发显得萧条破败。1949年秋，秦家后人秦元诜自北京返回时看到，园内除所谓跑马楼之数十间主楼等尚称完整外，周围裙房都严重破旧，其余建筑大部分坍塌。

新中国成立后，秦园先后成为嘉定博物馆、县教育局、县聋哑辅读学校、县少年宫、嘉定区政府会议中心、嘉定报社、嘉定红十字会等单位的办公地点。其间，部分景点湮灭，但也对部分古木进行了保护，包括五棵有200年沧桑的古银杏，还在园中建了一座亭子。秦园的风采已经不再，但当你走进秦园时，还会感到秦园的遗风和气息尚存。

近年来，我数次参加过重建秦园的项目论证会，重建秦园已提到了议事日程，假以时日，秦园将再现昔日美丽的倩影，小山堂的弦歌，又会飘荡在秦园的上空。可以想见，重建后的秦园与秋霞圃，一西一东，犹如州桥老城区中一双清澈的眼睛，把古镇疁城装扮得更加靓丽。我期待着。

檀园新生记

人杰地灵的古镇南翔，最让人提及的是明代"嘉定四先生"之一李流芳，以及他的檀园。檀园旧址在南翔镇北金黄桥附近，一般的私家园林应在"十亩之间"，而檀园其实很小，占地仅三亩余，相比不过是个大院子而已。檀园的知名，应是李流芳的缘故，让这座小巧精致的文人园闻名遐迩。著名学者钱大昕称"槎上多名园，以长蘅先生檀园为最"。

李流芳，字长蘅，号檀园、泡庵，生于明万历三年（1575）。少年神童，聪慧过人。16岁成秀才，32岁登举人，曾屡次赴京会试不第，时宦官专权，朝政日废，于是绝意仕途。他于诗文、书画、金石、竹刻无所不能，是个文艺全才。更可贵的是他极富有气节，当时以魏忠贤为首的宦官集团把持朝政，各地官员为其建生祠，纷纷向其拜谒时，嘉定知县谢三宾也想趋时，到苏州参拜魏忠贤生祠，李流芳力阻谢三宾，掷地有声地说："拜，一时事；不拜，千古事！"

李流芳自称有"烟霞之癖"，爱游历名山大川，造一个园林，让山水置放在自家的后园中，是他的夙愿。明万历三十三年（1605），李流芳31岁，他自己动手擘画设计，并鸠工庀材，兴建园林。因园中原有棵硕大的青檀，夏日投下一片浓荫，李流芳珍爱这棵大树，就名之"檀园"，后来檀园也成了李流芳的号。青檀是徽州人制造宣纸的主要原料，作为一个画家，自然爱屋及乌；李流芳的祖父李文邦是徽州人，自他开始迁居嘉定，李流芳身上还有徽州基因，这棵青檀是故乡的记忆。作为一位造诣很深的艺术家，李流芳有自己独特的造园理念，曾说："山居不须华，山居不须大。所须在适意，随地得其概……楼阁贵轩豁，房廊宜映带。或与风月通，或与水木会。卧令心神安，坐令耳目快。"(《戏示山中僧侣》)他知仅三亩的园基，要因地制宜，师法自然景点不宜多，要以少取胜；建筑不宜大，要小中见大。善于构图的他，在园内仅设计了宝尊堂、次醉阁、山雨楼、萝龛、剑蜕斋、芙蓉沜、翏翏亭等十余景点，疏密得当，筑矮墙，多挖渠，让留白处以藤蔓杂树自然成景。落成之日，李流芳曾赋诗一首《小葺檀园初成，伯氏以诗落之，次韵言怀》，表达了内心的喜悦，也描述了这个规模不大的袖珍版园林：

> 短筑墙垣仅及肩，多穿涧壑注流泉。
> 放将苍翠来窗里，收取清泠到枕边。
> 世欲何求休汗漫，我真可贵且周旋。
> 一龛尚拟追莲社，不用居山俗已捐。

低筑围墙是为了不挡住视线，可将绿色收入室内；多开沟渠是为了引流入园，倚枕而卧也可以听到清泠泠的水声。绿色诉诸视觉，水声诉诸听觉，水与木被李流芳视为构园造景的两种重要元素，前四句诗已经勾画出檀园大致格局。更重要的是山不在高，有仙则名，池不在深，有龙则灵。李流芳有广泛的人脉，当时一批文人雅士常在檀园内纵论畅饮，吟诗作画，一时称盛。文学大家钱谦益对檀园有过生动的描述："水木清华，市嚣不至，一树一石，皆长蘅父子手自位置。琴书萧闲，香茗郁烈，客过之者，恍如身在图画中。"崇祯二年，李流芳在檀园逝世，年仅55岁。檀园也好景不长，李流芳死后16年，明清易代，天崩地解，檀园毁于"嘉定三屠"之难。算起来，檀园存世不过短短40年。所幸李流芳有《檀园集》传世，书画作品也为海内外博物馆及民间珍藏，也使檀园之名留传至今。

复活檀园，是三百多年来人们的企盼。在有识之士的呼吁下，政府有关部门决定在南翔寺双塔北混堂弄内，易地重建檀园。历两年而成，新建的檀园占地十亩。同济规划设计院的设计者与嘉定地方史专家联手，广罗历史资料，在复活旧观的同时，创新发展，结合现代人的审美观，在具体景点和整体布局上，融入了更为丰富的意境，做到体必有据，景出有源，所增新姿，传承有方。全园以水池为中心，周围厅堂亭阁次第环立，湖石洞壑千姿宛转，曲廊引景流畅贯通。

园内东半部为主景区，其中间开一泓碧水，即旧时"芙蓉沜"，形似葫芦状，岸体均缀以湖石，古朴静美；中部凌水架四拼低栏曲桥，为水上东西通途；池东南有小型拱桥，呈外水流通之形。东侧墙界是一排原有的明清风格的民居建筑，既有隔断外部视线的作用，又有昔日市井气息，借用甚当。水体南北分座"宝尊堂"和"次醉厅"，是园内两大巨构，成为南北轴线上的主要对景。宝尊堂是全园主厅，面阔五间，依经典的"鸳鸯厅"予以重构，分南厅和北厅，内有李流芳全身铜像、书画作品以及明清文人称赏流芳和檀园的诗词，匾额题"艺苑扬氛"，氤氲出浓郁的书香气息。宝尊堂东侧漏窗可见清泉流泻，即园区东南的飞瀑流云景点，所叠石壁尤佳，峰似云漂，银流潺潺，竹木披翠，形、质、声完美璧合，含蕴深致。池北的次醉厅，俗名花篮厅，歇山式，雕镂精细，典雅中又显沉稳大气。这是流芳会朋晤友、饮酒挥洒之所。内置"九友图"，对联书："流丽气韵画印诗书艺林事，芳菲佳园梅兰竹菊君子风"。"九友"，即董其昌、王时敏、王鉴、程嘉燧、张学曾、杨文聪、卞文瑜、邵弥，点明了园主的馨香之德以及在晚明时期的艺坛地位。次醉厅前是临水月台，设护栏，为平视全园景物的佳点——步蘅舸、翏翏亭、招隐亭分列近、中、远三景，成对角折点分布，视觉空间由低及高，体势多致且显紧凑。右侧的步蘅舸，乃不系舟，分前、中、尾三舱，上建二楼，登临可开高层视景；船首呈离岸状，造静中欲动之势，设计巧夺。"蘅"即流芳表字，寓崇仰先贤之意。曲桥南侧有翏翏亭伸入池中，飞檐翘角，与绿水石桥相映组景，亦是中部观景的佳胜。亭名有浩茫扬志、自强不息的深刻寓意。湖池西南为全园制高点——招隐亭，坐落于萝壑景点之上，六角重檐，木构黛瓦，翘角穿云，清逸庄重。隐，即隐士，此亭原是流芳与宋珏、程嘉燧、张鸿磐等同道畅饮论道、赋诗作画之处。登亭览景，可收满园俯瞰之美。亭下峰峦凹凸古拙，壁仞劲峭，内中洞壑幽转，其上藤萝披翠，蔓树葱茏，苍润中有真山林野的气象，故名其"萝壑"。

上述主体部分，以水景为中心，整体采用环立布局，通过穿景、对景等手法来控制周边建筑和景点，使曲桥、叠石、园路以及厅阁亭榭等序列融为一体，空间赏点立体多层；配以佳木花卉和软质化的水面与瀑布，呈现了江南园林小中见大、和谐隽永的韵致，充满诗情画意。

园区西部和南部是一组庭院式景点，由单面和双面廊勾连回环，以此连接各景点，造成空间多变、景深多致的游观格局，虽体量不大，但给人以游之不尽的感觉。设于谷诒燕翼内的"慎娱室"和"剑蜕斋"，展现了李流芳旧时生活、读书的场景，所置明式家具简约而高雅。外进门楼为徽派特色的石雕，造型细腻，工艺精湛，透出祥和丰裕的氛围。钱谦益曾描述檀园"琴书萧闲，香茗郁烈"，即今"茗坞"和"琴书轩"两个景点，游人在小憩中，可感受到流芳当年在此抚琴品茗的优雅气氛。景区内还有"南翔人家"民间住宅系列，展示了民国初期南翔小镇富裕人家厅、卧、斋、厨、绣等居家陈设，非常有生活气息。

庭院内的墙前屋角和廊前径侧，均由湖石垒砌花台，或缘道缀接，各类竹木花卉以疏为主，重在姿态生美；所立假山都经过精选，重于形质生韵，在周边雕梁画栋、朱漆粉墙的映衬下，尤显清雅恬静，堪作庭院布景的范式。园内道路多以卵石花纹铺就，色呈青灰，光泽适度，典雅中又透出大气。

南翔老街保持着良好的原真性。老街以双塔为中心，周边是核心保护区，景区内有暮鼓晨钟的云翔寺、晴霞生辉的五代双塔、清洌幽古的萧梁井泉等珍贵文物遗存。今在景区内建檀园，既是为了弘扬南翔地区深厚的传统文化，重现昔日旧观，追念文化先贤的高风亮节；同时，也将使南翔老街的空间布局和建筑文化，在现代理念与传统特色的交融中更富审美情趣和魅力。

檀园于2011年10月正式向社会开放。落成之日，笔者应南翔镇政府之邀，著文两篇，书于园门两侧，今全录于下：

名士李流芳

槎溪潺潺，鹤唳声声，竹树繁茂，人文蔚起。古镇南翔，代出俊彦之士。明万历年间，李氏一门二代三进士，折桂攀蟾，金榜题名，李流芳更为李门翘楚，江南名士。

李流芳，字长蘅，号檀园、泡庵，生于万历三年（1575），聪明早慧，饱读诗书，十六岁成秀才，三十二岁中举人。后屡次赴京会试皆名落孙山，遂绝意仕进，在故乡构筑檀园，专注于诗文书画，徜徉于山水园林。

流芳富气节，天启年间，宦官魏忠贤专权，生祠遍地，趋利者纷纷拜谒，流芳劝阻时任嘉定知县谢三宾不往拜，并云："拜，一时事；不拜，千古事。"如黄钟大吕，掷地有声。

流芳孝于严慈，友于兄弟，交遍海内文人雅士，与同县唐时升、娄坚、程嘉燧等论文谈艺、过从甚密，合称"嘉定四先生";与董其昌、杨文聪、王时敏、王鉴、程嘉燧、张学曾、卞文瑜、邵弥等吟诗作画,啸傲林泉,合称"画中九友"。

流芳风流儒雅,灵秀旷逸,为文艺全才,书画诗文四绝。书画清秀淡雅,苍寒沉郁;诗歌天真烂漫,风骨高洁;文章清新自然,潇洒清丽。流芳于崇祯二年(1629)逝世,享年五十有五。其诗文有《檀园集》传世;书画作品由海内外博物馆及民间珍藏;课徒画稿编入《芥子园画传》,惠泽无数后学。

流芳为南翔文化之标杆,精神之象征,城市之名片,其学千古,其艺千古,其人千古,流芳千古。

重建檀园记

檀园,明代万历年间李流芳私家园林。因园中有硕大檀树而得名。其址在南翔镇北,占地三亩余。

园中置宝尊堂、次醉阁、山雨楼、剑蜕斋、翏翏亭等景点,小中见大,虚中有实,水木清华,市嚣不至,室宇亭榭,皆有画思。诚城市山林,为高士美宅。皆由李流芳、李杭之父子手自辟划。

园成,琴书萧闲,香茗郁烈,往来俊彦,谈笑鸿儒,计有唐时升、娄坚、程嘉燧、宋珏、归昌世、王志坚、汪明际、钱谦益、侯峒曾等辈,一时称盛。故乡贤钱大昕先生曰:"槎上名园,以长蘅先生檀园为最。"明清易代之际,檀园毁于"嘉定三屠"。

时值新时期,国运昌盛,百废俱兴。为纪念先贤,南翔镇人民政府斥资易地重建檀园。重建后的檀园,位于五代双塔之北,占地十亩。假山壁仞,池沼清冽,再现萝罨、宝尊堂、次醉厅、慎娱室、翏翏亭；新增碑廊、步蘅舸、艺文流芳馆；又将山雨楼、南翔人家等民国建筑纳入园内，兼顾传承创新，融古今为一体。

　　重建后的檀园，松风槐雨，檀香茶醇，朝闻晨钟，夕听暮鼓，可观双塔晴霞，可饮萧梁古泉。为古镇重要文化景观，市民休闲游览场所。

清廉书院风波

水木清华、风景秀丽的古典园林秋霞圃前,紧挨着几间破旧不堪的百年老屋,毫不起眼,又与整修一新的秋霞圃极不协调。

2000年夏天,上海北区嘉定的旧城改造正如火如荼地进行,围绕着拆除还是保留这几间老屋,媒体介入了,《新民晚报》《新闻晚报》《联合时报》和东方电视台等上海各大媒体竞相报道,引起一场轩然大波,清官陆陇其及清廉书院几乎成了"敏感话题"。

这是什么建筑?它为何会引起如此巨大的风波?原来,这座破旧简陋的建筑同清代一位嘉定知县有关,他就是康熙年间的著名理学家,被称为"天下第一清廉"的清官陆陇其,这座建筑就是他当年亲手创办的"清廉书院"。嘉定是江南文化之邦,素有"教化嘉定"的美誉,区区一座破旧的书院建筑似乎无关宏旨,为何嘉定人如此看重这座书院呢?这同陆陇其人格和风格有关。

查《清史稿》及嘉定地方志,陆陇其,字稼书,浙江平湖人,唐代贤相陆贽的后裔,生于明崇祯三年(1630),少年家贫,勤奋好学,成年后精通理学。清康熙九年(1670)进士。五年后,即康熙十四年(1675)任嘉定知县。到嘉定时,一叶扁舟,图书数捆,还有妻子的纺机一张。当时震惊海内外的"嘉定三屠"才过去30年,这座曾经十分富庶的江南名邑,战争的创伤仍未治愈,依然满目疮痍,民生凋敝。

陆陇其知道,秩序的重建和人心向善是治县的先决条件,而这一切,必须从自身做起。上任伊始,他就访问故老,提倡教化,鼓励农耕,不到两年,嘉定得以大治。据光绪《嘉定县志》记载,他在嘉定的"惠政不可胜记",深得百姓的爱戴,他的清廉和勤政在嘉定几乎有口皆碑。他从不乱花百姓一文钱,吃的米从家乡平湖运来,公余在衙门空地上种菜,聊补清苦的生活。当时的诗人、状元严我斯在一首诗中说他"侵晨寒无衣,官庖食无肉"。

他的家风十分严格。有一个木工人衙门为陆陇其夫人修理织布机。他见到一位粗衣勤作的妇女,就问她:"素知知县夫人贤惠,能否引见一面?"这位妇女说:"我就是。"木工想不到知县夫人如此俭朴,惊奇而钦佩。

陆陇其讲理学重点讲朱子,但他绝不是空谈心性的腐儒。他从不滥用"父母官"的权威,主张以德治县。老百姓打官司,他不派皂隶去抓人,如果是宗族相争,找他们的族长;乡里相争,则找当地的长者,或者叫原被两告自己相约而至,细诉曲直。他的听讼,也全遵感化的宗旨,常常有父子反目、兄弟相仇,打上官司,经他苦口婆心,反复开导,被劝得相拥而泣,和好如初。这种审理案件的方法,可谓独一无二。手头有本出版于上世纪90年代的《绝妙判牍》,陆陇其的判牍占了一大半,文字通俗、亲切又不失幽默。

陆陇其热心讲学办学,他经常召集县中的举人、诸生在县学中切磋学问,研讨理学。教化人民教到细微处,甚至把讲坛办到狱中,为犯人讲学。为了使县中有更多的人有求学的机会,陆陇其离开嘉定后,邑人创办了"清廉书院",以示对他的怀念,这就是这座书院的由来。后来,各乡镇纷纷效仿,一时间,全县共出现了九所清廉书院,全县形成一股办学热,县里流传"陆大人来到嘐城,嘉定人学里学理"的民谣,读书风气开始兴盛起来。

陆陇其到嘉定两年后,政通人和,百姓安居乐业,犯案日渐减少,公堂上都长满了草,公差只得逐渐转业离开。嘉定的百姓感激陆陇其造福一方,他们打听到陆陇其的生日后,自动凑钱购置香烛酒食，不顾陆陇其的反对，结队到衙门为陆陇其祝寿。一位从远乡专程赶来的百岁老人，拜倒在陆陇其的脚下，说："自懂事以后，还没有见到过像您这样的清官。"

然而，自古以来，凡是清官，大致总不为上司所喜。江宁巡抚慕天颜善理财、治水，有才识，却甚为贪婪，江苏各县都常有馈献，只有陆陇其不送红包。到慕天颜做生日那天，属下送礼，唯恐不丰。陆陇其登堂拜寿，取出白布一匹，黄草拖鞋两双，说都是他的内人所制，不是取自民间，特以呈献巡抚作寿礼，以表寸心。

慕天颜笑着辞谢，表扬陆陇其清廉，心里却极不高兴。据《清史稿》记载，后来慕天颜便以陆陇其"操守绝一尘，德有余而才不足"为理由，将他罢黜。嘉定人民闻讯后都为陆陇其愤愤不平，以至群情激奋，罢市三日，几乎酿成民变。他们还派出代表，到苏州巡抚衙门请愿，号哭："还我父母！"但挽留未成。陆陇其离开嘉定时，依然扁舟一叶，图书数捆，织机一张。那一天，嘉定百姓扶老携幼，倾城出动，夹道相送，哭声震天。

陆陇其走了，但他创办的清廉书院仍在。在嘉定人心目中，清廉书院已经具备了教化和清廉的双重意义，它也使嘉定文化融入了一种特殊的道德美感，具有非同寻常的地位。嘉定人把陆陇其的像请进清廉书院，每逢清明便虔诚地礼拜。

清咸丰十年（1861），太平军攻占嘉定，清廉书院被毁于战火。到了同治六年（1868），知县汪福安尊重嘉定人民的感情，顺应民心，重建清廉书院。太平天国运动后的嘉定，经济遭到重创，人口锐减，人民生活十分艰难，但当他们听到知县号召重建清廉书院时，纷纷捐钱捐物，贫困的人们就是捐献几块砖头、几块瓦片也要表表自己的心意。以致重建后的清廉书院砖头大小不一，瓦片也不整齐。清廉书院的形制极为朴素简陋，形成了它的独特景观。然而在嘉定人的心中，它依然是一所圣殿。

2000年，在制定嘉定旧城改造规划时，清廉书院被政府划为"绿化"区域，列入拆除的范围，并立即着手拆除。嘉定人大惊失色，犹如文化长城的崩溃。定神后，纷纷上书各级政府和大小媒体，呼吁"不要为了绿化，毁掉文化"，其中有相当数量的离退休老干部，他们以自己的惨痛教训告知现任官员：由于无知，在任上时，曾亲手毁掉了不少文化古迹，现在深感后悔，这样的有教益的古迹再也不能毁了。媒体也积极支持人们的呼声，称清廉书院是"上海唯一的清代古迹"。拆了一半的清廉书院终于暂停了，政府部门答应"研究后再说"，会考虑嘉定人民对陆陇其的感情，至少会在拆去后的清廉书院原址建一座"陆陇其纪念亭"。

一晃三年过去了，清廉书院是"拆"还是"保"，争论旷日持久，至今生死未卜，它的命运无法确定。走笔至此，祈望上苍保佑，为嘉定人留住清廉书院。

情洒震川书院

公元1834年,即清道光十四年仲夏,正值江南酷暑。一叶扁舟从吴淞江上游缓缓南下,扁舟上坐着三人,为首的一位青衣小帽,手抚美髯,身材不高,却目光如电,他就是时任江苏巡抚的林则徐,另两位是他的随从。

为了治理太湖水患,林则徐决定到苏州、昆山、太仓、嘉定一带实地勘察,一路风尘仆仆,安亭是他顺路经过的地方。

"清江一曲汉时亭。"安亭位于嘉定西境,是一座千年水乡小镇。明正德、隆庆年间,著名文学家归有光曾在这里读书论道二十余年,从者数百人,名震一时,人称"震川先生"。在这里,归有光除了培育了一批人才外,还实地调查河道水利,写出了极有见地的《水利论》《三江图叙说》等经世致用的著作,大青天海瑞就是采纳了归有光的建议,疏浚吴淞江,收到了实际效果,谙熟诗书、学养精深的林则徐对此自然了如指掌。这几年,由于河道失治,每至春夏多雨,水患严重,他曾潜心研究过归有光的这些水利著作,十分钦佩,对归有光的命运坎坷、科举蹇滞,深表同情。他曾在日记中写道:归有光"先生三十七岁读书授徒,至六十始举进士,计居此二十四年,有田在焉,门前稻畦,青葱弥望"(《林则徐全集·日记》),崇敬之情,跃然纸上。

六年前,即道光八年,他的恩师、素以崇文好诗著称的江苏巡抚陶澍,一手操办筹建了以归有光的号命名的"震川书院"。震川书院坐落在千年古刹菩提寺旁,历时三年而建成,招收嘉定、昆山、青浦、新阳等四县的学子。震川书院建筑共五楹,楼台亭阁，假山壁仞，碧水环绕，嘉树修竹。书院内有陶澍构筑的"因树园"，园中陈列着道光帝的御书"印心石屋"，还有畏垒亭、陶庵、留云洞、茹古堂、清晖小榭、别有洞天、藕香深处等建筑，环境清幽，风景绝佳。曾为岳麓书院优秀学子的陶澍，对创办书院有着非同寻常的热忱，早春二月，书院"甫落成"，就欣喜万分地从苏州赶到安亭，"遂宿院中，偕士绅行释奠礼"（陶澍《震川书院落成释奠诗》），亲手将道光皇帝赐给他的匾额"印心石屋"，置于因树园内，又亲笔写了《震川书院落成释奠诗》，诗中写道："往者项脊生，读书此寺旁""重是先生迹，杰构起书堂。仍偕鲁诸生，采藻荐筥筐"，还制成碑刻，置放在书院内，用以激励书院的莘莘学子。陶澍还召全体师生要学习归有光的崇尚实学，殷殷告诫学生要"证之经以探其原，考之史以验其事""气充而辞达，理精而事明。然而措之事业，则致君而泽民"。两年后，陶澍因政绩显著，升任两江总督，仍关注震川书院。其时，因震川书院的学风严谨，成就斐然，已成为江南一所著名的书院。

接任江苏巡抚的林则徐同样也关注着震川书院。生性喜好清静的他，不爱炫耀，出行时未告知沿途。林则徐的扁舟停靠安亭泗江口登岸，沿安亭江小道步行走了三里，先视察了归有光旧居遗址，就到了震川书院。但因上海道台吴橘生知道林则徐要到嘉定，就从上海来安亭与林则徐会合，泄露了林则徐一行的行踪。上海道台吴橘生、嘉定知县淡春台、书院山长潘鸿浩带领二百多名地方乡绅和书院师生，迎候在大门口。林则徐到震川书院的消息不胫而走，顿时传遍整个书院。士子们纷纷走出馆舍，一瞻林则徐的风采。

嘉定知县淡春台是一位勤政的清官，光绪《嘉定县志》将其列入"名宦"，称其出行时"一仆一役，自具糇粮，丝毫无扰"，他又重教崇文，"修学校，勤校课，识拔皆知名士，一时文风称极盛";山长潘鸿浩是位皓首硕儒,嘉庆举人,学养精深,经史百家无一不治,尤精通《水经志》,大学者钱大昕称他为"畏友"。他们一直陪同着林则徐。书院古木森森,幽篁摇曳,泻下一片凉意。林则徐忽然来了兴致,想出道题目,考考学生的水平,与书院的学子们互动一下,说不定会发现几个人才。他亲自拟了《书:吾无行而不与二三子者》的课题,谙熟归有光作品的他,又拟了《诗:百川学海,得"归"字》。林则徐考虑到正值酷暑,未令当堂交卷,学生可过五天后交卷。

震川书院的后院建有一座归有光的祠宇。林则徐信步走进祠宇,仰视着归有光的画像,钦佩之情,油然而生。随从会意地递上香烛,林则徐亲手虔诚地点燃香烛。潘鸿浩取出笔墨纸砚文房四宝,执意要林则徐留下墨宝。林则徐拗不过潘鸿浩的挚诚请求,握管蘸墨,龙飞凤舞地写下了一副楹联:

儒术岂虚谈,水利书成,功在三江宜血食;
经师偏晚达,专家论定,狂如七子也心降。

书毕,在祠宇前徘徊良久,林则徐才悄悄地登上小舟。

180多年过去了,几经风雨沧桑,当年的震川书院风景不再,在它的原址上建起了嘉定震川中学,校园里古树森森,书声琅琅,亭子里的碑刻犹在,又树起了林则徐的雕像,仿佛他还没有走远。

翥云峰传奇

汇龙潭公园怡安堂前,有一块高达丈余的巨石,它俊秀雄奇,玲珑剔透,瘦、皱、透、漏无一不备,巨石上"翥云峰"三个笔力千钧的小篆,出自明末著名金石篆刻大师宋珏,此石堪称旧时嘉定园林中的假山之冠。

翥云峰是一块来历不凡的奇石,它记载了四百年人世间的风雨沧桑、文采风流、人事代谢。翥云峰产于西南边陲云南,原来不在汇龙潭,最初的主人是赵洪范。赵洪范,字元锡,一字芝亭,嘉定城中州桥南人。赵洪范的史迹稀少,在康熙十二年(1673)付梓的《嘉定县志》中有简单的介绍,说明这个时候,他已逝世。这段文字化作白话文,大意是:赵洪范童时笃志好学,深自期许。明万历三十四年(1606)中诸生(秀才),万历四十三年(1615)中举人,天启二年(1622)进士,初任麻城知县,有政绩,后任陕西道御史。明朝末年,社会动荡。崇祯元年(1628),赵洪范奉诏巡按云南,正值滇南阿迷州土司普名声企图背叛中央政府,发动叛乱。赵洪范敏锐地觉察到普名声的野心,当即写信给云南巡抚王伉,要他作好应变准备。崇祯四年,普名声果然发动了"沙普之乱"。因王伉准备不周,弥勒州被普名声攻下。后来王伉采纳赵洪范的反间计,普名声为部下所杀,一场叛乱终于平息了,云南边陲也免遭一次更大的劫难。然而,作为有功之臣的赵洪范,却遭到小人的弹劾,被逮下狱,不久冤案昭雪,无罪释放。他已经看穿和厌倦了官场,不想继续做官,就回到了故乡。

赵洪范的出身与家世,方志交代语焉不详,只能在文人学者的著作中去探寻散片信息。明末清初的文学家钱谦益曾写有《封陕西道御史赵府君墓志铭》一文，这是钱谦益为赵洪范父亲赵文学所写的墓志铭，此文留下了赵洪范家世的一些事。其实，他家先祖姓王，赵文学"以贸易致赀，君生而丧其母，失乳哺，邻人赵氏怜而养以为子"，"君少孤，零丁孤苦，弱冠赘于蔡氏。蔡有妇德，与其夫阅历荼苦，更衣并食，招里先生教其子以为士，于是君之子洪范举进士"。看来，赵洪范的家境是十分贫困的，父亲赵文学因从小丧母而被赵姓人家收养，又因贫困而被蔡姓人家招为女婿。后因妻家资助，才使赵文学成了一位读书人，然后又培养造就了赵洪范。钱谦益在墓志铭中说赵文学"不学而好读书，不富而好施予，俭而好客，朴而有辞"，"既贵，徒步出入里巷，遇市井故旧，握手欷语"，这对赵洪范人格的养成，有很直接的影响。

据清末程钚所编的《折漕汇编》一书记载，就在赵洪范刚回故乡、惊魂未定的当口，嘉定一批乡绅士子为"折漕为银"的赋税改革运动，正在积极活动。明代中叶，由于海岸线向外延伸，嘉定地势抬高，排水困难，海水常会倒灌。自然环境变化，导致此时的嘉定不宜种稻，而宜植棉。当时，境内农田作物的分布是，10亩农田中，9亩为棉，1亩为稻，使嘉定产生了粮食作物稀少、粮食供应严重不足的现实问题，不仅城镇居民的食粮要依赖外县供应，就是农民的口粮也要依靠邻县产稻区供给。但朝廷规定必须以粮食为赋税，并且不顾嘉定的实际情况，硬性规定粮食不能自足的嘉定必须继续以大米为漕粮上缴，导致嘉定农民必须到邻县稻区去购买大米后交缴，费时费钱，还会遭到中间商的层层盘剥，所购得的大米是原价的两倍，渗水渗石的情况也时有发生，因米的质量问题而常遭退还。嘉定农民不堪重负，纷纷逃往外乡，沦为流民，出现农户锐减、田地荒芜的惨象。对此，嘉定有识之士提出了"折漕为银"的改革倡议，就是改变以粮食作为赋税的单一形式，将漕粮折合成银两再上缴朝廷，改实物赋税为货币赋税。但这是一个充满风险的倡议，曾为御史的赵洪范自然知道其中的厉害。为谋桑梓百年之利，他不惧重入牢门，义无反顾地参与《乡绅公揭》，上书言事，后朝廷终于批准折漕。赵洪范逝世后，作为折漕的有功之士，百姓将他请进折漕报功祠中祭祀。

明亡后，赵洪范不愿迎合清王朝，隐居在乡，富有民族气节。顺治十七年（1660），清廷一手制造了震惊全国的"奏销案"。当时，由于江南缙绅还未完全忘怀朱明王朝，满汉矛盾虽然经过了碰撞、磨合，但未能真正地消解。鼎革之际，大量江南士子不断发动各种形式的反抗清政府的斗争，嘉定县曾经是其中最著名的战场之一，爆发过大规模的抗清斗争。当时由于战争频繁，清政府军饷告急。顺治十三年（1656）起，广东、福建等地的军队缺粮问题已经相当严重。清廷处心积虑地盘算，通过打击缙绅的特权，压服江南地主，以杀灭他们的威风；另一方面，清政府又企图以此来增加财政税收，以期收到一举两得的效果，而嘉定则是旋涡的中心。赵洪范又卷入这个清初的重大案件中，"原欠三分，应杖八十"，被捕入狱，后家属凑足所欠赋税，清政府鉴于他的声望，以"查系原欠，今俱已全完，相应遵新颁民例纳赎者也"（清·韩世琦《抚吴疏草》），让其逃过了劫难。

明末清初，赵氏成为嘉定显赫一时的大家族。赵洪范在东城（今秋霞圃）东邻构筑了精致的岁有堂，在位于孔庙南的赵氏故宅修葺了赵氏园，又在孔庙西南建了另一所别业。这些宅第园林虽占地不广，却小中见大，精巧美丽，风雅绝俗。"小筑成佳胜，凭临结构工"，"柳翠轻烟裊，苔青细雨濛"，诗人张庆孙以这样的诗句歌咏之。

同北宋米芾一样，赵洪范也酷爱蓄奇石。在巡按云南时，他在这块清秀挺拔的巨石前流连忘返,细看不已,意欲携归。王伉窥透了赵洪范的心思,于崇祯二年发动民工,绕道越南,由海道将巨石运至嘉定。但因石头太大,为城门所阻,赵洪范生怕损坏石头,征集了许多被絮,厚厚包衬,缓缓从东城运入。赵洪范为一石不惜劳民伤资,固不足取,然而,他的爱石之心,可见一斑。巨石丝毫无损地运入城内后,赵洪范欣喜万分,亲自把它安置在新居"岁有堂"前,并命名为"翥云峰"。"翥"是向上飞的意思,翥云峰,意为插入云霄的高峰,题名也隐喻了赵洪范的凌云之志。而清代程庭鹭的史料笔记《涤松遗献录》中曾有另一种记载:"岁有堂前有'翥云峰'一座,侍御自云南携归,装载甚艰,石至东关,登陆重不能举,一时尽收合城之葱铺地,令滑,百人曳之,始得入宅。"程庭鹭是嘉庆、道光年间人,距赵洪范已两百多年,这种传说颇为离奇,似不靠谱,可能系后人附会编造。赵洪范得到翥云峰后,著名文人、书画家宋珏正好流寓嘉定。宋珏,字比玉,号荔支子,福建莆田人,人称"书圣画禅",其人品高洁,技艺超群,自为当世士林所赏识,应是赵洪范的文朋诗友。赵洪范就请宋珏题词,宋珏善写八分书及小篆,"翥云峰"三字苍老雄健,为之增色,更让巨石画龙点睛。

赵洪范一生正好处于明清易代的历史大变动时期,至康熙初年才逝世。晚年的赵洪范几乎足不出户,常在翥云峰前盘桓,久久抚摸翥云峰,故国、先帝、冤狱、亡友,昆明的山水,大理的烽火……他喜爱研究学问,擅长诗文,著有《周易要义》《西台疏稿》《澹叟诗集》等。他诗风模拟苏东坡,如"生来懒骨髯初星,竹杖芒鞋倚石屏。洛叟来题喜雨阁,橘仙对弈烂柯亭"等诗句,写得潇洒脱俗,淡泊有味。

赵洪范逝世后,赵氏家族渐趋败落,康熙中后期,岁有堂易主,王畴成了翥云峰的第二个主人。王畴,字服尹,又字树百,号补亭。生于嘉定望族王氏之家，是明崇祯进士王泰际之孙。康熙初年，少年王昰已有诗名，与著名诗人吴梅村、知名学者陆元辅成忘年交，与赵俞、孙致弥、侯开国、张云章、王度、张僧乙、李圣芝合称"疁城八子"，驰骋文坛。他还精通医术，尤其留心经世济民，但他的科举道路却颇为艰难。他16岁中秀才，后屡试不第，考至51岁时终于中举，直至康熙五十一年（1712）才中进士，此时，他已67岁高龄，被授予翰林院庶吉士，不久就辞官回乡，终日与翥云峰为伴。他十分喜爱这块奇石，曾为之写过一首五言排律：

> 吾家翥云峰，巍如剑佩客。
> 兀立墙之南，丰骨妙于瘠。
> 其势等千寻，其身过十尺。
> 气润蒸烟霞，质细俨圭璧。
> 下者覆花茵，上者岸巾帻。
> 常恐风雷生，中有蛟龙坼。
> 秦人不能鞭，五丁不能戹。
> 可以醒平泉，可以醉彭泽。
> 宿昔游名园，幽奇性所癖。
> 赏心曾有几，此应推巨擘。
> 草堂恰相对，聊以安我宅。

王昰干脆将岁有堂改名为"翥云堂"，他的诗文集也以《翥云堂集》名之。

翥云峰，这块神奇的石头，果然给王家带来了好运和惊奇。就在王昰中进士的第二年，即1713年，在康熙癸巳科的考试中，王昰之子王敬铭金榜题名，独占鳌头，成为嘉定有史以来的第一个状元。消息传到嘉定,引起强烈的冲击波,使教化嘉定平添了一份自信和骄傲。王敬铭,字丹思,号未岩,书画诗文俱佳,诗学苏东坡,著有《未岩诗录》;画宗元四家,属娄东画派,人称"书画状元"。他曾担任过翰林院修撰、会试同考官、江西主考官,深受康熙皇帝赏识,康熙还赐京城一所宅第给他。在他父母74岁时,康熙曾御笔"齐年堂"匾额赐之。

王氏家族走过了一段辉煌的历程,到乾隆年间开始衰落。王晦之孙王元勋为了筹措学习和应试的经费,因手头拮据,便将翥云堂售于周氏,翥云堂改成为周氏宗祠,翥云峰成为周氏宗祠中的一物。1949年后,周氏宗祠为文玉食品厂的厂址,翥云峰一直被砌在食品厂仓库的墙内。1980年,修建汇龙潭公园时,经上海市文管会批准,这块历尽沧桑的名石,终于在汇龙潭公园内找到了合适的栖身之地,获得了新生,并成为汇龙潭公园内的一景。翥云堂也于1998年东大街改造中,整体移入法华塔院内,并被公布为嘉定区文物保护单位。

当时代进入2000年后,在嘉定西部古镇安亭,出现了一座"上海翥云艺术馆",它的主人就是与翥云峰有缘的周氏后人——周嘉。这所民间博物馆以收藏、研究和展示嘉定本土人文历史为己任和担当,创办《翥云》杂志,传播嘉定区域人文历史的整理、研究成果,正在续写赵氏、王氏、周氏的未竟事业,演绎新的传奇。

风雅绝伦的嘉定竹刻

嘉定竹刻是中华工艺美术史中的一枝奇葩,至今已有近500年历史。嘉定竹刻以刀为工具,以竹子为载体,将书、画、诗、文、印融为一体,赋予竹子以新的生命,有明显的地域性和鲜明的原创性,作品蕴含有淡淡的书卷气和金石味,风雅绝俗,是历代文人的雅玩。

清代康熙、雍正、乾隆年间,嘉定竹人进入内廷,为皇家刻竹。康熙、乾隆帝曾在竹刻上题诗,表示喜爱和欣赏,由于皇家的倡导,嘉定竹刻的名声更加响亮,海外人士称"嘉定竹刻有超常的技巧和诗意的想象",是"绝世的艺术"。

经过了数个世纪的辉煌,嘉定竹刻至晚清出现衰落。尽管时有亮色,但这种颓势持续了一个世纪。

朱鹤是嘉定竹刻的原创者,称为"嘉定竹刻之父"。朱鹤活跃于明代正德、嘉靖年间,祖籍华亭(今上海市松江区),至朱鹤迁入嘉定县。

朱鹤曾随书画家曹时中学习篆刻印章,后常随曹时中出入松江望族陆深家,与陆深引为知交。朱鹤在陆深家常与书画家交流,观摩陆深的藏品,切磋技艺,打下了扎实的书画功底。朱鹤还精于诗文、金石,具有多方面的造诣。

朱鹤定居嘉定后,在嘉定文人雅士的影响和鼓励下,以书画艺术融入竹刻,以刀代笔开创了以透雕、深雕为特征的深刻技法,能于竹之方寸之间,拓展游刃空间,刻山水、人物、楼阁、鸟兽,皆因势象形,因形造境,风格简老朴茂。朱鹤所制作品有笔筒、香薰、杯、罂诸器等。

朱鹤的作品传世绝少，南京博物院藏有朱鹤竹刻"松鹤笔筒"，采用天然生成的老竹根琢制，构思巧妙，刀法熟练圆浑，精细入微，同时融入了诸多画理，整体构图颇具画意。但朱鹤的作品也有一定的局限性，这件笔筒在形神兼备的把握上尚有欠缺，如笔筒上的双鹤古拙有余而矫健不足。朱鹤所创的嘉定竹刻有待后人的完善和提高。朱鹤之后，他的儿子朱缨、孙子朱稚征，传承和发展了嘉定竹刻，史称"竹刻三朱"。

经过朱氏三代的开创打造，嘉定竹刻的样式和风格已基本确立。明代末年，是嘉定竹刻的活跃时期，当时的文人学者都十分关注这种艺术样式，有的也介入了竹刻，"嘉定四先生"中的李流芳、娄坚，书画之余，喜刻竹自娱，他们常学朱鹤的深刻，功夫不亚于朱鹤。文人学者的介入进一步提升了嘉定竹刻的文化品位。

"三朱"拥有一批从学者，第一代传人沈汉川、沈大生昆仲；第二代沈兼、沈尔望昆仲都是杰出的传承者。沈氏家族世代从医，又世代刻竹，活跃于明末清初，其作品风格直逼三朱，又有超越。沈大生、沈兼更是其中的翘楚。沈大生，诗画洒脱不凡，得朱氏真传，技法已超越朱氏。沈兼，工诗善画，精于篆刻，沈氏刀法犀利劲挺，老辣爽利，各种雕法混合使用，锋芒四露。清代前期和中期，有一大批竹人效法沈兼。他们的作品一般不留姓名，有的伪称小松、三松之类。其实，他们在嘉定竹刻史上自成一个群体，近宗沈大生、沈兼叔侄。他们为竹人之寒士，天天操刀，穷而后工，故他们的作品也熟能生巧，精益求精，如今存世的无名氏作品，大都出于他们之手。

明清易代之际，嘉定的文人士大夫经历和感受了这个天崩地析的时代变迁。王泰际、赵洪范、陆元辅、苏渊及吴梅村，汇集在嘉定东城侯玄泓（抗清志士侯岐曾之子）的秬园，开明月之堂，集岁寒之友，以侯崤曾的手制竹刻诗筒，传故国之思，诗和诗筒堪称双璧。侯崤曾，抗清志士侯峒曾族弟，明亡后，以遗民自居，经年不入城，潜心刻竹，将满腔悲愤融入竹刻，风格奇古高雅，他特别擅长刻制诗筒，后来以诗筒集诗成为文人雅集的一种风尚。诗筒，也成为当时竹刻艺术中最重要的品种。

与沈大生、侯崤曾同时代的还有一位传奇式的竹刻家秦一爵。秦一爵也师法朱氏，但有创新意识，因其平日极为看重自身的技艺，轻易不肯为人雕刻，故传世作品极少。但在明末清初，秦一爵名声响亮，与侯崤曾、沈大生合称为"三朱"之后的"嘉定竹刻三大家"，他们都是著名的遗民竹人。

清代康熙、雍正年间，嘉定在战乱后，经过休养和恢复，又进入了一个重要的发展时期，经济繁荣，人口增多，文化昌明。此时嘉定竹刻名家辈出，技法更趋新型多样，迎来了它的全盛时期。嘉定竹刻作为贡品传入宫廷，声名远扬。继三朱之后，吴之璠是嘉定派竹刻的第一高手。吴之璠擅长圆雕、浮雕等各种技法，早年师法三朱，晚年变法，仿洛阳龙门石刻的浅浮雕，首用薄地阳文刻竹。他的作品传世不多，但件件都是精品，时人称之为"鬼斧神工"，乾隆皇帝看了欣喜万分，亲笔在他的作品上题诗："竹刻由来说鲁珍，藏锋写像传有神。技哉刀笔精神可，于吏吾当斥此人。"吴之璠开创的"薄地阳文"丰富了嘉定竹刻技法，从他学习的后人甚多，最著名的为其女婿朱文右，刻工也精美传神。此外，还有王之羽，也为吴之璠亲手所教，王之羽的作品有乃师之风格，王氏后人刻竹者甚多，王鉴、王质、王玘、王梅邻均为著名竹人，继承了吴之璠的风格。

清代雍正、乾隆时期，顾珏是另辟蹊径的大家。顾珏的刻竹继承"三朱""三沈"的神韵，但他传承而不泥古，独创刻露精深、细入毫发的风格。顾珏的创作态度极为严谨,《竹人录》说他"一器必经二载而成"。顾珏的作品在其生前已价格高昂。

封锡爵、封锡禄、封锡璋三兄弟,是与吴之璠同时代的竹刻大家,号称"封氏三鼎足",他们都精于圆雕人物,以封锡禄成就最高。后来,他与其弟封锡璋被康熙皇帝召入内廷为皇家刻制作品。封锡禄的圆雕"罗汉像""狮子戏球",都是不可多得的艺术珍品。封氏兄弟出生的嘉定马陆封家村,男女老少人人动手刻竹,是一个名副其实的"竹刻之村",金元钰在《竹人录》中除了为"封氏三鼎足"列传外,还为封氏家族中的封颖谷、封始镐、封始豳、封始岐立传。此外,又有封文官、封品官、封元官、封云生、封小姐等名列《竹人录》,他们都是封氏后人,封小姐"工刻蟾蜍,当时以一蟾蜍易银一两",封氏家族把圆雕艺术推向极致。这个时期,王易、周乃始、王屺等也是有相当实力的竹人。

乾隆、嘉庆年间是嘉定竹刻发展的高峰时期,这个时期的领军人物是周颢。周颢,字晋瞻,号芷岩。他是一位全才,精通写诗作文,能书会画,他的竹刻更是精致。他是将南宗画派引入竹刻的第一人,开创了以浅刻、写意为特征的竹刻风格,使主宰竹刻两百余年的北宗画派风格为之一变,也使竹刻艺术更具文人画气息。周颢传世作品件件都是精品。与他同时代的著名学者钱大昕在《周山人传》一文中说周颢"用刀如用笔,不假稿本,自成丘壑,其皴法浓淡坳突,生动浑成","松壑云泉图笔筒""兰花秘阁"都是绝顶佳品。

与周颢齐名的还有周笠和施天章,时称"嘉定三艺人"。周笠,号牧山,周颢之侄,刻竹作画,两者都精;施天章,号焕文,工绘画,刻竹师承封氏技法,巧若天工,为一代圆雕大师,后被雍正皇帝召入宫内,所刻人物,古意浑厚,无人能及。这个时期,还有许多见于史册的竹刻高手,如邓孚嘉、王梅邻等人。这时期的许多文人也将竹刻作为雅玩，著名学者钱大昕刻的"竹刻抱对"，艺术水平不亚于职业竹刻艺人；文人、书画家程庭鹭也擅长竹刻，风格俊美，作品高古淡雅，极具文人画气韵。

晚清时期，由于社会动荡，战事不断，嘉定竹刻趋于衰落。竹刻人为生存，作品转向刻制日常生活用品，如墨盒、烟盒、筷子等，不少竹刻人开店营业，有时大经的"文秀斋"、韩玉的"云霞室"、叶端甫的"翠晴斋"、张学海的"文玉斋"、朱厚甫的"酉阳俎"、范雅堂的"文元斋"等等，不少作品被选送到南京参加劝业会展出获奖。在1926年美国费城举办的世博会上，嘉定时文秀斋和张文玉斋的竹刻作品曾获金奖，享誉海内外。

此时，嘉定竹刻艺术仍有褪色的辉煌。张学海的圆雕令人瞩目，张学海具有创新意识，擅长大件圆雕，他的圆雕大狮子，精气十足，是他的代表作。时任礼部尚书的嘉定人廖寿恒曾将精美的竹手杖赠给帝师翁同龢，翁同龢为嘉定竹刻的高超艺术水平而惊叹，赋诗一首："三尺提携轻若无，玻璃根节翠肌肤。桄榔栗柳皆凡品，拟画江村箓竹图。"喜悦之情，溢于言表。

嘉定竹刻同书画艺术有着很深的血缘关系，文学性强，追求诗情画意，风格简古、朴实，深浅合理，注意到画图与工艺之间的关系，画为工艺服务，而不是工艺为画的附庸。正如德国包豪斯所倡导的理念："艺术不是一种专门的职业，艺术家和工艺师之间，根本没有任何的区别。建筑、雕塑、绘画应该构成'三位一体'的环境艺术，三者都应该转向与工艺的结合。"在嘉定竹刻漫长的发展过程中，逐步形成了具浓厚书卷气和金石味的艺术风格。

嘉定竹刻的风格是动态而变化的，随时代而变，随个人的境遇而变，随人们审美情趣的趋向而变。明代中叶嘉定竹刻创始之时，其总体风格为质拙浑朴，端庄敦厚。雕刻时注重表现丰富而立体的画面层次，重视写实、突出传神、强调形神具备，尤注重表现人物的内在精神气质，有浓厚的北宗画派风格。朱鹤的作品煦煦清雅、高古浑朴；朱缨的作品气韵生动；朱稚征逢晚明之世，其作品萧疏逸趣；侯崤曾值明清易代，其作品多呈现沉郁苍凉之象；而同时期沈大生的作品，则洒脱不凡。

清代早期，嘉定竹刻的总体风格秀气遒劲，奇峭新意。随着清政权的巩固和统一，社会稳定，嘉定经济得以复苏，文化发达，加上皇家喜爱工艺品，竹刻艺术呈现出更加繁荣的景象，名家辈出，流派纷呈。涌现出一批技法创新、风格独特、个性鲜明的竹刻大家。竹人强调个性表现意识的多样化和艺术风格更加鲜明。吴之璠作为开启一代竹刻艺术新风的倡导者，他在精熟地掌握朱氏的各种雕刻技法之后，勇于创新，顺应时代的艺术潮流脱颖而出，创"薄地阳文"新技法，使嘉定竹刻的艺术风格突破了朱氏所创的固有风格，有了新的跨越和发展；与此同时，嘉定竹刻又涌现出另一个以专攻立体圆雕人物见长的流派——封氏流派。其中以封锡禄的艺术风格最为显著。封锡禄的作品在注重刻画形态的同时，更能以传神创新，并且善于随镌刻对象的不同而赋予其内在的气质。

清代中期，嘉定竹刻的总体风格繁猗多姿，富丽堂皇。当时由于经济繁荣，文化昌盛，嘉定竹刻进入它的鼎盛时期。此时，嘉定竹刻史上又诞生一位重要的竹刻艺术家——周颢。周颢以画法施之于刻竹，综合南北画法为一体，开创了一种前无古人的"铁笔深刻绘画法"。这种铁笔代毫，以画法阴刻入竹，用刀痕在竹材上再现笔墨意趣的竹刻风格，独树一帜，对后世竹人产生了重要的影响。封氏传人施天章的圆雕，突破了封氏的模式，呈现出浑厚苍深，古朴凝重，有如夏、商、周青铜器的风格；邓渭的竹刻，好刻折枝花，枝叶比附，薄如轻云而映带回环，秀媚精雅。王梅邻的作品较为突出，较好地继承了前代名家的风格，尤其是着意模仿周颢,以铁笔浅浮雕绘刻为主,题材以蔬菜、花卉为主,风格清新秀媚,雅丽明朗。

清代后期,嘉定竹刻的艺术风格趋于平淡单一,较少创意,进入了衰微期。由于竹刻的样式由笔筒为主逐渐转向以扇骨与臂搁为主,随着社会上碑学的兴起,与金石学的蓬勃发展,出现了大量表现金石碑帖铭文的竹刻作品。程庭鹭的作品有较高的艺术水准。程氏精于篆刻,以篆刻印章之法刻笔筒、臂搁,风格高古简洁,极具文人笔墨韵味;张学海的大件圆雕作品,深得乡先辈的刀法,风格古雅有致。

一种艺术样式风格的形成和发展,还需要善于吸收其他艺术样式的营养。嘉定竹刻艺术在其自身的发展过程中,既坚持自己原创性的审美观,又吸收了邵阳翻黄、常州留青姐妹艺术,得以不断地丰富和发展。

嘉定竹刻在其漫长的发展过程中,由于社会风尚、竹人自身的禀赋和师承关系等诸多因素,又形成了各自的流派,正可谓云蒸霞蔚,流派纷呈。嘉定竹刻的流派,按吕舜祥先生所分,大体分述如下。

简老朴茂派:始于朱鹤,效法者除朱缨、朱稚征外,还有侯崤曾、周乃始、沈禹川、秦一爵、沈汉川、沈兼、沈尔望、侯松音、侯友鹤等。竹章篆刻派:如杨褒、杨谦父子等。奇峭生新派:创始于封氏兄弟,特别是封锡禄,继之者为封颖谷、封始镐、施天璋、封始豳、封始岐、封品官、封元官、封云生、封源官等。工细入微派:首始于顾珏,继之者为赵学海,学海妻吴氏,子得三。此后的周锷、王纪常等也属此派。用画法刻竹派:首倡于周颢,此后的吴嵩山、周笠、杜世绅、徐枢、严煜、孙效泉、浦灿、徐宣等同用此法。讲究刀法派:有时钰、时其吉、时其祥、时澄之、时汝鉴、时以成、时大经、时湘华等。直起直落派:好刻折枝花，直起直落，枝叶比附，重花叠叶，薄如轻云。如邓孚嘉、马国珍、邓士杰、邓渭、张步青、朱世璟等。工巧人物派：有蔡时敏，贺其吉等。竹刻照相派：有张宏裕等。刻印法派：用刻印章的方法来刻竹，如瞿中溶、程祖庆等。竹根大件派：以竹根刻狮子、寿星等大件，如张学海、时大经等。

嘉定竹刻史上有名有姓的竹人共有130余名，走过了400余年的辉煌，但至20世纪上半叶，嘉定竹刻出现了生存危机，处于停滞衰退时期，只有少数竹人苦守相望，这种状况持续了一个世纪。嘉定竹刻系纯手工操作，制作流程长，费工费时，且对艺术有综合性的严格要求，行业出现了后继乏人的景况，技艺有中断之虞。2006年，嘉定竹刻被公布为第一批国家级非物质文化遗产保护名录，2007年，嘉定竹刻博物馆在州桥老街开馆。

嘉定茶事

　　嘉定方言中吃茶与呷汤是有严格区分的：吃茶是指喝用茶叶泡制的水，呷汤通常指喝白开水，有时也指喝餐桌上菜肴的汤。

　　茶为南方佳木，产于山泽之间。而嘉定为冲积平原，一马平川，本不产茶，在交通不发达和物资匮乏的年代里，茶叶是一种奢侈品。在生活习性上，嘉定尽管靠近大都市上海，却又是十足的乡下，长期保持着淳朴保守的民风。记得在我小时候，喝茶并不普遍，局限于小众，备茶叶的人家十分稀少。大多数人家喝白开水，家里来了稀客，通常以红糖冲泡开水招待客人；在农村，则常常煮一碗水潽蛋来款待贵客，到了夏天，则常以自家种的薄荷、佩兰、大麦冲泡凉茶。

　　嘉定人厚道善良。《嘉定碑刻集》中收有一通《陆允立捐建茶亭记》的碑刻，系清代顺治年间嘉定知县宋尔瑜，为一位名叫陆允立的布衣设茶亭，免费为行人提供茶水的善举而写的表彰文。碑文中说陆允立"悯行人之饥渴，捐资改造茶亭于镇之西，据要道而济之，而赤日寒风，商旅之负荷竭蹶而来者，不忧行旅难也"，估计陆允立备的也是大麦、决明子之类的大碗茶，而不太可能是茶叶茶。

　　我家在嘉定镇上，也算是世代老居民了，但父母都从不喝茶叶茶。记得我第一次喝茶在小学二年级，母亲带我走亲戚，上戬浜镇姨母家。姨夫在小镇上开一爿茶馆度日，后茶馆歇业，但家里仍保留了喝茶的习惯。我记得他家的朱砂大茶壶总是泡着红茶，颜色很红，有点像酱油汤，喝上去又苦又涩，真不好上口。而真正喝上茶是在参加工作后，那时杂货店有红绿两种袋泡茶供应：红茶每袋8分，绿茶每袋一角，对我们这些收入不高的人来说，已觉得价格不菲，因而我们常买价格低廉的绿叶沫子冲泡。讲究茶的质量和品种则是近几年的事，如今吃茶在民间的普及率可算达到了空前的程度，一方面人们知道茶叶有一定的保健作用，另一个不可忽视的原因是水质的明显下降，人们再也无法像过去那样咕噜咕噜地大口喝白开水了，更重要的是喝茶已成为会友交际的一种方式，因此喝茶也要讲求环境。

旧时，哪怕再小的集镇上都有茶馆，老茶客们都爱上茶馆。茶客中有少量镇上的居民，绝大多数是挑着担子赶集卖菜的农民，其中以老人居多，他们不管风吹雨打，摸着天黑，步行数里到茶馆，把菜担放置于路边，泡壶茶，一面慢悠悠地喝茶，一面卖菜，菜卖完，茶也喝得差不多了。茶客喝的大都是质地低劣的老红茶，其中还掺入了不少茶叶梗，但老红茶经泡，一壶茶可以泡十几次。从老远的地方就可以听到叮咚叮咚的琵琶声和优美清亮的吴侬软语，还可以闻到清醇的茶香。同时，茶馆也是那时的信息交流中心，在这里可以听到方圆十里八里内的事情。据地方志书记载，有时候，为了解决民间纠纷，双方往往选择在茶馆中请"老娘舅"评理调解，叫作"吃讲茶"。想不到吃茶还有这样的功能。

嘉定虽不产茶，但与茶事结缘甚深，清代康熙五十六年(1717)，嘉定人陆廷灿曾在产茶区福建崇安（今武夷山市）任知县，他志趣风雅，博学多识，曾师从著名文学家王士祯、宋荦，有深厚的文学造诣，重订王彝、"嘉定四先生"及黄淳耀等人的诗文集。他有求实精神，爱自己动手，在家乡南翔构筑私家园林——陶圃，园中名花异卉琳琅满目，而他尤喜艺菊，遍觅千余罕见奇种，亲手种植，写过培植菊花的专著《槎溪艺菊志》。陆廷灿对茶事最大的贡献就是《续茶经》。唐代陆羽的《茶经》为茶事的开山之作,但集大成者当属《续茶经》,他说:"余性嗜茶,承乏崇安,适系武夷产茶之地。"其地以产武夷茶闻名遐迩,明以后,武夷山一带又不断改进茶叶采制工艺,创造出了以武夷岩茶为代表的乌龙茶。陆廷灿任职时,在从政之余,问及茶事,多次深入茶园茶农中,掌握了采摘、蒸焙、试汤、候火之法,逐渐得其精义,并从查阅的书籍中汲取大量有关茶叶的知识,同时整理出大量有关茶叶的文稿,开始着手编撰《续茶经》。康熙五十九年(1720),他任期满,以病为由回家休养。"曩以簿书鞅掌,有志未遑。及蒙量移,奉文赴部,以多病家居,翻阅旧稿,不忍委弃,爰为序次第",经反复修订,历时十几年,在雍正十二年(1734),这本洋洋七万余字的《续茶经》终于面世。自唐至清,历时近千年,产茶之地、制茶之法以及烹煮器具都发生了巨大的变化,此书对唐以后的茶事史料收罗宏富,并进行考辨,虽名为"续",实是一部完全独立的著作,被列入"四库全书"。《四库全书总目》称此书"订定补辑,颇切实用,而征引繁富"。如今,《续茶经》对于茶艺、茶文化、茶经济的影响依然深远,书中许多处写到了武夷山及周边的茶事,有武夷山及四周种茶情况、乌龙茶的制作技法、武夷茶的功效等等,为武夷山保存了大量稀见的茶文献史料。武夷人对陆廷灿无比感念崇敬,视若神明,称之为"茶仙"。他们以陆廷灿为响亮的文化名片,还成立了"陆廷灿茶叶公司"。

上世纪50年代末,那时嘉戬公路尚未开通公交车,从嘉定镇到戬浜只能徒步行走。一次,我去戬浜镇姨母家,回嘉定时她不放心,一直把我送到城中。在嘉戬公路两侧,我看到一种从未见过的低矮小树,很好奇,问姨母是什么树。姨母说是茶叶树,这是我第一次看到茶树,记得还随手摘了几片。这茶树不知哪位好事者所栽,终因水土不服而告终。

文化名人与南翔小笼馒头

南翔小笼馒头,简称"南翔小笼",是蜚声中外的名点,如今已被公布为国家级非物质文化遗产保护项目。文化名人中有不少是美食家,善于品尝名菜名点,当他们在品尝南翔小笼后,都会赞不绝口。许广平、曹聚仁、朱东润还都留下了关于南翔小笼的记录。

1929年5月,鲁迅从上海赴北平省亲,一向操劳家务的鲁迅夫人许广平,得以稍作休整。5月27日,她乘余暇游览南翔古镇。事后,许广平将这次游历经过写信给鲁迅,载入《两地书》,从信中得知,许广平是伴同其姑母前往南翔的,古镇幽静、美丽的景色给她留下了极为美好的印象。

许广平在信中写道:"午饭后不多久,姑母临寓,教我整衣,同往南翔去。先雇黄包车至北站,买火车票不过两角多,十五分到真茹,停五分,再十多分钟就到南翔了。其地完全是乡村景象,田野树木,举目皆是,居民大有上古遗风,淳厚之至。人家较杭州所见尤为乡气,门户洞开,绝无森严紧张状态。有居沪之外人,于此立别墅者,星期日来,去后门加锁键,一隔多日,了无变故。且交通便利,火车之外,小河四通八达。鱼虾极新鲜,生活便宜,酒菜一席不过六元,已堪果腹。地价每亩只三百金,再加数百建筑费,便成住宅,故房租亦廉,每室二元,每一幢房,有花园及卧室甚大,也不过十余或二十元;至三十元,则是了不得的大房子了。将来马路修成,长途汽车由真茹通至此地,也许顿成闹市,但现在却极为清幽。"许广平信中所说的"真茹",即今真如镇,位于南翔南部,时为京沪线的一个小站,南翔也是京沪线旁的一个车站,由信中可知,许广平是乘火车从真如到南翔的。

到南翔后,许广平缓步游赏古镇的风景,时行时息。傍晚,许广平还在南翔用了晚餐,她"择一饭店吃菜、面、灌汤包子等,用钱二元,四人已食之不尽,有带走的,比起上海来,真可谓便宜之至了。六时余回车站……此行甚快活,近来未有的短期惬意小旅行也",让她感受到南翔"诚则世外桃源,清静之至"的古镇气息。从信中还可以看到,许广平以女性特有的细腻眼光,关注和考察南翔民众的衣食住行,尤其是许广平品尝了南翔小笼馒头(她称这为"灌汤包子")后,对南翔小笼馒头赞不绝口,称之为"近来未有"的"惬意"之感。

曹聚仁为民国时期的著名记者、作家、学者。曹聚仁与南翔小笼结缘于上世纪20年代,1925年,25岁的曹聚仁当上了暨南大学国文教授,直至1933年,他全家就居住在学校里。当时暨南大学地处真如镇,就在南翔的南边。曹聚仁是个爱书、爱玩也爱吃的文人学者,自称有三大爱好:"买书、饮绿茶和吃零食。"他爱边写文章边吃点心,长期养成的习惯,使他对品尝地方特色点心十分在行。他喜爱故乡兰溪的小吃,兰溪的点心小吃品种多、味道好,他的原配夫人王春翠善于制作兰溪风味点心,鲁迅在品尝后,交口赞誉。曹聚仁相信中华美食在民间草根,他的暨南同事中有位唐君是南翔人,知道曹聚仁喜爱点心,就从家乡带了一笼南翔小笼馒头送给曹聚仁品尝。曹聚仁吃了小笼后,大加赞赏,欲罢不能,称南翔小笼"皮子薄,内馅细,一包鲜汁,十分可口",是江南小吃中的极品。此后,"每次回家,唐君都要为曹聚仁带上几笼小笼"。也许,当时市郊的交通条件还不够发达,从真如到南翔只能乘火车,来去不够方便,直至1935年开辟沪宜公路后才能乘汽车往来。曹聚仁说:"我们吃南翔馒头的,总是到上海老城隍庙去,特地到南翔去尝鲜,就很少了。"故曹聚仁经常去上海老城隍庙吃南翔小笼。直至1932年"一·二八"事变中,曹聚仁在真如暨南大学的寓所被征作十九路军指挥部,后又遭汉奸洗劫一空,从此,曹聚仁离开居住了九年的真如,开始了四海为家的战地记者生涯。

上世纪50年代初,曹聚仁在香港作记者。后曾多次回大陆探亲、采访,他依然四处奔走,还不忘到真如、南翔一带走走,详细观察那里的风土民情,写下了《南翔·古猗园》一文,记录他参观南翔古镇,游历古猗园、黄家花园,再次品尝久违而心仪的南翔小笼的愉快心情。

朱东润,著名学者。曾任复旦大学中文系主任、全国写作学会名誉会长等。1965年初冬,姚文元的《评新编历史剧〈海瑞罢官〉》刚刚发表,此文对文史界的冲击不言而喻。"风起于青蘋之末",敏感的朱东润预感到一场巨大的风暴正在悄然临近,他感到落寞而无奈,到何处去排遣内心的郁闷?灵光一闪,他突然想起,不如到郊区去走走。他曾去过南翔,那里不仅有美丽的园林古猗园,还有好吃的南翔小笼馒头,这些都给他留下了美好的印象。说走就走,他偕夫人邹莲舫从家里出发,乘坐公交车,拐弯抹角地来到南翔古镇,行走在整洁的老街上,又兴致盎然地游览了古猗园。夫妇俩在古猗园内徘徊良久,然后在古猗园饭店要了两客小笼馒头慢慢品尝。这一年,朱东润70岁,已进入了古稀之年,这次南翔之行也算是庆祝他的古稀之寿。朱东润万万没有想到,这次出行,竟成为他有生之年和邹莲舫的最后一次出行。

不久,"文化大革命"的急风暴雨开始了,复旦大学校园内,朱东润首当其冲地被定为"反动学术权威",批判、斗争马上成为他日常生活的全部,学生让他跪在搓衣板上,拿日本人的大砍刀放在他的脖子上要他承认是牛鬼蛇神。性格倔强的老人决不肯低下他的头。邹莲舫目睹这残忍的场面,决定为朱东润辩护,贴出大字报，为朱东润鸣不平，为他叫屈。她在大字报里细数朱东润是怎样努力忘我地工作，根本不想自己的事情，他是好人，人们不应该这样对待他。邹莲舫的抗争无济于事，她感到绝望，产生了轻生的念头。1968 年 11 月 30 日下午，邹莲舫一个人在家里悬梁自尽。她留给朱东润的只有一张字条，上面写着："东润，我先行一步了，钱留在衣袋里。"妻子的音容笑貌常浮现在朱东润眼前，她的纯真与勇敢，朴实与善良，是中国无数普通家庭妇女为爱为家默默奉献一生的高贵品格。于是，孤独而倔强的朱东润不顾随时被抄家检查的危险，开始为亡妻立传。作为中国著名的传记史家，朱东润先后撰写了《张居正大传》《王守仁大传》《陆游传》《梅尧臣传》等具有影响的传记作品。他不仅通过他的作品描述了一位位历史名人的一生，也通过这些人物故事展现出一段段历史，一个个时代的变迁，他被称为真正开拓中国现代传记文学领域的第一人。而《李方舟传》则是中国传记史上少有的一部为中国普通家庭妇女著书立说的作品，书的主人公"方舟"，即是邹莲舫中"舫"字的两部分。书稿完成后，朱东润一直小心地珍藏着。

终于，朱东润熬过了十年磨难，《李方舟传》——这本不同寻常的传记终于得以付印出版。在这本书中，朱东润就以他俩游古猗园吃小笼为结尾，他在书中深情地写道："初冬的时节了，但是这里到底是江南，使人感觉到的不是萧飒而是清新的余温，草木发出一些幽静的微香……南翔小笼馒头是有名的，两客馒头送来了，吃过以后，这才开始吃饭。"那短暂而温馨的情景，那美味的南翔小笼成为该书精彩传神的一笔。

人物篇

归有光与教化嘉定

归有光与嘉定的关系源远流长。他自嘉靖二十年（1541）从昆山迁居安亭，至嘉靖四十四年（1565），其间因倭寇骚扰，曾回昆山县城短暂居住，自35岁人至中年到60岁花甲之年，他在嘉定生活了二十余年，这是他一生中的黄金时期。其时，嘉定为濒临东海之地，归有光对嘉定饱含深情，视作第二故乡，曾说过"予屏居江海之滨二十年间"（归有光《沈贞甫墓志铭》）。他在嘉定著书立说，聚徒讲学，无论生前及身后，都对嘉定产生了深刻的影响，对"教化嘉定"的形成和发展起到了至关紧要的作用。

交友论学　培育人才

归有光迁居嘉定后，与当地的文朋诗友结下了良好的关系。据地方志记载，他们中主要有：龚世美、唐钦尧、殷子义、徐学谟、沈果、金乔、李瀚、娄应轸、张情、张意等。此时，归有光仅是一个举人，地位不高，安亭是偏于嘉定西隅的水乡小镇。而这些嘉定士子中如徐学谟、张情、张意等人已中进士，功名显赫，成为高官；有的学养深厚，颇有名气，但他们都十分敬仰归有光的人格和才华，都乐意与他交游，交流学问，相互促进。

归有光在安亭讲学，属私人谈书论道，聚徒讲学，但因学问大，名声响，人们纷纷慕名而来，"四方来学者常数十百人"，其中"执经问学者尤多"（唐时升《明太仆寺丞归公墓志铭》)，声震安亭江。归有光在嘉定有多少弟子，无确切的统计，数量一定不会少，据史料记载的有：龚有成、宣应楫、潘士英、张应文、张应武、张应忠、张名由、傅逊、李汝节、姚子英等人。众多的弟子中，有的就是归有光嘉定友人的后辈。如龚有成是龚世美的后人；张应文、张应武、张应忠是张情的三个儿子。自然，师从归有光的学生，目的也许各不相同，有学经学的，有学文学的，也有学科举制艺的。他们学业有成，有的科举登第，成为官员，如李汝节；有的治经学，如傅逊；有的以文学见长，如张应文、张应武等。他们在学习过程中，因归有光的言传身教，都受到了深刻的影响。同时把归有光的学问和思想传之后人，发扬光大。

之后，有的嘉定士子虽未得到归有光的亲授，但归有光的思想、学说、作品已深深地扎根嘉定，影响了一代又一代的嘉定学风和士风。如"嘉定四先生"中的唐时升、娄坚等人，《明史》上说唐时升"早登有光之门"，《四库全书提要》说娄坚"早从归有光学"。但从年龄上考证，归有光离开嘉定时，唐时升年仅14岁，娄坚才12岁，都不太可能是归有光的弟子，而应该是因父辈的关系，成为归有光的再传弟子。

著书立说　传播文化

归有光的成就分两个层面：文学创作和学术研究。他在安亭二十余年，这是他一生中最重要的时期。归有光在安亭创作了大量诗文，在他的全部著作中占有很大比重。他的散文名篇《项脊轩志》，是他18岁时草就于昆山，迁居安亭后作了多次精心修改，并写成了后半部分的点睛之笔，这篇传世之作是在安亭出世的。嘉靖四十年（1561），归有光的又一篇散文名篇《世美堂后记》在安亭问世，这是他直接描写安亭人与事的作品。从他居住的世美堂写起，睹物思人，深情地缅怀了他的亡妻王氏。这两篇杰出的散文，都成为中国文学史上的名篇。

归有光以嘉定为背景，创作了一系列作品。如《思子亭记》《菊窗记》《畏垒亭记》《栎全轩记》《偕老堂记》《招张贞女辞》《张贞女狱事》《与李浩卿书》《答唐虔伯书》《例授昭勇将军成山指挥使李君墓志铭》《李汝节墓志铭》《朱肖卿墓志铭》《金君守斋墓志铭》等。

归有光还是一位关心民生、注重实学的学者。他在安亭时期，正是倭寇猖狂骚扰东海沿岸城市时期，他目睹和亲历了对人民造成极大祸害的倭患，长于思考的他，写了不少文章，如《备倭事略》《御倭议》等文，提出了建设一支能机动作战的海上舟师，等倭寇来犯时，"于海中截杀之"，同时，主张联络邻邦朝鲜，对日本形成钳制之势，以缓解倭患。归有光时期，太湖流域水利多年失修，水患严重，嘉定发生过数十次严重的水旱灾害。归有光在安亭精心研究江南水利的历史和现状，沿途调查研究，甚至访问安亭的百岁老人，写下了《水利论》《水利后论》《三江图叙说》及《淞江下三江图叙说》等水利专著。这些著作具有真知灼见，为后世海瑞、林则徐治理太湖流域的水利提供了路径和方法，被林则徐称为"功在三江"的"专家"。

对构建嘉定文派的贡献

元末明初，嘉定文派初露端倪。嘉定文派不是简单的文学流派，它的内涵包括文学和学术两个层面。

嘉定文派的源头，最早可以追溯到元末明初的文人王彝，他才华横溢，被时人称为"伟器""人中杰"，以布衣被朱元璋召入翰林院，有《王常宗集》传世。而真正形成这个文派是在明代嘉靖、隆庆时期，得力于归有光。归有光对嘉定文派的形成起到了重要的推动作用。《震川文集》是嘉定士子必读之书,影响之大,可见一斑,故清初学者阎若璩称,明代"隆庆以后,天下文章萃于嘉定,得有光之真传也"(《潜丘札记》)。"嘉定之老生宿儒,多出熙甫之门,故熙甫之流风遗论,叔达与程孟阳、娄子柔皆能传道之,以有闻于世"(钱谦益《列朝诗集小传·丁集》)。

嘉定文派经归有光,继以"嘉定四先生",后至黄淳耀发扬光大,终成为嘉定文派之大纛。在他周围,以直言社为主干,团结了一批年轻的文人学者,亦师亦友,他们吟诗作文,切磋学问。黄淳耀、侯岐曾、侯玄演、侯玄洁、黄渊耀、夏云蛟等人皆死于嘉定抗清斗争,他们大都有著作布世,其余成员则为嘉定文派的传承和发展起到了重要的作用。

松圆老人程嘉燧

程嘉燧是个有趣味、有个性的文人雅士，身为"嘉定四先生"之一，其实他的祖籍不在嘉定，但他与嘉定的关系可谓源远流长。程嘉燧，字孟阳，号松圆、偈庵，又号"松圆老人"，晚年皈依佛教，释名"海能"，明代书画家、诗人。程嘉燧的祖籍是南直隶徽州歙县长翰山，今属安徽省黄山市休宁县。

程嘉燧的祖父程溶、父亲程衍寿均以经商为业。在明代，徽商走南闯北，长期在嘉定做生意。程衍寿在青年时代就投奔在嘉定南翔的姑父李汝节，后定居于嘉定，并娶了嘉定妻子张氏，"贾于嘉定垂三十年"（王世贞《新安程君墓志铭》），故程嘉燧的身上有着嘉定的基因。

久居嘉定

明代嘉靖四十四年（1565）十月，程嘉燧生于嘉定，他的《松圆浪淘集·悼景先亡弟》中，有"余初还山时，发燥未裹帻"的诗句，由此可见他孩提时期一直生活在嘉定，直至童年时代才回故乡长翰山。9岁时，因母亲张氏病逝，程嘉燧再次回到嘉定父亲身边。14岁时，与唐时升、金兆登等拜赋闲在家的礼部尚书徐学谟为师学经。他在19岁时，娶嘉定女子闵氏为妻。从此，他就基本上居住于嘉定了。程嘉燧对功名似无兴趣，不求仕进，性格散淡，万历十二年（1584），在他20岁时，曾参加过县试，因名落孙山，从此不再参加科举考试。

程嘉燧既无功名，也无职业，没有正当的收入，故他在嘉定居无定所，有时住在位于嘉定孔庙东邻"垫巾楼"，这里原为举人汪明际的宅第；有时住在北城的唐氏园，这里是名士唐时升的宅第。朋友们都对他照顾有加，他也热爱嘉定。在嘉定这块民风淳朴、人文积淀深厚的沃土上，程嘉燧生活了半个多世纪，受到众多大德硕儒的教诲，广交郡邑文人才士。他与唐时升、娄坚、金兆登、丘集、张名由、张应武、殷都、龚方中、孙履和、归子顾、李元芳、李流芳等嘉定名流是文朋诗友。他们切磋诗文书画诸艺，成为诗坛艺苑的卓尔名家。

程嘉燧乐于提携后进，曾将青年英才孙元化推荐给徐光启，让他培养深造；推荐青年志士黄淳耀去常熟文学家钱谦益家执教；抗清志士侯峒曾与程嘉燧不仅有很深的师生之谊，而且还有书画之交。

因为久居嘉定，人们已把程嘉燧看作本地人，将他与本土的文人雅士唐时升、娄坚、李流芳并称"嘉定四先生"。在程嘉燧的心目中，嘉定的分量也是非常重的，半个多世纪，自己是饮练祁之水、吮吸疁土文化乳汁成长起来的，直至逝世前两年，他才回故乡，却把两个儿子留在嘉定，圆了想做嘉定人的梦。在长翰山中，他一直惦记着嘉定的良朋胜友、故老乡亲、一水一丘、一草一木，情思绵绵，以迄于长。

擅长诗文

程嘉燧书画诗文全能，具有多方面的艺术造诣。他精于诗文，而诗更是名重一时，为晚明一大家。其诗风流典雅，娟秀少尘，尤长于七律。他由于喜放浪于山巅水涯，足迹踏遍江南各地，边游边写，创作了大量优秀的山水行旅诗。应该说，他在诗画方面取得的成绩与他的行旅经历有极大的关系,他的行游诗在流派纷呈的晚明诗坛可谓独树一帜。由于程嘉燧精于绘画,故往往他诗中有画,时人称"松圆诗往往有画想,观此乃如见其诗"(程庭鹭《练水画征录·程嘉燧》)。

程嘉燧存诗近1200首,他的诗歌侧重于叙写个人经历,其一生所历之大事小事、悲事乐事、家事国事,均能入诗。这一点和唐代诗人杜甫颇为相似。程嘉燧虽不像老杜在诗歌上有创辟之功,但其诗歌内容丰富、娓娓絮语、潇洒飘逸、引人入胜,艺术特色鲜明。钱谦益尊称他为"松圆诗老""一代诗宗"。

万历四十五年(1617),程嘉燧与钱谦益结识,两人成为忘年交,建立了一生的友谊。文坛佳话"钱柳"(钱谦益、柳如是)之合,也正是程嘉燧牵的线。晚年,因程嘉燧与钱谦益、柳如是夫妇交善,曾较长时间居常熟钱谦益的耦耕堂、拂水山庄,优游山水,登梅圃溪堂,沐水阁云岚,观山间晚翠,诗酒唱和。

程嘉燧的诗歌评论也有独到的见解。钱谦益在《列朝诗集小传》中称:"孟阳好论古人之诗,疏通其微言,搜爬其妙义,深而不凿,新而不巧,洗眉刮目,钩营致魄,若将亲炙古人而面得其指授,听之者心花怒生,背汗交浃,快矣哉,古未有也!"遗憾的是,这些评论未见其积集成书,幸而钱谦益的《列朝诗集》保存了很少的一部分。

书画俱精

程嘉燧绘画生涯起步于嘉定。嘉定素有"教化之邦"的美誉,这里的金石书画艺术具有鲜明的地方特色和深远的历史传统,明代更是嘉定书画的重要发展时期。由于当时经济的长足发展,文化的日益昌明,加上一些文人积极参与书画的创作和交流,逐步形成了浓厚的艺术氛围,程嘉燧从小受到艺术熏陶。

程嘉燧在世时,画名已很大,他与董其昌、李流芳、杨文聪、张学曾、卞文瑜、邵弥、王时敏、王鉴等被誉为"画中九友"。程嘉燧擅山水,兼工花卉。他的山水画师法"元四大家"中的倪瓒、王蒙,画风特色是笔墨枯淡,意境萧然,但气韵沉厚腴润,秀逸雅俊,落笔严谨,具有典型的文人画风格。清人秦祖永论及程嘉燧的画,谓其"深静枯淡,画如其人","意趣闲逸,思致遒劲,尘俗町畦,扫除殆尽"(秦祖永《桐荫论画》),说明他具有革新画风的精神。"嘉定四先生"中李流芳曾语:"余精舍轻舟,晴窗净几,闲看孟阳吟诗作画,此吾生平第一快事。"可见程先生画作品位之高。据称,程嘉燧平生最矜其画,"有时甚至一年也不能作成一幅画",创作态度极为严谨。

程嘉燧的存世作品弥足珍贵,仅举嘉定博物馆馆藏的两件为例。一件是他写的《金府君墓志铭》,由金氏后人捐献。此碑由钱谦益撰文,程嘉燧书丹。墓主金兆登,万历十年(1582)举人,嘉定名士,交游广阔,与钱谦益、王衡、唐时升、娄坚、程嘉燧、李流芳等均是文朋诗友。程嘉燧的这通碑刻写于崇祯十一年(1638),为他的晚年之作,程嘉燧写此碑时,距他逝世已不到五年。此碑的史料价值和艺术价值都很高,程嘉燧的书法作品较为少见,此碑为正楷,程嘉燧写得十分认真,字字千钧,一笔不苟,字形结构优美、挺秀,韵味十足。

另一件是《摹叔明山水图轴》,系程嘉燧晚年所作,在图右上方,有"崇祯十六年十月,摹叔明本,七十九翁偈庵程嘉燧"的题词。明崇祯十六年,公元1643年,也为程嘉燧去世之年。据沈习康《程嘉燧年谱简编》记载,程嘉燧于崇祯十四年,因访得古烧松捣煤之法后,离开嘉定,归故乡长翰山尝试研制,至崇祯十六年十二月逝世,由此可知,此画当为他逝世前两个月的绝笔,弥足珍贵。"摹叔明本"表示，这是程嘉燧摹仿元代大画家王蒙的画，"叔明"为元代大画家王蒙的字，王蒙擅画重峦叠嶂，长松茂树，气势充沛，变化多端，喜用解索皴、牛皮皴，干湿互用，秀润可喜。《摹叔明山水图轴》画面简约，近皴、远坡大开合，远处高峰耸立，山头点苔较少，有峻拔之感，两山之间夹着碧江，江上远处有一片风帆，一个隐士正在船尾驶舟，顿时让画面有了动感。近处为一片树林，树荫浓密，树叶的造型复杂多变，草木繁茂，以示此时为夏日，岸边有二处四座大小不一的水榭，当为高士的处所，帆船上的隐士也许就要到水榭上会客，而近处的水榭上却没有出现人物，一远一近，一露一藏，为读者留下无限的想象空间。此画深受王蒙特殊境界和美学意趣的影响，以披麻皴笔，随意松秀，柔中带刚，笔气连贯，色彩明洁，颇为豪放，其风格寄秀润清新于厚重浑穆之中。

寻寻觅觅

明朝崇祯七年（1634）三月，莺飞草长，竹翠树绿，江南春深时节的霖雨和熏风，把大地装扮得姿容秀丽、风情万种。暮春时节的一个早晨，波光粼粼的练祁河上，一条扁舟缓缓东行。舟上是一位年少英俊的书生，她就是女扮男装的才女柳如是。

她虽沦落青楼，却擅长诗文书画，喜爱谈兵击剑，以宋代巾帼英雄梁红玉为楷模，志向不凡。她与复社同志结为文朋诗友，在江南士林中颇负盛名。数年前她流寓松江时，在书坊间觅得一套《嘉定四君集》，时常诵读，对程嘉燧、唐时升、娄坚、李流芳这四位富于传奇色彩、名震江南文坛的前辈十分神往，想与他们一一交往。无奈此时李流芳、娄坚已去世，闻名遐迩的"嘉定四先生"只剩下程嘉燧、唐时升二人。

江左名城嘉定，雄伟高峻的城墙内，正是一派"春树万人家"的胜景。年已耄耋、皓首白发的老诗人程嘉燧、唐时升正在家门口焦急地等候柳如是的到来。被诗坛盟主钱谦益誉为"松圆诗老"的程嘉燧已72岁，他少年时曾学过剑，游历过长沙、九江、南京等地，颇有兼济天下之志。他本是徽州休宁人，因喜爱嘉定的风土人情，落籍嘉定已四十余年了，人们早已视之为嘉定人。唐时升已84岁，是散文大家归有光亲授的学生，满腹经纶，诗风雄健豪迈，30岁就弃举子业，留心兵农钱之事，曾游历京师，受到大学士王锡爵的激赏。与友人酒酣耳热时，他往往捋须放言："当世有用我者，决胜千里之外。"

拮据的程嘉燧在嘉定没有自己的住宅，寄居于文友汪明际的

"垫巾楼"，居室湫隘，不便接待柳如是，与唐时升商量后，决定让柳如是住到"唐氏园"。

唐氏园位于北城，北依护城河，南面是宏伟壮丽的西隐寺。万历二十三年，45岁的唐时升从京师回到嘉定，在城西北的这处老宅故地，他与子孙们自己动手，构筑园林，在园中广植梅花，还建造了梅庵、娱晖亭。园中的紫萱冈，原是古冈身的一部分，高出地面约六尺，上面本有唐氏祖先垒起的假山，旁边有几棵高大的古树，又有一片竹林，树影婆娑，竹声萧萧，风景绝佳。唐时升觉得这里居高临下，是读书的好地方，他在紫萱冈上用石料建造了一个读书台，又名琴台。唐时升常在读书台上诵读诗文，弹奏古琴，风雅无比，邑人称之为"唐叔达先生读书台"。唐时升在这里养花灌木，闭门读书，吟诗作文，授徒讲学，度过了一生。到唐时升晚年时，这所以梅闻名的园林名声更加响亮，成为名副其实的文人园，吸引了许多文人雅士到这里来。常来的有徐学谟、龚锡爵、殷都、程嘉燧、张应文、娄坚、王衡、丘集、张名由、金兆登、李流芳、李绳之、徐兆稷、侯峒曾、王时敏等，都是一代名流。翻阅《三易集》，也可以找到他自己写唐氏园的作品，如《自题娱晖亭》"负郭家家水竹，残春处处烟花。开尊欲栖鸟雀，举网频得鱼虾"，宛如一幅恬淡、安宁的水乡风情画。

丰姿佚丽、才识超人的柳如是才17岁，与程、唐如若祖孙。三位志趣相同的忘年交却一见如故，红颜白发，互相倾慕，促膝长谈，引为知音。程、唐苍老的心似乎也年轻起来，晚明文坛则添了一段佳话。

古城嘉定人文荟萃，名园林立。程嘉燧、唐时升陪同柳如是寻访故友龚锡爵的石冈园、李流芳的檀园。游遍了归有园、龚氏园、金氏园、乐在堂、垫巾楼、蒗园、杞园、猗园等境内的名园，寻访旧雨新知。柳如是忘情地浸润在疁城烟水中，流连忘返，一住就是一百天。转眼已到了七夕中元节，三人商量后决定办一个诗会，度过这个富有诗意的节令。

诗会在唐氏园举行。是日夜，明月高悬，如水银泻地。园内老桂飘香，柳影婆娑，奇幻空灵。娱晖亭中置放着唐时升精心准备的一桌酒菜。酒是唐时升亲手酿制的米酒，菜也是他亲手种植的蔬菜。程嘉燧以"春前土菘美如玉，雨后露茄甘胜酪"的诗句雅称这席菜肴为"蔬笋盘筵"。柳如是特别喜爱这味美清淡的蔬菜米酒，这才是地道的骚人雅士的诗酒文会。三人诗兴大发，答诗唱和，抒发情怀，继而伴以丝竹，激越苍凉，余音袅袅，喝了整整一夜，都酩酊大醉，直至西隐寺的晨钟敲响。这一夜是少有的开心，他们相约，两年后柳如是重游嘉定。程嘉燧的《朝云诗》第八首，记录了这次诗会：

几株门柳一蝉吟，款夕幽花趁夕阴。
令我斋中山岫响，知卿尘外蕙兰心。
瑶林回处宜邀月，秋水湛时最赏音。
絜榼便追逃暑会，天河拌落醉横参。

诗会结束后，柳如是回到松江，开始与诗人陈子龙热恋同居。

崇祯九年（1636）正月初，正是江南乍暖还寒的时节，柳如是果真践约重游练川。之前，她刚与陈子龙忍痛分手，她是怀着郁郁的心境来到嘉定的。此时，86岁的唐时升已沉疴在身，只能由程嘉燧一人陪同柳如是重访练川诸友。这次她居住在东城绿竹万竿的金氏园内。二月末，已是柳树吐绿的时节，梁园虽好，终非久居之地，她怀着无限惆怅的心情，依然一叶扁舟离开了嘉定，驶向湖海深处，寻寻觅觅。不久，唐时升就去世了。

柳如是两访嘉定，是她一生中重要的一页，应留有大量的诗文。不知是编纂者的疏漏，抑或是其他原因？翻阅《柳如是诗文集》，竟未留存片言只语。暮年的陈寅恪先生胼足瞽目，抚摸白茆红豆，对柳如是的两次嘉定之游，产生了无限悬想，在浩如烟海的史料中，终于觅得了程嘉燧的八首《朝云诗》，这是柳如是嘉定之游的唯一佐证。他还翻遍了地方志书，潜心研究历史背景，作了大量的考证。从未到过嘉定的陈寅恪先生在他的皇皇巨著《柳如是别传》中，大胆地设想，小心地求证，以92页的漫长篇幅，写成了专章《河东君嘉定之游》，文中仿佛打破了时空隧道，陈先生正引导书中的主人公柳如是神游嘉定，嘉定的文化名人、园林景观，甚至一草一木都在他笔端带上了浓郁的感情，字里行间透露出他对嘉定的无限向往。

300多年过去了，秋霞圃的柳云居四周万竿修竹依然青翠森肃，而当年的唐氏园及程嘉燧的宅园已变成了居民住宅梅园新村。唐氏园内的遗迹紫萱冈仍在，只是经过岁月的冲刷，它已经变成了一个小土冈，还有几棵高大挺拔的银杏树，依然生机勃勃，风过处，发出"沙沙"的声音，仿佛仍游荡着柳如是的精魂。

多才多艺的竹刻大师朱缨

明正德年间，朱鹤创立了艺术珍品——嘉定竹刻，成为中华工艺美术的一枝奇葩，至今已有500余年。嘉定竹刻以刀为工具，以竹子为载体，将书、画、诗、文、印诸艺术融为一体，作品有淡淡的书卷气和金石味，风雅绝俗，是历代文人的雅玩。到朱鹤之子朱缨时，他子承父业，让竹刻艺术有了进一步的发展和完善。

朱缨是嘉定竹刻史上一位重要的承上启下者。朱缨，字清甫，一字清父，号小松，时人大都以号"朱小松"称之。他生于正德十五年（1520），从小随父居于嘉定县清浦镇，其字清甫即因地名清浦演化而得。嘉靖年间，地处海滨的清浦镇屡遭倭寇侵略，朱缨家也"毁于倭"，"乃避地入城"（徐学谟《朱隐君墓志铭》），在嘉定东城清镜塘（今秋霞圃附近）安家。明崇祯六年（1633），朱缨考中了癸酉科诸生，有了功名。然而，朱缨对功名看得很淡，不求仕进，而对艺术，特别是竹刻艺术，情有独钟。

朱缨多才多艺，诗文、书画、金石、竹刻、盆景无所不能，无一不精。他是当时的知名诗人，其诗"风流洒落，任意抒写"，自然灵动，曾有《小松山人诗稿》流传。著名诗人归庄见到诗稿后十分赏识，为之作序，可惜因诗稿未付梓，于清嘉庆年间佚失。今仅在《明练音续集》中存其诗四首，如"菊蕊含香秋欲暮，柳条萦别叶将摧"（《夜雨宴集》），"波浮慧日黄金界，岚吐慈云白玉宫"（《登莲花峰》），"帆影依微冲雾去，渔歌欸乃逐云还"（《湖山咏》），其清丽灵动的风格，可见一斑。

朱缨精于书画。书法工小篆、行草，兼工金石。画仿唐代大画家王维等，山川云树，纡曲盘折，尽属化工，尤长于气韵，长卷、小幅各有异趣，在江南一带颇具名声。清康熙时期所编的《佩文斋书画谱》中的画家传略及书法家传略，均将朱缨名列其中。

朱缨多才多艺，还精于象牙、犀角、树根的雕刻，所制印章、根雕，纯古高浑，时人称之为"尽属化工"的绝妙佳品。其友、同邑文人丘集称他"游艺雕刻，旁及绘画书篆。所制犀象印纽淳古精诣，几于秦玺，他器物、图画亦巧妙动人，故天下争爱重之。然徒为玩好以娱时人耳目，莫能用之为典章法物以传于后，如和弓垂矢，世或为宝也"（《书朱清父墓志后》）。

朱缨也精于盆景制作，是当时的苏州派盆景高手，他的作品至清乾隆年间仍然存世，著名学者钱大昕曾一睹朱缨所制的盆景，惊叹艺术水平之高，余兴未尽，赋诗一首：

> 移栽盆树绮窗妍，截得筠筒手自镌。
> 花鸟徐熙山马远，无人知是小松传。

钱大昕盛赞朱缨的盆景同南唐画家徐熙的花鸟画、南宋大画家马远的山水画一样珍贵。

朱缨从小随父学习竹刻，在表现手法上有突破，刀法比朱鹤更加丰富神妙，有出蓝之誉，所制的作品类别更加丰富，有笔筒、竹盒、罗汉含珠，圆雕有蟾蜍、佛像、仕女等，人称他的作品有东晋大画家吴道子的风格。清初嘉定文人苏渊在《嚛城赋》中称赞小松竹刻"畸人逸士，镂削尺管，随色象类，悉中其窾，鸟欲舒翼，花欲舞风，人则瞪目而衣举，虫则昂股而气雄，始之者小松"。他的代表作"刘阮入天台香薰"，1966年在上海市宝山县顾村（明代属嘉定县依仁乡）朱守城墓出土，无论从构图还是雕刻艺术，匠心独运，是件罕见的艺术珍品，当代文博大师王世襄先生称之为"竹刻无上精品，第一重器"。他留传下来的作品还有"归去来辞笔筒""竹林七贤笔筒""蟠松松鼠盒"等。

从朱缨留传下来的作品可以看出，其竹刻在构图与人物的表现上，均显示了深厚的绘画功力。作品构图布局合理，结构严谨，疏密有致，有较强的艺术性。人物刻画形象生动，表情细腻传神，且能应景生神。尤其是非常注重神形兼备的表达，以神情的不同流露来揭示人物不同场景下内心世界的活动，使人物栩栩如生、呼之欲出，传形神的技艺已远远超出了父亲朱鹤。

朱缨是一位有风骨的艺术家。他长得白发青眼，貌古神清，与众不同。他性格狷狂，喜爱喝酒，经常光顾酒家，灵感来时，会乘着酒兴即席为酒家制作竹刻，因而酒家往往能轻易得到他的作品。中年丧妻后，他再无婚娶，又不治家产，竹刻也无非他的主要生活来源，有时生活拮据，身无分文，但他不事权贵，不走侯门。隆庆二年（1568），嘉定知县邵一本因仰慕朱缨的高名，想购买他的金石印章和竹刻，作为贿赂、馈赠上司的礼品。朱缨厌恶邵一本的行为，不加理会，邵一本气急败坏，说要让朱缨破家，并准备逮捕朱缨。朱缨笑着对别人说："我早已无家室，何谈破家。"只得逃到外县避祸。幸赖曾任南京刑部尚书的著名文人王世贞从中斡旋，一场风波终于过去。至嘉靖年间，风波又起。封于禹州（今河南禹县）的徽王朱载塥闻知朱缨的名声，遣使带着厚币礼聘朱缨为幕宾，遭到朱缨的婉拒。朱缨说："我在寒舍门前锄草尚可应付，奔走侯门则没有这个能耐。"人们都为朱缨放弃这个机遇不可思议，不久，朱载塥因犯法降为庶人，人们佩服朱缨的先见之明。

朱缨与当时的著名文人王世贞、徐学谟、娄坚、丘集、徐允禄等为友，过从甚密。明万历十五年（1587），朱缨在嘉定逝世，享年68岁。他逝世后，徐学谟不仅为他撰写了《朱隐君墓志铭》，又撰写了《祭朱隐君文》；娄坚为他撰写了《先友朱清甫先生传》；丘集写了《书朱清父墓志后》；徐允禄写了《祭小松朱先生文》。他是竹刻家中文献资料最丰富的一位。

朱缨死后，葬于嘉定县依仁乡其父朱鹤墓之旁，大体方位应在今浦东新区高桥镇附近。

金元钰——竹刻美学评论第一人

嘉定竹刻在一问世的胎气上,就打上了淡淡的书卷气和金石味,规定了它有别于其他工艺品的基本特质。嘉定竹刻的文人气息代代相传,几乎贯穿了嘉定竹刻自滥觞到发展成熟直至衰落的全过程,而全面记录嘉定竹人的文人特质、绝技以及作品的最重要著作,则是清乾嘉时期金元钰的《竹人录》。从朱鹤创始嘉定竹刻,到金元钰完成《竹人录》,其间已经历了280年,这是一部划时代的竹刻专著。

金元钰其人其作

金元钰(?—1831),字宝庭,一字宝所,号坚亭,后号坚斋,居嘉定西城,金氏为城内读书世家。金元钰的生父有两说,其一以吕舜祥《明清嘉定诸生录》为据:金以堡,字亦蕃,号乐圃,乾隆二十年(1755)诸生,后成廪贡生,乾隆三十九年(1774)参加乡试中举,叙官齐河县丞、婺源教谕。他爱读书,爱花木,爱收藏,"长于鉴别而澹于荣膴,登贤书则计吏不偕,铨儒官则引疾不赴,浇花莳竹,日事著书"(李赓芸《竹人录序》)。金以堡长寿,在嘉庆二十年(1815)重游泮池。其二以光绪《嘉定县志·列女节》为据:"陆氏,金以埰妻,抚嗣子元钰成诸生,舅姑相继殁,氏哀毁卒,年四十七。乾隆五十四年旌。"据笔者推考,金以堡与金以埰为兄弟,金元钰为金以堡子,但因金以埰早逝,金以堡便将金元钰立嗣给金以埰妻陆氏为子,寡母陆氏因含辛茹苦抚养金元钰,感动嘉定乡里,被旌表为"列女节"。

金元钰从小读书勤奋,幼承庭训,饶有父风,成年后更是饱读诗书,后又师从同乡、乾嘉学派大师钱大昕,学问见识更是精进。他风度儒雅,富于艺术气质,并不热衷于功名仕途。据吕舜祥《明清嘉定诸生录》记载:金元钰于乾隆五十年(1785)中诸生,因科举蹇滞,萍絮游踪,以授徒为生,嘉庆时期成廪贡生,例选江西婺源教谕。但嘉定历代志书却никогда未载金元钰的生平传略,故只能从同时期文人学者的作品中寻找到他零星片断的踪迹。

晚年的金元钰是嘉定城内的收藏大家,专筑"卧游斋",收藏古今书画名迹,时有名流韵士雅集赏咏其中,他"循陔采兰以娱亲,焚香瀹茗以待客,入其室,琴书秩然,几无纤尘,人品之高洁,方之幽兰修竹,南山乔梓,萧然皆有隐君子之风焉"(李赓芸《竹人录序》)。

更可贵的是金元钰富有民族气节,还收藏了当时的罕见史料和名人手札,如今藏于上海图书馆的《侯岐曾日记》手稿本,就是金元钰从侯氏后人手中接收到的。嘉庆十五年(1810),金元钰怀着对乡贤无比敬仰的心情,在《侯岐曾日记》手稿本后写了题跋,表彰侯岐曾"死不更其守""忠贞不贰"的风骨和气节。金氏文章不易见,故全录于下,卑有助于了解金氏的思想倾向:"明左通政侯忠节公乙酉守城殉节,其弟太学文节先生绝迹忍饿,遁荒于野,以保孤奉母为己责。而故国旧君之思,又时时仰天扼吭。越二年,而吴胜兆之事起,先生匿故人陈卧子连染系狱,亦殉节死。邑令程侯修志,列入《国朝文学传》,恒以未合体例为憾。是册得之上谷后人,忠孝之言,缠绵悱恻,几使后人不忍卒读。始丙戌正月,至丁亥五月。元初卧子投入王庵,先生即于初十绝笔,十一日被捕,十四日致命。呜呼!儒有劫之以众、沮之以兵,见死不更其守。如先生者,可谓忠贞不贰,身系纲常者矣!"后来,日记手稿又流传至爱国外交家、邑人顾维钧手中，顾氏后人将其捐至上海图书馆，让今人能窥其全貌，金元钰功不可没。侯岐曾是抗清英烈侯峒曾胞弟，因掩护抗清诗人陈子龙被杀，这本日记记录的是"嘉定三屠"后，侯氏家族和嘉定的一段惊心动魄的历史变故，具有很高的史料价值。

从游者笔下的金元钰

金元钰的从游者甚多，但因史料记载缺失，今可考的仅有彭兆荪、钱杜、瞿中溶、李赓芸等，皆一代名士，留下了少许唱和之作。

金元钰与彭兆荪交往较多。彭兆荪，字湘涵，又字甘亭，号忏摩居士，镇洋（今太仓）人，能诗擅文，曾作有《百字令·金坚斋卧游图》：

> 藏春小坞，问人间蜡屐，劳劳何苦？绿水丹崖金碧画，都在先生岩户。绢素云烟，沧江虹月，便是扶摇路。蟠胸五岳，一塵中有千古。
>
> 堪叹湖海平生，浪萍飞絮，往事愁重数。径把远游冠卸了，休说登高能赋。上个篮舆，拖条竹杖，并懒寻花步。疏帘清簟，与君同看山雨。

从这首词中，大体可以了解到金元钰的为人和风格，他向往的是恬淡、清静、自在的生活。

钱杜是金元钰的另一位文友。钱杜，字叔美，号松壶。钱塘（今杭州）人，嘉定文人程庭鹭的老师，嘉庆进士，能诗善画。他为金作了诗《金坚斋卧游图》，诗曰：

> 君慕宗少文，卧为五岳游。
> 有时横琴坐，四壁生清秋。
> 幽涧弄潺潺，松风忽飕飕。
> 化为蝶蜨去，栩栩寻丹邱。

嘉庆二十二年（1817），钱杜还为金元钰画了十二幅尺幅，作品传至当世。

瞿中溶，字木夫，贡生，嘉定人，为钱大昕婿，也是金元钰的妹夫。金元钰拜钱大昕为师，很可能就是由瞿中溶引见介绍的。瞿曾任安福知县，长期为幕府，擅长金石书画，也能诗文，富收藏。金元钰逝世后，瞿中溶作诗《挽金坚斋广文元钰》，以示哀悼：

> 四十年来好弟昆，忍弹衰泪为招魂。
> 难寻嵇阮偕游乐，徒怅朱陈共住邨。
> 天籁图书名自重，云林清秘迹空存。
> 而今道义交零落，世事凭谁与细论。

瞿中溶的诗写得深沉悲凄，他回顾了两人四十年来的交往和友情，比之"竹林七贤"嵇康与阮籍的关系，又把金元钰比喻为当代的倪云林，表达了瞿中溶无比的哀伤。

《竹人录》的成书和价值

金元钰十分喜爱家乡竹刻，收藏竹刻甚多，时常把玩，他与竹人交往甚多，经眼竹刻无数，堪称名家法眼。他穷数十年之力，厚积薄发，编撰了《竹人录》一书。《竹人录》分上下两卷。上卷载明正德年间朱鹤创始嘉定竹刻，下迄清嘉庆年间，共得竹人六十余家；下卷则选录此前各个时期嘉定知名文人雅士对竹人与竹器题咏的诗文歌赋，凡一万七千余字。此书完成于嘉庆十二年(1807)，并于同年刊印。由于此书的流传，使嘉定竹刻的名声更为响亮。《竹人录》写成后，金氏请同乡兼同学李赓芸作序。李氏在序中，称此书"体裁洁净，持择谨慎，不遗不滥"，并预言此书将是"必传之作也"。

在金元钰之前，有关竹人、竹刻器物、竹刻传承并其在嘉定一地的作用与影响等的资料，还没有人做过详细而系统的收集与整理。虽然在他之前，其前辈、同乡汪炤也曾有意做此事，并起写了《竹器小谱》一卷，对有关的诗文也有所选录，但因故终未成书而佚亡。金氏在总结前人经验的基础上，更作了大范围的梳理与增补，最终完成并出资刊印了此书。可以说，他也是嘉定竹刻史料整理方面的第一人和集大成者。

《竹人录》的刊行，不仅使后人对嘉定竹刻的历史与其各时期的重要竹人并相关传人有了一个大致的了解，同时也让后人对竹人的生存情况与人格风貌有了总体的认识，而明代朱鹤以来到清嘉庆这一段历史时期280年的嘉定社会生活的面貌，我们也可凭之窥见一二。可以说，《竹人录》是嘉定地区特有的人文样式嘉定竹刻的一个重要见证与形象载体，也是中国竹刻中之最重要流派嘉定派的一本形象而简约的说明书。

《竹人录》刊行二百余年来，好评如潮，被一印再印。近人周作人在《知堂书话》称：《竹人录》"所记凡五十七人，皆嘉定之以刻竹名者，亦是工艺史之好资料，而文复雅洁可喜"。后来的事实更证明，《竹人录》不仅名重艺术之林，并为后世竹刻艺人奉为经典，有的研究者与收藏家甚至将其视为竹刻艺术的"圣经"。

金元钰笔下的嘉定竹人

金元钰笔下的竹人，无论内容长短，个个鲜活生动，跃然纸上，而最引人注目的是那些具有文人气质的竹人，他们有别于一般的竹人，其个性、绝技和作品更加鲜明突出。如"竹刻三朱"、周颢等人。

金元钰对"竹刻三朱"着墨较多，开卷就写了竹刻始祖朱鹤。朱鹤字子鸣，号松邻，是一位书画出众、品行高洁的隐士。金元钰以"刻竹创自松邻子"，便确定了朱鹤在嘉定竹刻史上作为开创者的历史地位。金元钰特意写了大名士陆深"宏奖风流，高朋满座，顾无松邻子，不乐也"，以陆深对朱鹤的态度来衬托朱鹤的才情。又写朱鹤"所制簪匜，世人宝之，几于法物，得其器者，不以器名，直名之曰'朱松邻'云"。朱鹤的作品今仅见南京博物院的"深浮雕松鹤笔筒"，刀法熟练圆浑，雕刻精细入微，同时融入了诸多画理，作品印证了金元钰的描述。文末，金元钰又以"家藏山人手制儒冠，高雅古朴，断非近今作手所能梦见也"。金元钰睹物思人，让人有语已完而意无尽的蕴意。

朱缨，字清甫，一字清父，号小松，朱鹤之子，是竹刻艺术的重要传承者，并有出蓝之誉。金元钰以"貌古神清"来描写他的外形，又特意写了两则小故事，即逃避知县邵一本的迫害，及谢绝徽王朱载埨的礼聘，显示了朱缨狷狂旷达的为人风格。朱缨具备了传统文人的基本素质，曾有《小松山人诗稿》，"惜全稿散失"。金元钰仅看到侯凤阿手钞的其中一卷，对朱缨的诗才十分欣赏。朱缨的技艺超越了朱鹤，代表作"透雕刘阮入天台香薰"，出土于宝山古墓，被王世襄称为竹刻的"无上精品，第一重器"。朱缨多才多艺，是江南盆栽高手，在江南一带闻名遐迩。

朱稚征，字叔子，号三松，朱缨子。金元钰以竹刻三朱"至三松而技臻极妙"而誉之。金元钰描写朱稚征时以"三松性简远，善画远山、澹石、丛竹、枯木，尤长画驴，其雕刻刀不苟下，兴至始为之"，寥寥几笔，写出了朱稚征的性格特长。朱稚征是竹刻全才，天分极高，但创作态度严谨，"其雕刻刀不苟下，兴至始为之"，"所刻笔筒及人物、秘阁、香筒，或蟹或蟾蜍之类，当时即已宝贵，今日则琼弁火齐，名重五都矣"。如今存台北故宫博物院的"圆雕残荷洗"为典型器，荷洗内的螃蟹残荷透露出大自然的清纯气息。朱稚征酷似其父，竹刻外还精于园艺，曾为文人李宜之的私家园林古猗园擘画设计，使古猗园成为江南名园。

清乾隆时期的竹人周颢，也是金元钰笔下一位重要的竹人。周颢，字晋瞻，一作峻瞻，号雪樵，又号芷岩，精书画，又能诗，有《芷岩诗钞》。金元钰一开始就抓住周颢长髯的外貌特征，说周颢"美须髯，人皆呼为周髯"，在文末，金元钰辑录了著名学者钱大昕的《周山人传》，以丰富周颢的生动细节。周颢比钱大昕长43岁，与钱大昕是忘年交，性格豪放，喜好酒，耄耋之年仍能豪饮，饭量特别大，善跑步，体魄强健。有一夜，他醉卧雪中。天明，见者都认为他已冻死，他却欠身打了一哈欠，若无其事，又沉沉地睡去了。这个富于传奇色彩的竹人活了89岁，是古代嘉定竹人中最长寿者。

周颢最突出的成就就是竹刻。他自小即负盛名，各种刻法无所不能。金元钰说周颢将"绘画六法"融合并运用于竹刻艺术，以画法刻竹，以刀代笔，臻于化境，形成自己独特的风格，被时人誉为"将南宗画法入竹刻之第一人"和"若取历朝诗家与竹人相拟，芷岩可当少陵（杜甫），二百余年间首屈一指"的竹刻大师。他的刻件有"绝顶佳品"之称。今藏于上海博物馆的"松壑云泉图笔筒"，是他60岁时的代表作。图中石岭嵯峨，洞窟深邃，山泉涌出，竞泄争流，迅速地为大幅烟云所蔽，弥漫缭绕，尽情舒卷，山谷丰盈，岩石遮蔽。此作构图奇诡，丘壑不凡，刀法变化多端，平刀直入，薄刀轻披，刀中皴法浓淡生动有致，画刻融浑，别树一帜。

金元钰笔下的竹人还有很多，他对嘉定派自明代三朱创法以来，至清代诸家的艺术风格与其在竹刻史上的地位，作了全面的点评："予尝以诗派论之：汉魏权舆，则三朱、秦、沈；鲁珍具建安风骨；宗玉似齐、梁绮靡；周墨山、王幼芳之冲淡，则孟襄阳微云河汉也；封义侯、施焕文之奇古，则韩昌黎汤盘孔鼎也。其余诸子，如盛唐作手，各号专家。近时刻画精工，类宋元纤巧一派。唯我芷岩，其少陵乎！"他从诗论的高度出发，点评竹人及其作品，使竹刻艺术更是具有了美学的意韵，高屋建瓴，切中肯綮。可以说，他是竹刻史上美术评论的第一人。

槎溪茶仙陆廷灿

陆廷灿是古镇南翔的一张文化名片,他生活于清康熙、雍正时期,生卒年不详。陆廷灿字秋昭,一字扶五,号幔亭。陆氏家族是一个好德乐施、具有较高文化修养的家族。陆廷灿从小受到良好的教育,好读书,爱艺术,有爱心,他在青年时代,曾参加过地方赈灾活动。

康熙二十四年(1685),陆廷灿中诸生,之后屡试却不第,科举道路颇为坎坷艰难。后来,因陆廷灿的人品和学问出众,被录取为贡生,入京师国子监读书。求学期间,陆廷灿结识了王士祯、宋荦等文化名流,成为入室弟子,学业大进,逐渐养成了"隐居以求其志,行义以达其道""穷则独善其身,达则兼济天下"的胸怀,以及兴趣广泛、好古博雅的艺术修养。

洁己爱民

陆廷灿从国子监学成后,出任安徽省宿松县教谕,对宿松教育文化颇有贡献。康熙五十六年(1717),陆廷灿升任福建省崇安县(今武夷山市)令,到任时,人们说他"衣冠举止,望而知非俗吏也"。在崇安任上,他勤政爱民,严明法理,惩恶扬善,奖励耕读,广辟财路,修复古建,编修方志,颇有政绩。

任官期间,陆廷灿爱好看书,他经常阅读曾任嘉定知县的理学家陆陇其的著作,从中汲取营养,还把陆陇其的一些格言抄下来,放在案头,用以勉励和督促自己。

风雅的陆廷灿还在衙门后辟有"梅园",植遍梅兰竹菊,既以此明志,又修身养性。陆廷灿自题"小郁林",园中花木茂盛,沁人心肺,他常在"小郁林"里漫步。上世纪,崇安县城内吴姓市民在改造房屋时,在"梅园"旧址挖出巨石一方,高约一米,宽60厘米,厚30厘米。石前有陆廷灿自题"小郁林",石背后有《咏武夷茶》诗一首,这方石刻是陆廷灿留在崇安的重要物证。

陆廷灿在崇安任上关心民生,一天,他漫步至九曲溪之一曲,这里是进武夷山泛舟九曲,下达建溪的必经之处。宋时曾建趋真亭,供游人休息、避雨之便,后塌圮。明万历时,县令顾士琦斥资重建。至康熙时,因年久失修,该亭又毁塌。陆廷灿决定重建路亭,这个惠民的善举获得了崇安百姓的好评。

崇安曾是宋代大儒朱熹的讲学之地,朱熹在此建有"武夷精舍"(后易名"紫阳书院"),聚徒讲学,影响深远,成为闽学的开山鼻祖。陆廷灿曾多次拜谒武夷精舍,追慕先贤风采,传承儒家精神,并咏诗《武夷精舍》一首,以表达他的心迹:

> 理学渊源接素王,曾留精舍水云乡。
> 隐屏峰绍尼山迥,五曲溪随洙泗长。
> 地以人传从赵宋,时逢主圣迈陶唐。
> 更欣召伯循南国,千载师承道统光。

武夷精舍后有"朱子祠",系建于南宋,元代至正年间毁于战火。明正统年间,由朱熹八世孙朱洵、朱澍重建,到清康熙年间已破败不堪。康熙五十二年(1713),前任知县梅廷儁启动了朱子祠的修葺工程,但由于种种原因,拖了四年,直至梅廷儁离任也未完。陆廷灿义无反顾地接了这个烂尾工程,怀着对朱熹的敬仰之情,圆满地完成了这个工程,清《福建通志·坛庙》记载:"后令陆廷灿成之。"

与茶结缘

陆廷灿在平时的生活中，本来就对茶事有浓厚的兴趣，他本性嗜茶，有"茶仙"之称。到茶叶之乡崇安后，更让他有如鱼得水之感。崇安奇山异水，武夷山茶区方圆六十平方公里，有三十六峰，九十九岩，山山有岩，岩岩有茶，茶以岩名，岩以茶显，故名岩茶，武夷岩茶闻名遐迩。崇安自唐代已开始制茶，为上流社会馈赠珍品，宋代列为贡品，元代于武夷山九曲溪之四曲溪畔设置御茶园。明以后，茶农利用发酵技术，对武夷茶进行半发酵加工，制出的岩茶既有绿茶清香，又具有红茶的鲜强浓厚，还有兰花、桂花等花果芬芳幽香，还通过焙茶工艺使得茶汤有了熟汤熟味。比陆廷灿稍晚的著名文人、品茶家袁枚在上武夷山幔亭峰天游寺后，记录了品尝武夷岩茶的情景和特点："僧道争以茶献，杯小如胡桃，壶小如香橼，每斟无一两，上口不忍遽咽，先嗅其香，再试其味，徐徐咀嚼而体贴之，果然清芬扑鼻，舌有余甘。一杯以后，再试一二杯，令人释躁平矜，怡情悦性。始觉龙井虽清，而味薄矣；阳羡虽佳，而韵逊矣。颇有玉与水晶，品格不同之故。故武夷享天下盛名，真乃不忝，且可以瀹至三次，而其味犹未尽。"

陆廷灿到崇安后，深深地爱上了武夷岩茶。作为一位地方官，深知茶叶与当地经济和民生的密切关系。在从政之余，陆廷灿经常问及茶事。有《咏武夷茶》一首为证：

桑苎家传旧有经，弹琴喜傍武夷君。
轻涛松下烹溪月，含露梅边煮岭云。

醒睡功资宵判牒，清神雅助昼论文。

　　春雷催茁仙岩笋，雀舌龙团取次分。

　　从他的诗中可以看到，陆廷灿采取的是与民休息、刑简政轻的治县方针。他弹琴悦兴，批文判牒，幽游散步，品茗赏景，论文吟诗，举重若轻，极富才情，此诗后刻于"小郁林"石的背面，留传于今。

　　陆廷灿不仅对武夷岩茶高度评价和大力推介，还鼓励茶农对岩茶的加工技艺进行改革，使之更适合内地茶客的口味。之后，当地茶农对传统岩茶进行了改良。改良后的武夷岩茶，深得闽南及广州、潮汕茶人的青睐，三路茶商都大力推荐营销武夷岩茶，销量越来越大。17世纪远销西欧，蜚声四海，陆廷灿功不可没。

　　康熙六十一年（1722）任满，因他政绩显著，朝廷准备让其升迁，拟任候补主事，他却以"多病"婉辞，要求赋闲致仕，回故乡南翔，专心读书著述终老。鉴于陆廷灿的人品和政绩，崇安地方志将其列为"名贤"，称他"洁己爱民，旌别淑慝。尝与王草堂校订《武夷山志》，表彰往哲，刊播各集。每于公事入山，遇景题留，文章、经济兼而有之"(清董天工《武夷山志》)。陆廷灿也对崇安充满了感情，他的号"幔亭"，就取自崇安县内的胜景幔亭峰，说明他十分留恋崇安的山山水水。

著《续茶经》

　　陆廷灿到茶乡崇安任官后不久，就萌生了写一部茶叶专著的想法。在崇安的六年中，为撰写这部茶叶专著，他深入茶乡，做了大量的材料准备工作。他说："余性嗜茶，承乏崇安，适系武夷产茶之地。值制府满公，郑重进献，究悉源流，每以茶事下询，查阅诸书，于武夷之外，每多见闻，因思采集为《续茶经》之举。"为了深入了解茶文化，他走遍了武夷的山山水水，多次深入茶园茶农中，访问故老，掌握了采摘、蒸焙、试汤、候火之法，并逐渐得其精义，并从查阅的书籍中汲取大量有关各种茶叶的知识，同时整理出大量有关茶叶的文稿，开始着手编撰《续茶经》准备工作，赋闲后，他更专注于此书。他在《续茶经》中说"曩以簿书鞅掌，有志未遑。及蒙量移，奉文赴部，以多病家居，翻阅旧稿，不忍委弃，爱为序次第"。

"仙山仙令六年住"，故乡文友张揆方钦佩陆廷灿六年如一日的不懈坚持，以及他求真务实的科学精神，作诗《幔亭小照桐山以武夷山水补景》赞誉：

幔亭老仙今王乔，两脚鬼鸟超矜遥。
仙山仙令六年住，烂醉长生瘿木瓢。
归来载得郁林石，宾朋裙屐凇游邀。
桐山绘图笔傀儡，墨花怒卷闽海潮。
武夷山水插斗杓，洞中毛竹抽烟梢。
武夷仙人降恍惚，灵风神雨闻仙璈。
此中哭卧倘容我，脱去世故同逋逃。
高掷龙头九节杖，铁船峰顶看云涛。

雍正十二年（1734），这部草创于崇安任上，编定于归田后的著作杀青定稿，历时十余年，洋洋七万余字的《续茶经》终于付梓面世，由寿椿堂刊印。自唐至清，历时近千年，产茶之地、制茶之法以及烹煮器具都发生了巨大的变化。此书对唐以后的茶事史料收罗宏富，并进行考辨，虽名为"续"，实是一部完全独立的著作。陆羽的《茶经》为茶事的开山之作，但集大成者当属《续茶经》。《续茶经》的目录与《茶经》完全相同,全书分正文三卷、附录一卷,书前有黄叔琳所作的序,以及陆廷灿作凡例。陆羽《茶经》另列卷首。其目次也依照《茶经》,分为十目。上卷续《茶经》的一之源、二之具、三之造。中卷续《茶经》的四之器。下卷又分上中下,下卷之上续《茶经》的五之煮、六之饮;下卷之中续《茶经》的七之事、八之出;下卷之下续《茶经》的九之略、十之图。另以历代茶法作为附录。《续茶经》征引繁富,便于聚观,颇为实用,是继陆羽《茶经》之后,茶书中数据最丰富且最具系统之作品:全书排比有序,分类科学;搜集繁富,足资考定;保存遗佚,增广文献。《四库全书总目》称此书"一一订定补辑,颇切实用,而征引繁富",当为公允之论。

《续茶经》所采诸书,今大多已佚失,幸赖采录而得传见要义。陆廷灿编采也是按传统考据学做考信的,态度极为严谨。诸如于所引各书时,凡相同者不重复,凡议论各殊者,又都"两存之,以示论定",至于诗文及无关茶学本题的著述,虽名流大家也予以摒弃,"容俟另编,以为外集"。

《续茶经》具有划时代价值,对于我国茶艺、茶文化、茶经济的影响深远,特别是对具有武夷山独特自然环境的福建省茶业起到了推动作用。福建素有"茶树良种王国"之称,茶界流传着一种说法:"世界茶看中国,中国茶看福建,福建茶看闽北。"《续茶经》中很多地方都写了武夷山及周边的茶事、种茶情况、乌龙茶的制作技法、武夷茶的功效等等,为武夷山保存了大量稀见的茶文化史料。武夷人对陆廷灿无比感念崇敬,他们以陆廷灿为响亮的文化名片,还成立了"陆廷灿茶叶公司"。

陆廷灿是一位勤于著述的学者,除了《续茶经》外,还有《艺菊志》《南村随笔》两部重要著作,涉及不同的领域,具有不同的价值。他多才多艺,志趣风雅,博学多识,擅长诗文,著有

《松滋草》《闽游草》两种诗文集,但书已不传,今从《嘉定诗钞》《三槎风雅》等书中,仅辑得其诗作29首。

茶仙晚年

晚年的陆廷灿,其主要兴趣在编书和治园,显示出一个传统文人的本色。陆廷灿热心于整理地方文献,尤其重视嘉定先贤著作的整理出版。重订乡贤王彝、嘉定四先生及黄淳耀等人的诗文集。

陆廷灿在康熙三十九年(1700),出资重刻《王常宗集》,并为其写序,称"先生文章,原本六经,不逐时好,实为嘉邑文献之宗",加以推广介绍。

《嘉定四君集》是晚明时期,唐时升、娄坚、程嘉燧、李流芳等四位嘉定著名文人雅士的著作的合称,陆廷灿对四先生的诗文集"缺者补之,朽蠹者新之",精益求精,力臻于完善,并"重遵原本刻之"(陆廷灿《南村随笔》)。从康熙二十九年(1690)开始印制李流芳的《檀园集》,到康熙三十三年(1694),历时五年,才将唐时升的《三易集》、娄坚的《学古绪言》、程嘉燧的《松圆浪淘集》等陆续出齐,新一版的《嘉定四君集》终于完整地呈现于世人面前,陆廷灿为此出力出资,耗费了他大量心血。

至于对搜集、整理、出版抗清志士、著名文学家黄淳耀的著作,陆廷灿更是倾注了大量的心血。黄淳耀是陆廷灿十分敬仰的先贤,经"嘉定三屠"后,他的作品又大量佚失,存世仅十分之一左右。经黄淳耀弟子们不断搜集,终于辑成《陶庵集》十五卷,在陆廷灿的资助下,于康熙十五年(1676)得以付梓印行。

陆廷灿爱治园,父亲陆培远手中建"陶圃"。他遍觅千余罕见菊花的奇种,亲手种植,亲手管理,积累了丰富的实践经验,为编撰菊花的专著《艺菊志》，打下了良好的基础。

陆廷灿爱交友，他常以自己亲手培育的花卉作为礼品送人分享。

晚年的陆廷灿爱故乡，爱家园，过着宁静淡泊的生活，他曾有《感槎溪风景》诗一首，表达了心迹：

> 莫道江村无可夸，梁时白鹤汉时槎。
> 近来仙佛空陈迹，茆屋书声有几家。

陆廷灿逝世的年代无确切的记载，但至少应在雍正末年、乾隆初年。他的《南村随笔序》即写于雍正乙卯仲春，即雍正十三年（1735），说明此时他尚在世。此时应是七十几岁的老人了。

惊涛骇浪中的学术之舟

一

上世纪60年代中期,我在书店工作,天天从城中街的孩儿桥经过。孩儿桥南首,是一所有墙门的院落。岁月沧桑,风霜雪雨的侵蚀,使它的外观显得斑斑驳驳,十分陈旧,毫不起眼,当时它正充作居委会的托儿所。直至80年代,城市重新规划建设,这所旧房子在短短几天中就消失了。不久,我奉命参与编撰地方志书,参加一系列有关会议。在一次会议中,偶然得知这所熟悉的老房子原来就是清代学术大师、一代儒宗钱大昕的故居——"潜研堂",不禁大吃一惊。后来,听说潜研堂没有毁掉,而是迁到了位于嘉定西北的浏岛风景区内,又松了一口气,一直想再看一看潜研堂,苦于没有机会。

今年早春,因编写一本旅游书,才有机会到浏岛,重睹搬迁后的潜研堂。江南三月,莺飞草长,杂花生树,绿树芳草中的潜研堂修建得不错。只是由于周边环境的变化,潜研堂已失却了原有的神韵,不禁有点遗憾。我心目中的潜研堂应是在鳞次栉比的老房子中的一所普通的院落;应是文化古镇中一方散发着浓厚书卷气的绿洲;应是一艘承载着丰硕学术成果的方舟。

二

"弹丸城小只如乡,绕郭春流匹练光"(《潜研堂诗集·竹枝词》)。雍正六年(1728),钱大昕诞生于江南水乡小城嘉定西部望仙桥的一户耕读世家。祖父钱王炯、父亲钱桂发都是课徒为生的秀才。正由于他出生于"累世寒士"(《潜研堂文集·亡妻王恭人行述》)的家庭,使他从小立志苦读,以图改变自己的命运。17岁时他已考中秀才,但乡试时落榜。直到24岁时,乾隆皇帝首次南巡,江浙士子纷纷献赋进诗,钱大昕因诗赋入选,被特赐举人,授内阁中书。两年后,他又考中进士,先后在翰林院、詹事府任官,曾赴山东、浙江、湖南、河南为乡试官,又任广东学政。他在仕途上一帆风顺,而且前景十分看好。

然而,他的心目中自有一个永远无法排遣的学术情结。就在18岁那一年,他在嘉定东南40里的偏远小村坞城顾氏家坐馆,看到案头上的《资治通鉴》及不全的二十一史,从此"晨夕披览,始有尚论千古之志"(《钱辛楣先生年谱》)。22岁时,他以高才生被召入苏州紫阳书院就读。书院山长王峻,雍正进士,曾当过御史,为人抗上而有风骨,擅长书法,又精于史学,极为器重钱大昕。紫阳书院的学习生活,是他学术生涯的开端,几乎影响了他的一生。晚年的钱大昕曾在《汉书正误考》一文中说:"予之从事史学,由先生(王峻)进之也。"通籍后,钱大昕身在宦海,仍主张作吏不废著述。他回忆京都生涯时说:"在京都退食之暇,唯以经史自娱,讨论异同,贯串古今,丹黄不去手,既专心于著述。"(《潜研堂诗集序》)一旦登上学术之舟,钱大昕便成了终生不悔的水手。

三

钱大昕走上学术研究的道路,以及他学术思想的形成,有着深刻而特殊的时代背景。

钱大昕曾经做过诗人梦，他"自成童时，喜吟诗"（《潜研堂诗集序》）。他也有诗才，早年的诗天籁脱俗，怀人怀乡诗篇尤为出色，诗风模拟刘禹锡、白居易。紫阳书院山长、格调派诗人沈德潜赏识他的诗，曾将他的诗与王鸣盛、曹仁虎、王昶等人的诗作选编成一部《江左七子诗选》，加以揄扬。这部诗选不仅风行国内，还流传到日本，日本著名学者默真伽读了极为欣赏，曾赋诗七律三章，随商船寄赠钱大昕；当时的性灵派诗人袁枚也很赏识钱大昕的诗才，《潜研堂集》中保留着相当数量钱大昕与袁枚往来的诗文，就是重要的见证。

钱大昕很有可能成为一个著名的诗人，但是，钱大昕的时代不是诗的时代，清代最高统治者缺乏汉唐时期的开放和气度，加之文字狱盛行，当时钱名世、胡中藻等人皆以诗获罪，诗歌赖以生存和发展的文化生态环境不良。钱大昕年轻的诗歌翅膀被折断，"不得肆力于诗，年二十以后，颇有志经史之学"（《潜研堂诗集序》）。

钱大昕的一生在文字狱的惊涛骇浪中度过。在他 2 岁时，吕留良案爆发，在当时引起极大的反响和震动。陪伴钱大昕一生的是那个所谓"乾隆盛世"，那个爱吟几句诗、爱题几个字的乾隆皇帝，表面文采风流，其实深文周纳，多疑而小器，又好兴文字狱。乾隆一朝 60 年，发动了大小文字狱一百三十余次，平均每年两次，其酷其烈，堪称历史之最。这些文字狱矛头所指，首当其冲的是江南知识分子。重压之下，这个时代的学风终于发生了巨大的变化，一般读书人都埋首于八股文，其他学问都被称为"杂学"，而少有人问津。钱大昕作为有思想的知识分子，既不愿为八股"俗学"，又不可能做"经世致用"的"实学"，只好在古代经典的考据中寻求他的精神寄托，在灿烂的汉族文化遗产中找到他的精神慰藉。于是，钱大昕登上了学术研究的夜航船，在浪急风高中寻找彼岸。

四

钱大昕精深的学养,爱才如命的胸怀,以及非同寻常的涵养,都是别人无法企及的。

乾隆十九年(1754),安徽休宁学者戴震,因遭到同族豪强的陷害,从安徽逃到北京,穷愁潦倒,困居于歙县公馆,一日三餐难以为继,不但不为人们所知,而且被人们嘲为"狂生"。这时戴震已33岁,而钱大昕才27岁,刚中进士,在翰林院任庶吉士。戴震带着自己的著作去拜访钱大昕,两人学问相近,气味相投,一见如故,整整谈了一天,从此定交。辞别时,钱大昕送客人到大门口,一直到戴震离去,叹息说:"真是天下奇才啊!"第二天,他就将戴震来访的情形告诉了刑部尚书秦蕙田,秦蕙田听了十分高兴,不以大官自居,驾车拜访戴震,又邀请他住到自己家里。秦蕙田、钱大昕还介绍戴震到吏部尚书王安国家当塾师。在钱大昕的热情引荐下,当时的新科进士王昶、王鸣盛、纪晓岚、朱筠等,也都与戴震结友。在钱大昕的推崇下,戴震终于脱颖而出,成为"声重京师"(段玉裁《戴东原先生年谱》)的大学者。

戴震尽管感谢钱大昕,在学问上却不买钱大昕的账。他曾对人说:"当代学者,吾以晓徵(钱大昕字)为第二人。"自己则以第一人自居。对此,钱大昕淡然一笑,他无意去争第一第二。若比较两人,戴震以经学为宗,治学范围较窄,钱大昕则博综群籍,学究天下,治学范围全面。后人的评说也许更加客观,著名学者陈寅恪曾称钱大昕"为清代史学第一人矣"(《金明馆丛稿第二本》)。钱大昕一以贯之,对戴震抱着十分友善的态度。戴震死后,钱大昕亲自为他写了《戴先生震传》,文章客观地阐述了戴震在学术上的多方面成就,并给予高度评价,显示出钱大昕宽广的胸怀。

钱大昕一生的经历缺乏传奇色彩，他的为人处世也无幽默感，这些都影响了他在民间的知名度。

钱大昕的同科进士纪晓岚，以其学识才华，曾与钱大昕并称为"北纪南钱"。纪晓岚总纂了《四库全书》，又有一部笔记小说《阅微草堂笔记》传世，为人更是诙谐幽默，加之他宦海浮沉的经历，以及他与乾隆皇帝的种种轶闻趣事，使他的事迹广为传播，几乎人人皆知。纪、钱的声名对照比较，反差甚大。

钱大昕当时的影响主要在学术圈内，在师友学生之间。师长辈中，有王峻、沈德潜、惠栋、沈彤、袁枚、黄叔琳、秦蕙田等人；同学朋友辈中，有王鸣盛、曹仁虎、王昶、戴震、纪晓岚、朱筠、翟灏、阮元、翁方纲等人；学生辈中，有邵晋藩、李文藻、李锐、焦循、孙星衍、段玉裁等人。这张名单几乎囊括了乾嘉学派的全部精英。钱大昕在嘉定、苏州及北京的家，成为学术活动的沙龙，学术研究的方舟。这里往来无白丁，谈笑有鸿儒。可以想见，此时的钱大昕口吐锦绣，激扬文字，不愧为学术之舟上的一位班头。

五

嘉定素有江南人文渊薮的美誉。一方水土养一方人，嘉定的水土涵养了钱大昕独特的精神和气质。嘉定前辈文人的人格和风格也深深影响了他。

钱大昕诞生前83年，嘉定曾发生过震惊海内外的"嘉定三屠"，侯峒曾、黄淳耀领导的抗清斗争事迹，钱大昕从小耳濡目染，深受感动。钱大昕十分钦佩侯、黄两先生，尤其仰慕黄淳耀的学问和人格。他在《黄忠节公年谱序》一文中说："古人称三不朽，始于立德，终于立言，吾乡黄忠节公则兼而有之。"谓其"海内师之"。翻翻《潜研堂集》，有数篇直接颂扬侯、黄的文章，如《记侯黄两忠节公事》文，实际上是一篇嘉定屠城惨史的实录。篇中称嘉定的抗清民众为"义师"，称赞他们"奋勇向前""视死如归"；同时，直书清军的残暴，记述了令人发指的屠城经过。钱大昕缅怀先烈，以嘉定人记嘉定事，给后人留下了一篇记述嘉定屠城的信史。尽管当时清廷出于巩固自身统治的需要，已表彰侯、黄等抗清志士，但撰写这类文章，其风险之大，仍不言而喻。更难能可贵的是，他不顾禁忌，甘冒时讳，把这篇含有明显反清倾向的文章编入《潜研堂集》，他的过人胆识和担当，令人咋舌。

钱大昕的《黄陶庵像赞》全文如下："公之文章，青天白日。公之心地，寒冰颢月。壁立万仞，发引千钧。渊乎有得，蔼乎可亲。成仁取义，行所无事。儒者之勇，可师百世。"全文共12句，48个字，高度浓缩了黄淳耀的高洁的文品、人品，以及他对后代的榜样示范作用；在另一篇短文《跋黄陶庵札》一文中写道："黄忠节公，文章节义，彪炳两间。"对黄淳耀的道德文章推崇备至。

钱大昕诞生前一个世纪，科学之光曾在嘉定上空徘徊。晚明"西学东渐"中，嘉定曾是一个十分活跃的地区。嘉定举人孙元化师从利玛窦、徐光启学习西方科学知识，西方传教士毕方济、费奇观、郭居静等人在嘉定一边传教，一边传播科学知识，在嘉定知识界发生了深远的影响。目光如炬的钱大昕接受了这份遗产。

钱大昕看到了中国传统文化的落后面，说："中法之绌于欧罗巴也，由于儒者之不知数也。中士之善于数者，儒家辄訾为小技，舍九章而演先天，支离附会，无益实用。"（《潜研堂文集·赠谈阶平序》）他清醒地看到西方国家的自然科学远远超过中国，主张中国知识分子应普遍地学习数学和自然科学。他身体力行，考证过《数学九章》，研究天文、历法的得失，在这个领域内达到了领先水平。记载科学家传略的《畴人传》一书中，说他"古九章算术，迄今中西历法,无不了如指掌,其是非疑似,人不能明断当否者,皆确有定见"。是钱大昕思想超前,还是国人尚在酣睡中?茫茫长夜中,钱大昕的呼喊并未惊醒世人,他们仍然做着天朝夜郎自大的温馨之梦,直至又一个百年,鸦片战争爆发。

"绿树依微绣幕园,平桥细雨正霏霏。"(《潜研堂诗集·竹枝词》)乾隆十七年(1752)阳春三月,年仅25岁的钱大昕怀着远大的抱负,离开风轻水秀的江南故土,从练祁河乘舟北上,到北京任职,开始了他从政治学的生涯。

15年过去了,正是乾隆三十二年(1767),他的相濡以沫的爱妻王顺瑛病故,自己也大病初愈,身心憔悴;那令人不寒而栗的文字狱,官场内无休止的倾轧争斗,使他产生了"归田之志"。这一年的秋天,他"以病乞假",买舟南下,冬至后终于回到了温馨的故土嘉定。嘉定的一草一木,对他来说,无不充满着鱼依于水、鸟恋于林的感情。他在嘉定城中小囡桥南购置了一所住宅。这是一所普通的宅院,与他在望仙桥那"三椽老屋藓花斑""数亩清荫落照斜"的故宅十分相似。他喜爱这种情调。宅院后有一片空地,他与家丁凿池、莳花、种竹,乐此不疲。他名这所住宅为"潜研",表明他抛却俗世烦恼,潜心研究学术的心迹。他在潜研堂内将平时搜集的各种史料一一读之,参阅相关的金石碑刻文字,开始了构筑学术巨著的奠基工作。两年过去了,在父亲的一再催促下,他不得不在乾隆三十四年(1769)再度入都复官。

又是6年,他的父亲逝世,由于悲伤和过于劳心,他已"髭须尽白"。此时,他正任广东学政,这是一个显赫而风光的职务,他得讯后立即交出大印,回嘉定奔丧。他决定不再出山,以学术和讲学终其余生。这一年是乾隆四十年(1775),他48岁。潜研堂,这艘学术之舟正扬帆待发,《廿二史考异》《十驾斋养新录》……代表乾嘉学派最高水准的学术巨著已呼之欲出。

走笔至此，我又想到潜研堂在浏岛是否太寂寞了，迁回嘉定城中还有可能吗？转而一想，潜研堂已成为教化嘉定的象征物，它在何处其实已不太重要。钱大昕的名字以及他的著作本身就是一座不朽的丰碑，他的著作已成为引导后学到达理想彼岸的方舟，他的精神之火将永不熄灭。正如他的学生、文字学大师段玉裁所言，钱大昕的著作必将"传而能久，久而愈著"。

一官唯养志，书生报国心

2006年，是徐鼎康先生诞生130周年。徐鼎康，这个姓名没有几个人知道，就是他的故乡嘉定人也都很生疏，各种史书上也极少提到他，人们似乎疏忽了他。从历史的角度看，作为嘉定的乡贤，作为江苏的一位好官、清官，徐鼎康是值得研究、应当关注的人物。

徐鼎康，字锡丞，清光绪二年（1876）生于江南历史文化名城嘉定一户诗礼传家的望族。叔祖父徐郙为清同治状元。父亲徐致祥是咸丰会元。徐致祥官至兵部侍郎、安徽学政，提携过不少人才。"廉介为世所称。"（徐鼎康《家庭杂忆》）他直言上书，甚至敢于顶抗不可一世的慈禧太后。出身于文化世家的徐鼎康，从小受到严格良好的传统教育，徐致祥清介的操守对徐鼎康有深刻的影响。

徐鼎康年幼时尽管聪颖，但由于体弱多病，曾一度辍学，直至14岁时，他随父亲在北京读书，始知埋头苦读，后学业大进。此时他已能作比较像样的诗文了。

光绪十六年（1890）夏季，京师连日暴雨不止，永定河决口，京畿告急，徐致祥与一批官员发起集资一万数千两银子赈灾。徐致祥要14岁的徐鼎康一起参加赈灾活动，以培养他关怀民生疾苦的道德情操，历练他的办事才干。

徐鼎康负责丰台县十几个村子的救济事务，当地"村民衣食赖以粗给，全活无算"（徐鼎康《家庭杂忆》），徐鼎康体验了底层社会的困苦艰辛，也尝到了帮助他人的快乐。但由于他首次参与社会活动，经验不足，在赈灾账本中漏记了不少费用，致使账目不平，最后不得不请他母亲从家中拿出银两，填补空缺。

经过一年的赈灾活动，夏舟冬马，烈日严风，徐鼎康不仅更直接地体会到百姓的甘苦，也锻炼出自己强壮的筋骨，更使他看到水的利和害，以及水与百姓的密切关系，产生了浓厚的"治水情结"，他一生都与水利结下了不解之缘。

作为科举名人的后代，徐鼎康却没有祖辈、父辈的那种机会，他的科举道路颇为坎坷，多次参加科举考试都名落孙山。值得庆幸的是他赶上科举衰败的时代，他的家庭背景决定了他与上层政界千丝万缕的关系。光绪二十八年（1902），北洋大臣袁世凯任命徐鼎康为保定工、巡两局督办，27岁的徐鼎康开始了仕途生涯。

建设新式警校

20世纪初，中国正进入社会转型的加速期。为了顺应历史潮流，清政府加快了立宪的步伐，作为配套工程，社会需要大批的新式警力维持治安。创办新式的巡警学堂，培养和提供现代警察人才，是重要的保障举措。

徐鼎康担任北洋巡警学堂总督办时，正值警校初创时期，学校规模小，"生徒人数过少，学期过短，仅一年速成科"（徐鼎康《家庭杂忆》），不能培育合格的警察人才。徐鼎康走马上任后，立刻上书袁世凯，要求择地重建警校，得到了袁世凯的鼎力支持。警校规模被扩大，还编制了新式的教材，延聘出洋留学的新式教师，延长学制为三年，扩大招生名额至二百几十名。北洋巡警学堂办出了名气，各省纷纷派员来校学习，或延聘警校毕业生为警政指导师。于是，北洋巡警学堂成为当时的名校，徐鼎康的名声也开始响亮起来。徐鼎康对建设现代巡警制度作出了重要的贡献，成为开风气之先的人物。

参与东北开发

清王朝入主中原后,东三省作为"龙兴之地"长期处于封闭状态,地广人稀,几乎与外界隔绝。至清末,日本、沙俄等帝国主义列强染指东三省,东北大地处于危机之中。在有识之士的呼吁下,开发东三省作为一项强国战略被提到议事日程上来了。

光绪三十三年(1907),奉天、吉林、黑龙江改建行省,徐世昌任东三省总督。吉林巡抚朱家宝奏调人才,朱家宝赏识徐鼎康的才华,徐鼎康榜上有名。是年11月,徐鼎康冒雪出关,担任吉林劝业道首任道员,成为正二品的官员。

劝业道的主要职能是管理本省的实业,包括农、工、商、矿、林业、水陆路交通、邮政等事宜。吉林劝业道是吉林省的直属机构,同时接受中央农工商部、邮传部的业务指导。从管理学校到从事实业,对徐鼎康来说是一个全新的课题。徐鼎康任劝业道员期间,曾创办了农事实验场、山蚕局、湖蚕局、林业局、清理放荒局、官轮局、实习工厂、电灯厂等一系列企事业单位,积极从事吉林的实业开发。

值得一提的是徐鼎康创办的官轮局维护了国家的主权。松花江本是中国的内河,清初,清政府曾与俄国签订了准许俄国通航的条约,俄国乘机将松花江的航行权占为己有。徐鼎康设立官轮局后,造了三艘轮船,在松花江内开展中国自己的运驶贸易,俄国驻吉林领事曾多次找到徐鼎康,以中国轮船运驶对俄商不利为理由,要求中方停止轮船运驶,遭到徐鼎康的严词拒绝,他正告俄国领事:"此系我国应办之事,非外国人所得干涉!"徐鼎康后在《家庭杂忆》中自豪地写道:"国旗飞扬于江之上下游矣,惜前此二百余年边吏无敢与之抗者!"之后,徐鼎康又担任过吉林交涉使、吉林巡警道、吉林度支使等官职。

辛亥革命后,鉴于徐鼎康开拓实业的政绩,以及他维护祖国主权的爱国行为,他仍被任命为吉林民政使,后改任吉林省内务司司长。

在东北期间,徐鼎康与同在东北为官的韩国钧(韩紫石)引为知己,两人辗转南北,意气相投,结下了深厚的友谊。

为官一任 造福一方

1914年,徐鼎康改任安徽省安庆道尹。民国初期,改革官制,各省设三名道尹,每个道尹管理十几个县。徐鼎康所任的安庆道尹,领16个县。在安庆道尹任上,徐鼎康经常到各县微服私访,详察风土人情。他从不摆道尹的官架子,与"官民相见以诚"(徐鼎康《家庭杂忆》)。他敢于碰硬。合肥民团素称强悍,成为地方一霸。有个姓程的团总以私嫌杀人,却逍遥法外。徐鼎康决定杀一儆百,为民除害,他按"杀人偿命"的法律条文,对凶手予以严惩。各乡团首领看到徐鼎康动了真格,从此再也不敢为非作歹,辖区内社会秩序因此得以清静安宁,安庆百姓都十分敬仰徐鼎康。

徐鼎康十分重视地方水利工程。徐鼎康所管辖的各县,大都为滨河之地,地势较低,兴修水利至关紧要。每至冬季农闲之际,徐鼎康必定命令各县对圩田加培高厚,为了保证工程质量,他亲自上阵督工,历经五年,没有出现过冲垮圩堤的情况。桐城、舒城这两个最容易发生水患的地方也得到了改善。徐鼎康治水的经验和业绩受到社会各界的关注和好评。

徐鼎康还曾经担任过江苏省金陵道尹。1926年底,在兵荒马乱之际，为顾及地方秩序安宁，徐鼎康接受了孙传芳委以江苏省长的任命。三个月后，当北伐军逼近南京时，孙传芳兵败撤军，徐鼎康在得到败军头领"撤军不骚扰百姓"的承诺后，自认"维持之责已尽"，离开南京，寓居上海。

徐鼎康的后半生，几乎都以治水为业。由于自然条件的变化以及时局动荡，水利失修，此时正是黄淮洪水暴虐、水患最为严重的时期，历经1921年、1931年、1935年的大水，江北运河或因黄淮肆虐，洪水入江入海宣泄不畅，或因长江泛滥，江水顶托倒灌，致河防迭遭险厄，无处不危，每至开启高邮归海各坝，运东里下河地区即沦为泽国，造成毁灭性的灾难。江北运河段的治理是治理黄淮水患的关键。1919年，北京政府特派张謇督办江苏运河工程，并以韩国钧为会办。张謇、韩国钧正忙于从事地方实业，不能经常驻局办公。在他们的建议下，特设参赞一员，并决定延请有着丰富治水经验的徐鼎康担任此职。徐鼎康欣然应邀来到江苏，担任江北运河工程局参赞，积极协助张謇、韩国钧进行运河整治及水利建设。从1920年至1938年，整整十八年，徐鼎康与运河工程相始终，兢兢业业、务实苦干，直至最后死于治水任上。

作为一名知识型的官员，徐鼎康一生最值得称道的是他的爱国情怀和清廉操守。据徐鼎康的儿子徐铮寿回忆，1937年南京沦陷后，他忧愤交加，继续主持苏北运河工局工作，专心治水。此时，苏州维持伪政府企图利用徐鼎康的名声，派人来与徐鼎康商议，徐鼎康拒而不见，并写下了"不做汉奸"四字，放在玻璃板下以明爱国心志。

徐鼎康一生清廉，为官数十年，而囊橐萧然，特别是在上海赋闲期间，只得靠变卖祖传良田、文物度日。1938年10月，贫病交加的徐鼎康死于江都小纪镇，竟无以为殓。幸有友人及早年佣人凑钱五百金置棺入殓。

徐鼎康的诗句"一官唯养志""书生报国心",正是他人生的写照。

治水、爱国、清廉则是他留给后人的宝贵遗产。

徐鼎康所处的时代是一个充满忧患的时代,山河破碎,军阀混战,政治腐败,民不聊生。由于家庭教育和传统文化的影响,他有一种积极入世的精神,想为地方、百姓做一番事业。是袁世凯发现了他的才华,并提携了他,把他引入仕途,他在《家庭杂忆》中曾多次提及此事。他对国民政府的叶楚伧、顾祝同等人,也有知遇之恩。人不可能脱离他的时代,人都有时代的局限性,徐鼎康也只能按那个时代的行为规范办事,我们在研究徐鼎康时,也应当注意到这一点。

本色是诗人

徐鼎康是一位诗人,他幼承庭训,诗教是他家庭教育的重要组成部分,他的父亲徐致祥也是一位诗人,有《姑妄存之诗稿》传世。在父亲的熏陶下,他从小就十分喜爱诗词,成年后,在读书工作之余,不废作诗填词。他留下了诗稿《秋根词钞》和《秋根诗钞》。词集《秋根词钞》有词四十余首,诗集《秋根诗钞》有诗近三百首,这仅仅是他全部诗作中的一部分。他的诗友韩国钧称他的诗是"格老气苍""大气磅礴"之作,读他的诗作,你就可以感受到他那颗跳跃着的爱国爱民的赤子之心。

徐鼎康的诗中,有相当一部分为爱国主义篇章。他的《黄天荡怀古》一诗,歌颂了宋金对峙时期,韩世忠、梁红玉夫妇抗金的英勇业绩,谴责了南宋王朝的苟且偷安、不思进取,批判了卖国求荣的汉族知识分子,对30年代的社会现实不啻一个辛辣的讽刺：

> 背嵬精锐八千兵，天与长江一堑横。
> 不世功应归女子，乃公事竟误书生。
> 西流潮汐同遗恨，南渡夫妻有重名。
> 匪是武官多怕死，君王无意复神京。

1933年5月，在中国共产党党员吉鸿昌、宣侠父的影响和推动下，国民党中的主战派将领冯玉祥、方振武等人组成了察哈尔民众抗日同盟军，迎击日伪军，连克康宝、宝昌、沽源等城。7月，收复塞北重镇多伦，将日伪军赶出察哈尔省。但由于国民政府破坏抗日同盟军，以十五万的兵力与日军联合夹击抗日同盟军，冯玉祥被迫下野，去泰山隐居，抗日同盟军惨遭失败。徐鼎康知道这个消息后，悲愤地写下了《塞北》一诗：

> 皇皇停战令，塞北义旗新。
> 大树名犹重，长城迹已陈。
> 有援连上谷，无措失多伦。
> 粟尽饥鸟合，途穷病马呻。

诗言志，从字里行间可以看出他对民国政府推行的不抵抗政策的极端不满，愤懑之情，溢于言表。

此外，他还有不少关心民生疾苦、治理水患的诗作，如《散振归而感作》《闻北邮召开决堤感作》《中秋闻中运河决》等等。在《省主席见招偕沈豹君赴镇江作》一诗中，可以看到他那颗忧国忧民的诗心跃然纸上：

江淮惊巨浸，泽国叹其鱼。

心岂忘饥溺，身遑问启居。

类似的诗篇还有很多，不及一一列举。

徐鼎康的许多重要史料尚有待发掘整理，如他的日记，内容十分丰富，但至今还沉睡在私人手中，其他背景资料也有待整理。只有在占有了大量翔实的史料后，才能对徐鼎康作出更为深入、详尽的研究。

顾维钧的乡土情结

顾维钧一生眷恋故土嘉定。尽管他出生于上海市区,然而他的根——祖居、宗祠及坟茔均在嘉定,嘉定是他的魂萦梦系之地。担任民国要职后的顾维钧曾多次到嘉定探亲、扫墓。

据有关史料记载,顾维钧第一次到嘉定是1925年11月14日,他带着顾德昌、顾菊珍这对未满10岁的儿女,为夫人唐宝玥营葬。唐宝玥是他的爱妻,1918年10月患上可怕的流感,死于美国华盛顿。唐宝玥的灵柩运回国内,在嘉定西门外的顾氏宗祠内暂厝。死者终应入土为安,唐宝玥葬于嘉定马陆斜泾顾氏墓地。这次营葬活动极为隆重,前后三天,《申报》记载了当时的盛况:"连日远来吊客,闻风毕集,各界路祭,典仪极盛。"

顾维钧第二次到嘉定是1935年12月。当时正值他回国述职闲暇之际,适逢他大哥顾维新逝世。顾维钧亲自回嘉定为顾维新料理丧事。

顾维钧第三次,也是最后一次到嘉定,是1946年5月。这次活动,他详细地载入了日记。这天早上8点30分,他就到了嘉定,先"扫祖母邹氏坟",又到马陆斜泾祭扫了父母及亡妻唐宝玥的坟。他还到嘉定西门看了顾氏宗祠,顾氏宗祠为顾维钧父亲顾溶所建,顾溶曾任苏松太兵备道财政主管、广东驻沪官银号总办、大清邮传部上海交通银行总裁等要职,官至从一品,晚年捐田2320亩,建"顾氏承裕义庄",内设宗祠,用于祭祖、议事、赈济等,是西门外一所规模宏大的建筑。顾维钧眼前的这所宗祠,"经敌伪拆毁,仅存梁桷、大殿,大部分房屋仅存瓦砾而已,凄惨之状想见,当初经营之辛苦全付东流"。他对日本侵略军的暴行极度愤慨,对顾氏家祠的毁坏痛心疾首。这天中午,顾维钧在嘉丰棉纺厂用餐,"午馔美,参观厂内条理井然,女工精神亦佳"。抗战胜利后,故乡的民族工业得到了恢复和发展,他似乎看到了一丝希望。然而不久,内战爆发,他远渡重洋,从此再也没有回来。

顾维钧晚年定居美国,他的思乡之情更甚更浓。

1971年,中国恢复了在联合国的合法席位。就在中国代表团赴纽约前夕,毛泽东向代表团随员章含之说,他对顾维钧的外交才华很有好感,并指示章含之要为顾维钧带去问候和礼品,还邀请顾维钧在他方便时访问北京。到美国后,章含之在顾维钧长女顾菊珍陪同下见到了顾维钧,向他转达了毛泽东的亲切问候,并送上毛泽东的礼物。顾维钧非常激动,表示感谢,还说很想回祖国看看,到家乡走走。后因种种原因未能成行,但终究是一段佳话。

1979年,中国的国门开始对外开放。顾维钧妻子的外甥女徐景灿等也来到美国,顾维钧见了面就问:"你去过嘉定吗?"凡是上海去的客人,他都要问去过嘉定没有。据徐景灿回忆,说起嘉定,顾维钧还精神振奋地拿起笔,随手翻出一张稿笺,画起嘉定地图,先画塔,那塔身是几个叠起的长方形,虽然不太规范,却很有神韵,然后又画了一条东西长街,在古塔附近写上"孔庙",在街的西端写上"西门",注明他的家就在西门。至今,在嘉定西门还有"顾家祠堂"及"顾氏祖居"的遗址。

晚年顾维钧经常想起家乡的塌棵菜。据他的厨师回忆,每年初冬,顾维钧就会念叨着嘉定的塌棵菜,他说,晋代的江南人张翰有"莼鲈之思",我却对故乡的塌棵菜情有独钟,菜叶墨绿,又大又肥又厚,可爱极了,炒出来就吃,更是一道绝顶的美味。嘉定侨联知情后,曾托人给他带去了塌棵菜的种子,让它能在异国他乡生长,以遂顾维钧的心愿。然而,由于气候、土壤及栽培技术等原因未能成功。

顾维钧绘画、书法也有功底。他善画牡丹、梅、兰、竹、菊,还为嘉定博物馆题写了杜甫诗句"露从今夜白,月是故乡明"的条幅,显示出他浓醇的思乡之情。

1984年,97岁高龄的顾维钧忽然想到了死。他虽定居美国已数十年,但一直未加入美国国籍。他还专门嘱托国内的亲戚为其在上海做了整套的寿衣带回美国,以显示自己是一个中国人。

顾维钧逝世后,他的家属向嘉定博物馆捐赠了二百余件遗物。嘉定区人民政府在城中法华塔院内辟专室,筹办了"中国近代著名外交家顾维钧生平事迹展览",永久性地展示他的生平事迹以及他的珍贵照片、手迹和遗物。

无瑕人生

我一口气读完《嘉定名医葛成慧》，掩卷后感慨万千，竟日不能自制，往事涌上心头，一幕一幕浮现在眼前……

57年前，一位母亲难产，母子生命都危在旦夕。那时的嘉定，莫说农村，就是城里的许多人家接生都由"老娘"（接生婆）来完成。接生婆面对痛不欲生的孕妇，束手无策，情急中，丈夫想起了刚从重庆到嘉定的"洋医生"葛成慧。"对，快去叫葛成慧！"13岁的大女儿乘上黄包车心急火燎地去请葛医生。

葛医生二话没说，立即登上黄包车赶到孕妇家。顷刻间，一双灵巧的手将母子从死亡线上拉了回来。这位孕妇就是我的母亲，婴儿就是我。刚懂事时，母亲总是絮絮叨叨地说："是葛医生救了我母子俩。"这样的事例何止成百上千，也许葛医生本人早就忘记了。

上世纪60年代中期，我在地处州桥北堍的新华书店工作。离州桥百米处的塔厅书场东首，是规模不大、设备简陋的城厢镇卫生院，葛成慧就在那里坐诊。我经常看到她清瘦、整洁的身影，戴着金丝边眼镜，手里拎着一只皮包，穿着皮鞋（当时像她这代嘉定人中，极少穿皮鞋的），沉默寡言又彬彬有礼。我曾多次到城厢镇卫生院看病，由于年龄悬殊，加之自己性格内向，终于没有勇气与她交流，也失去了感谢她的机会。

也许是独身的缘故，常常可以看到她独自一人光顾州桥饭店，一般就叫一碗小馄饨，慢慢品尝，吃完后，优雅地从包里取出一张白纸，擦擦嘴唇和手指，然后扔到垃圾桶里。这在当时的嘉定人中是少见的,也许是她在美国留学时养成的习惯,她的优雅和教养是在骨子里的。

在滴水成冰的1968年严冬,传来了她被"隔离"的消息。一天,一位"根正苗红"的同学自豪而神秘兮兮地告诉我:"你知道吗?领导叫我'看牛'(即所谓牛鬼蛇神),她叫葛成慧,真不简单,是蒋介石、宋美龄的朋友,家里搜出了特务工具发报机(事实上是一支普通的测电笔)。"我吃了一惊,将信将疑,葛成慧这个老太太有这么厉害吗?之后,自然很关心此事的结果。两年后,却传来了她在隔离室自缢身亡的消息。一个耄耋老人,为了证明自己的清白无辜,而选择了自杀,真可谓宁为玉碎,不为瓦全,士穷而见气节。

葛成慧的名字,对不满40岁的嘉定人来说已是十分陌生,她是嘉定妇女解放的先驱,是嘉定最早向西方寻找真理的仁人志士之一,也是嘉定最早出洋留学的女博士之一。《嘉定名医葛成慧》一书的"一生琐记"篇,是她的自述,浓缩了她的一生。这篇自述文字平静、翔实、坦然,娓娓道来,满纸真实。无法想象这是她身陷囹圄中的绝笔。《一生琐记》是葛成慧先生无瑕人生的真实记录。我确信,它有理由成为那个年代最珍贵的文献传予后人,而无数被葛成慧治愈的病人,就是她无瑕人生的明证。

故乡情

一夜秋风秋雨大作，落英遍地。清晨打开电脑一看，一行粗大的黑体字分外刺眼："经济学家于光远逝世"，不禁惊愕，定睛看了数遍，一声长叹：先生终于驾鹤西行了。慌乱中，翻开先生送给我的《"文革"中的我》，书中还夹着他写给我的几封信，信写得随意挥洒，娓娓道来，勾起了历历在目的往事。

认识于先生是因书结缘。"文革"前夕，我不知搭错了哪根筋，对政治经济学产生了兴趣，先是在旧书店购买了一册由姚耐主编的《政治经济学》(社会主义部分)，看得一知半解，囫囵吞枣，犹感不足，后又买了于光远的《政治经济学》(资本主义部分)。政治经济学很深，不易学，又比较枯燥，没有老师指导难入堂奥，终于半途而废，但也使我对经济学家更加崇敬，从此也记住了先生的名字。

上世纪80年代，在报章上经常可以看到于先生的名字，他在思想解放的春潮中奔走呼号，啼鹃滴血，影响了一代人。到了80年代末，一番风雨后，他落落孤寂，回归书房，更加勤奋地写作。也许是人至晚境，便有了寻根的念头，想与故乡人联系，经他在京的同乡好友葛一虹先生介绍，与我取得了联系，没想到于先生竟是吾伲嘉定人！从此，我们开始了时断时续的通信联系。

先生耳背，无法打电话，写信成为我们交流唯一的途径。根据他的要求，我陆续为他寄去了一批嘉定地方文献。他也常惠赠新出版的书籍给我。在他的热情鼓励下，我鼓起勇气，将自己的部分散文随笔汇集成一册，取名《疁城漫笔》，准备付梓出版，他得知后十分高兴，横的、竖的，为我写了好几张题签。又在他的激励下，我重新拾起经济学的书，参加经济师的职称考试，圆了少年时代的梦；还是在他的指点下，我通读了《资本论》，这对锤炼我的思维和写作，有很大的帮助。

先生有浓厚的故乡情结，他曾来信要我查南翔郁家祠堂，说他本姓郁，于光远是参加革命后才取的名字，这是他的家祠，小时候冬春二祭，没少去过。郁氏是嘉定望族，后来又成为上海滩"朱、郁、王、沈"四大沙船巨贾之一，富甲一方，有"郁半城"之称。1937年"八一三"淞沪抗战爆发，他正在延安，曾看到日军占领郁家祠堂的电讯，侵略者亵渎郁氏故园，使他感到震惊和愤怒，如今不知郁家祠堂安在？为了回答他，我专程去南翔，在一位老人的指点下找到郁家祠堂旧址，就在南翔火车站一华里处，一眼望去，只见千亩绿畴，郁家祠堂早就毁于日机轰炸，已经灰飞烟灭。我回信告知于先生后，他很失望，说今后有机会能看看遗址也好。

不久，机会来了，于先生的故里封浜镇编成了《封浜志》，想求他题签，镇政府托人找到我，要我介绍关系，联系于先生。他很快就寄来了题签和弁言。在封浜镇政府的盛情邀请下，于先生终于了却了还乡的心愿。

进入2000年后，他的信来得少了，也写得短了，但每年岁末，总能收到他用电脑打印的"贺年信"，报告一年的身体状况和写作成果。近几年的来信中，他更加想念故乡，称嘉定是他的"血地"，爱用作家孙犁的两句诗"梦中每迷还乡路，愈知晚途念桑梓"。他关心乡邦文献的整理，常念叨他任首席顾问的"嘉定文化丛书"的出版进展。

我与于先生仅见过一面。记得是2009年初夏，先生已从史家胡同迁至广渠门外新居，我随嘉定区档案局领导拜访他。知道我们到来,他十分高兴,早早起来坐在轮椅上等候我们。他精神矍铄,谈笑风生,喜称同行的沈越岭是"翻山越岭",称陈启宇是"启迪宇宙"。临别时特意叮嘱我,如果编修嘉定区志,不要忘了一个重要人物戴中宸(黄葳),她也是嘉定人,又是于先生的清华同学、战友,女中豪杰,欧阳钦(曾任东北局第一书记)夫人。

先生走了,哲人其萎,云山苍苍,江水泱泱,先生之风,山高水长。

桂叶草堂的怀念

燠热的暑天刚刚过去,就下了几场透雨,空气凉丝丝的。桂花绽出了花蕾,烂烂漫漫地开了起来,氤氲着令人醉心的馨香。晚上收看电视时,突然看到杜宣先生病逝的消息。早就听说他体衰多病,近年来常住院,但还是让我震愕了。悲痛之余,不禁回忆起与先生交往的一幕幕……

上世纪90年代初,嘉定县筹建文联,我奉命与杜宣先生联系,请他来嘉定参加成立大会。杜宣先生是著名的诗人、散文家、戏剧家,我在上初中时期就读过他的作品,那诗意而又优美的文笔像魔力一样吸引了我,使我生出十分的敬意和崇拜。他日常事务繁忙,又在辛勤地笔耕,不知他能否接受嘉定的邀请?考虑到兹事重大,我通过上海市文化局熟人姚征人老师打听杜宣先生的住址,并与他约定了见面的时间。

那一天,我怀着忐忑不安的心情,摸到了杜宣先生的寓所,他家在泰安路一所老花园房里。先生正在家中等我。先生衣着整洁,神采奕奕,思维敏捷,声若洪钟,从骨子里透出文化人的气息,看不出他已是七十多岁的老人。我送上请帖,他随手放到书桌上,书桌的台历上醒目地写着:"今日嘉定来人。"可见他办事十分认真。他一边招呼我,一边让他夫人叶露茜老师给我倒茶,十分爽快地说:"成立嘉定文联是好事,我一定前来祝贺。"那天上午,他还要参加一个会议,我们未能多谈,就匆匆告别。后来,他果然践约参加了嘉定文联的成立大会,并在会上作了热情洋溢的讲话。

此后，我算认识了杜宣先生。偶尔我也会去信向他请教一些问题，或送上自己不成熟的作品，请他过目，先生有问必答，不厌其烦，对我鼓励有加。逢年过节，曾多次收到他的贺年卡。顾虑他年事已高，且仍在勤奋地笔耕，不忍多打扰他，后去信渐少，90年代后期，我们失去了联系。

2001年仲夏，我的散文随笔集《嘐城漫笔》付梓出版了，就立刻寄给他一册，请他赐教。数天后，就收到了他热情洋溢的回信，字里行间反映了他对嘉定无比的热爱，对后生小辈的莫大希望。

继明先生：

感谢惠赠大作《嘐城漫笔》一册。翻阅之后，感到我又畅游了嘉定古城：汇龙潭的碧波浩渺，秋霞圃的清幽静穆——涌现出眼前。嘉定是我老友瞿白音、葛一虹、田鲁、陈冰夷的故乡。所以读大作时，常常会出现他们的影子，使人平添了对旧友故知的怀念之情。

《嘐城漫笔》既有嘐城往昔的故事，又有嘉定今日的辉煌，怀人状物，文采飞扬，是可读性甚强的一本书，必将传之后人，可喜可贺！

秋祺

杜宣
二〇〇一年九月四日

事有凑巧，不久，我为一位文友编辑一本散文集，他因景仰杜宣先生，想请他题笺。仲秋时节，我与友人相约重访杜宣先生。

十年不见了，先生还能记得我吗？"陶继明，晓得，晓得。"先生仍十分清晰地记得我。十年过去了，先生老多了，步履显得有些艰难,但谈笑风生,豪气不减当年。十年中,先生家中的变故甚多,与先生相濡以沫的夫人叶露茜老师已经去世。也许是聊解寂寞,先生养了一条叫"奎克"的大狼狗。我们刚坐定,大狼狗就从外面走进来,温存地依偎在先生身边。先生不停地抚摸着它,自言自语地说:"奎克,不要叫,不要叫,不要吓着客人。"

由于时间充裕,我仔细打量先生的客厅兼书房,也就是他在许多散文名篇中写到过的"桂叶草堂"。书架上放满了各类线装本和其他版本的书籍。空余处挂着他与夫人叶老师的合影,看着他们笑得很甜的照片,我突然想起先生原名桂苍凌,参加革命后才改名杜宣。我恍然大悟,原来桂叶草堂是他的原姓与叶老师的姓合而为一,可以想见他们夫妻的感情笃深。记得他有一篇散文《芳草梦》,专门悼念叶老师,写得文情并茂,催人泪下,给我留下了极深的印象。

先生的书桌上正放着我的《嚷城漫笔》,看来,他正在看我送给他的书。

桂叶草堂后是一座宽敞的花园,园内修竹几枝,还有几棵硕大的梨树、樟树、桂树,四周置放着数百盆盆栽。让人意想不到的是,园中竟有一个不过两米见方的小池塘,池塘里还有几枝残荷,塘中有锦鲤数尾,为花园平添了几分生意,这在热闹的市中心是极为少见的。

先生有不少嘉定朋友,其中与"嘉定话剧三杰"——瞿白音、葛一虹、田鲁的关系最为密切。"他们都是我在抗战大后方的战友、文友,我还是田鲁的婚姻介绍人呢!"他又兴奋地谈起1984年嘉定举办的那场元宵灯会。那场灯会规模空前、热闹非凡,观众多达二十几万人。当时,他是代表上海市文化局前来观看的,灯会让他留下了十分美好的印象,他笑着说:"那个灯会,让我看得入迷,看得开心得不得了!"说起嘉定的历史沿革和人文掌故,先生滔滔不绝。"孔庙、汇龙潭,都是嘉定的宝啊。过去我爱在古镇老街上徜徉,那小桥、流水、人家,烟雨江南,如梦似幻……"他微闭着眼,沉浸在美好的回忆中,洋溢着对嘉定的一片挚爱深情。

临访先生时,我在藏书中抽出《杜宣散文选》及《飞絮·浪花·岁月》,这两本书均是我在上世纪80年代初购买的,已不知读了多少遍了,十分珍爱。想顺便请他题笺。看到自己的作品,先生的眼睛放出光来,兴奋地说:"这两本书我早已没有了,想不到你还留着!"随手抽出毛笔,潇洒地签上"杜宣"的名字。先生的字是典型的文人字,我十分喜欢,早就有向他求一幅墨宝的想法,这次岂能放过机会。当我提出请求后,先生爽快地答应了,他在一卷已经写好的书法中,挑了又挑,最后选中一幅郑板桥的诗《画盆兰送大中丞孙丈予告归乡》:

宿草栽培数十年,根深叶老倍鲜妍。
而今归到山中去,满眼名葩是后贤。

先生以板桥诗激励我,同时也充满了对后生小辈的殷殷期待,余兴未尽,他又提笔在诗左写下了一行小楷:

二〇〇一年八月二十六日,台风袭沪,急雨敲窗,心中颇不宁静。数日后,继明来访,持书敬赠。杜宣于二〇〇一年九月十日。

寥寥数语,写出了先生晚年寂寞、忧虑、无奈的复杂心境。

临别时,我顺便问先生何时再到嘉定来走走、看看,他非常高兴地说:"当待来年春暖花开时。"

那天，先生谈兴甚高，那位同去的朋友端起相机，及时拍下了难忘的瞬间。

2002年开春，我就去电邀请先生来嘉定，接电话的是他的女儿，说："爸爸已经住院了。"此后，他长期住院，终于未能再来嘉定。

先生与我的通信有十几件，但大多在2000年的搬家中遗失。手头仅存两件，弥足珍贵，我当精心保存。

我记忆中的秦瘦鸥先生

我老家的西邻,是吴拯寰先生于1946年创办的"私立高义小学",吴拯寰早年在上海教书,后开办三民图书公司,成为知名出版家,他也是诗人,作诗甚多。1949年后,吴拯寰被聘为上海文史馆馆员。

小学一至三年级,我就读于高义小学。学校坐落于西门外大街,设备简陋,校舍在老街两侧,临练祁河的为两层三间的楼房,街北也是一座同样形制的楼房,后面是一排平房,也作教室,最后面是操场,操场与我家后园以竹篱相隔,竹篱上爬满青藤。如今街北的房子都已拆除了,街南临练祁河的一所老楼房还在,界基上刻有"宝善堂"的文字,应是吴拯寰家的堂号。这段童年时期的求学生涯,我已十分模糊,只晓得自己的成绩处于中等偏上。但因学校与我家近,仅几步之遥。不仅上学方便,放学后、星期天,或寒暑假,在闲得无聊时,又会到学校转转,仿佛也是自己的家。

上世纪50年代中期,吴拯寰尽管早已举家迁至上海,每逢暑假,他与夫人会从上海到嘉定来消夏,老两口就住进高义小学临河的楼房里,自己生火做饭。老先生常常搬一条长凳,坐在门口乘凉,成天笑嘻嘻的,爱与人闲聊。论辈分,他是我父亲的长辈,父亲要我叫他"吴家公公"。他的夫人就是著名作家秦瘦鸥先生的胞姐秦世华,我们称她为"吴家婆婆"。老两口相敬如宾,待人和蔼可亲,无论高低贵贱,都一视同仁。夫妇会在这里住上十天半个月。此时,我最开心,常到他们家串门。他们常会到我家来与父亲聊天,当听说我在高义小学读书时,他心花怒放,喜形于色,喃喃自语:"高义小学没白办,侬要为高义小学争光……"

有时候,秦瘦鸥也会随吴拯寰夫妇一起到嘉定来,吃住在一起。我曾经与他见过面,还说过话,但说了些什么,已没印象了。记得在三年级暑假时,有一次,他们三人一起到我家,坐在八仙桌上,与我父母亲聊了好一阵子,他们对我勉励有加,要我努力学习,为高义小学争光。父亲告诉我,秦瘦鸥是作家,写过一部很著名的小说《秋海棠》,我觉得他的姓名很奇怪,有点像女性的;我母亲是文盲,曾多次问我"争光"是啥意思。临走时,留下了两件海军条纹汗衫和两瓶辣酱,这是他们从上海带来送我的。我很喜欢这两件汗衫,还穿着专程去照相馆拍了一张照;辣酱一瓶是牛肉味,另一瓶鸡肉味,当时觉得从未吃到过味道这么鲜美的辣酱。然而,那时我毕竟是一个不谙世事的顽童,对当时三人的外形,一点也未留下印象。而阅读《秋海棠》,则更迟至"文化大革命"初,社会上兴起所谓"扫四旧"的风潮,有所学校的图书馆把《秋海棠》作为四旧图书,上缴到我工作的新华书店,我乘机将其占为己有,反复看了好几遍,后不知所终。

再次与秦瘦鸥见面是 1985 年仲夏,那时我正在编撰《嘉定文化志》,随编写组其他成员一起去他家采访。他住在淮海路一所新建的公寓里。住房宽敞而整洁,但藏书不多。其时,他正在赶写一部书稿,放下手中的活,接待我们。书桌上整整齐齐地放了一排大小不一的药瓶,他说几年前患了癌症,幸亏发现早,手术成功,但现在天天都离不开药,成了"药罐头"。

秦瘦鸥名不虚传。他身长鹤立,确实很瘦,一口浓得化不开的嘉定乡音,谦和好客,谈锋极健。他自豪地说这是市文联分配的房子,俞振飞、李蔷华、李炳淑等京昆名角都住在这里,他们常在一起活动,文艺氛围很浓,自己爱戏,住在这里心情特别好。

然后又提供了许多与嘉定文坛有关的人与事,记得他说了"嘉定话剧三杰"瞿白音、葛一虹、田鲁,他们与秦瘦鸥家挨得很近,爱好相同,交往也多;说了浦熙修、唐大郎等友人;还说了京剧名家张君秋的业师是嘉定人李凌枫等,都值得挖一挖,写一写。

秦瘦鸥是性情中人,说着说着就激动起来,他对有人把他划入"鸳鸯蝴蝶派"甚是不满。鸳鸯蝴蝶派的作家多用"瘦""鹃""鸥"这些名字,作品的内容也以卿卿我我的言情为主,较少有深刻揭露社会矛盾的作品。当时左翼文化运动的旗手鲁迅对此甚为反感,常常加以嬉笑怒骂。但在鸳鸯蝴蝶派的作品充斥文坛的时候,秦瘦鸥还是个小孩子,他与严独鹤、周瘦鹃、包天笑等鸳鸯蝴蝶派的大师,是两辈人。人们把秦瘦鸥先生划入鸳鸯蝴蝶派的原因,也许是由他的名字引起的。他说"秦瘦鸥"这个名字是他的伯母沈怀川赐给他的。后来,他向报刊投稿后,便真的用上了这一有着鸳鸯蝴蝶派气息的笔名。但若论秦瘦鸥作品内容与风格,与鸳鸯蝴蝶派相去甚远,所以他一直不承认自己是鸳鸯派的文人,说自己是倾向于大众文学的。

秦瘦鸥又说自己是"老嘉定",尽管出来数十年了,仍有很深的故乡情结。我顺便问起吴拯寰、秦世华夫妇俩的近事。他说:"姐夫与姐姐都已在去年逝世。姐姐是我最亲近的人,姐夫对我有恩,我写第一部小说《恩仇善恶》时,才19岁,得到他资助,在他的三民图书公司出版的。没有他的鼓励,也许我不会走上文学创作的道路。"当问起50年代他到我家的事时,他说那时确实曾在高义小学待过一阵,主要是那里清静风凉,便于修改书稿。三十多年过去了,他仍清晰地记得到我家的事,他已认不出我了,与我格外亲近,笑着说:"当年的小囡,已人到中年了,侬现在搞文化工作,蛮好的。"

最后,又说起书店里都在卖他重印的著作,如《秋海棠》《劫收日记》《瀛台泣血记》《御香缥缈录》等，这些都是深受广大读者喜爱的畅销书。秦瘦鸥又气愤地说："那个重印《瀛台泣血记》《御香缥缈录》的出版社，利用这两本书赚的钱，盖了一座大楼，我却没有拿到一分钱！"那时还没有知识产权保护法，对这种社会现象也无可奈何。

之后，我与秦瘦鸥有过几次通信，内容大致都是为修志方面的。

1990年初夏，教师进修学院的姚济民老师要去拜访秦瘦鸥、谭正璧先生，约我陪他同行，正巧上海市文化局嘱我撰写有关嘉定籍革命文化名人的传略，我想把他也列入，听听他本人的意见。这是我第三次与秦瘦鸥见面。还是在他家里，比起五年前，他衰老多了，显得更加瘦弱，却还在顽强地写作。姚老师送上了一袋家乡的大米，秦瘦鸥显得十分高兴。我也向他说了关于写革命文化名人的传略的事，得到了他的同意。我就随手写下了几条意见和想法。因我们还要去拜访谭正璧，聊了几句就告辞了。后来又去了一封信，谈写这本书的事。也许我未写明白，或许他理解错了，以为我要他帮忙介绍出版这本书，来了一封回信：

陶继明同志：

  您好！

  二次来信已奉悉，您打算编写《上海名人录》，计划很大，可惜这类书已很多，不容易再有出版社愿意接受了。我的散文集《海棠室闲话》，我记得已寄您了，《戏迷自传》待今年四月出版后，届时奉赠。祝

  即安

秦瘦鸥 1月25日

1993年春节后,我将写好的有关他的《传略》寄给他斧正,他很快就给了我回信,对被列入革命文化名人表示高兴,并仔细审阅修改了我的稿子。但其信笔迹显得紊乱无力,可以想见他书写时,手是颤抖的。半年后,传来了他逝世的噩耗。如今,这个修改稿我还保存着,令人遗憾的是他生前未能看到这本《上海革命文化史料汇编》。

悠悠练水情

年已八秩的出版界老前辈丁景唐先生常念叨着嘉定,他的心中有着一片难以割舍的嘉定情。

1947年,27岁的丁景唐已有九年党龄,并出版过诗集《星底梦》、文学批评著作《妇女文学》及《怎样收集民歌》,编辑过颇有影响的文艺刊物《文坛月报》,已是活跃在海上文坛的青年文艺工作者。1946年至1947年,他主持中共领导的上海文艺青年联谊会,出版会刊——《文艺学习》。上海文艺青年联谊会中有郭明、廖临、朱烈、袁鹰、杨志诚、吴宗锡、陆谷戈、梁达、屠岸等十几名青年地下党员,他们分别由丁景唐单线联系或间接领导。其中廖临是袁鹰的入党介绍人,他是嘉定人,与丁景唐是莫逆之交。上海文艺青年联谊会请郭沫若、茅盾、叶圣陶、田汉等作演讲,组织各科文学小组、木刻漫画小组、举办文艺晚会和文学讲座等,开展反对美蒋的民主运动。1947年4月间,丁景唐的领导唐守愚通知他,他已被国民党反动派列入黑名单,嘱他立即离沪隐蔽。情急之中,他想到战友廖临正在嘉定养病。第二天清晨他到苏州河北偷鸡桥乘四人一车的个体小包车,赶到嘉定廖临家中。

廖临的家是嘉定城内著名的廖家大院。清光绪年间,廖临的曾祖父廖寿丰及其兄廖寿恒,曾官至浙江巡抚、礼部尚书、总理各国事务大臣、军机大臣,在朝野上下显赫一时。

但历史进入20世纪时,这个世代钟鼎之家也受到"五四"新文化运动的洗礼和共产主义思潮的影响,出现了几个"逆子叛孙"。廖临的堂叔父"廖家大少爷"廖家礽,曾参与发起成立中共嘉定县特别支部（即嘉定县委的前身）。大革命失败后，廖家礽又参与组织和领导了震惊上海地区的嘉定"五抗暴动"。"五抗暴动"失败后，年仅19岁的共产党人廖家礽慷慨悲歌地走向刑场，被国民党反动派杀害于练祁河西的高义桥头。

廖临又是一位从廖家大院内走出来的年轻的共产党员。廖临在丁景唐的直接领导下，以《时事新报》特约影剧记者的身份，于1946年认识"雪声"越剧团编导南薇，又认识了著名越剧演员袁雪芬。南薇受丁景唐一篇论述鲁迅著名小说《祝福》中祥林嫂人物形象的论文的启发，征得袁雪芬同意，策划编导上演了根据《祝福》改编的越剧现代戏《祥林嫂》，引起了上海剧坛的一场巨大冲击波。廖临为《祥林嫂》的演出作了宣传，戏彩排后，廖临又陪同袁雪芬、南薇去访问戏剧大师田汉，交谈越剧艺术的有关问题。廖临的女友童礼娟也陪同袁雪芬去征求许广平的意见。以后廖临和廖鹰在报上写了赞扬《祥林嫂》为"越剧革新的里程碑"。上海解放前夕，廖临、童礼娟夫妇由上海地下党外县工委安排，又回到家乡，住进廖家大院，接受任务，迎接解放。

廖家大院在练祁河北的宫保桥旁，"宫保"是清廷对廖寿恒的荣誉称呼，桥也因宫保而得名。廖家大院是一所具有典型晚清建筑特色的深宅大院，有大小124间房子，是一个庞大的建筑群，为嘉定名宅显第之冠。抗日战争胜利后，廖家大院被国民党占作县政府，留下一座小院10间楼房给房主使用，廖家称这座小院为"洋书房"。小院和大宅院中间隔一条从前院一直通到后门的过道。出后门小街时对面是花园，因园内遍植梅花，故名"梅园"。当年"嘉定四先生"中的唐时升在此筑园读书。小院前面是花厅，后面是一排平房还有厨房、柴间等。小院的门开在过道中间。进门有一天井，楼上楼下六间房，过月洞门又一天井，楼上楼下四间房，楼上的房间有回廊相连，把小院门一关就和大院隔绝，但上街必须经过大宅院的大门，经常可以看到出出进进的国民党县政府官员。

丁景唐被廖临安排在后院的楼上。他与廖临在敌人的眼皮下朝夕相处，纵谈国际国内的形势变化，阅读廖临家藏的书刊，偶尔也到老街走走。暮春的嘉定桃红柳绿、莺飞草长，老街长长、小巷深深、练水潺潺。迎着江南的和风，他呼吸着水乡那潮润温馨的空气，他的感情融入了这个江南古镇。

街上那来来往往的人淳厚善良，又显得悠闲，多像他那个略带盐腥气息的故乡镇海。他在廖家大院里避居了10天，生怕待久了会影响廖家。又出嘉定西门路经娄塘镇，到太仓县去找一位向《小说月报》投稿，有过多次通信的中学生。因这位青年学生正巧去了上海，不在家。丁景唐在这位青年学生家住了一夜，又赶回嘉定，转赴宁波、镇海，后又转往香港、广州。算起来，他在嘉定仅仅待了短短的11天，但却对嘉定留下了难以忘怀的印象和情感。

上海解放后，丁景唐担任中共上海市委宣传部的文艺处处长、新闻出版处处长，后又任上海市出版局副局长。生活安定了，他仍忘不了嘉定。1954年，他带着妻子王汉玉和小儿子，兴冲冲地从北站乘火车到南翔黄家花园，观看从美国移植来的珍贵树种"世界爷"。1958年，他又随上海市委宣传部、教育卫生部机关干部参观全国卫生红旗镇——南翔镇。

1963年，丁景唐陪同法国总统戴高乐将军的历史顾问访问马陆公社，又一次来到嘉定。16年过去了，嘉定的面貌发生了巨大的变化，城中出现了一条漂亮新型的南北街道。他与外宾就在这条街的迎园饭店里休息用餐。又一次品尝了水晶虾仁、白切羊肉及家常豆腐等嘉定特色的美味菜肴，他对嘉定的家常豆腐赞不绝口。作为一位研究瞿秋白的专家，他自然谙熟瞿秋白《多余的话》

一文。想起文中有"中国的豆腐最好吃,世界第一",丁景唐笑着说:"应该补充一句,嘉定的豆腐最好吃,中国第一。"饭后,他忘不了到廖家大院走走,廖家大院成为县财政局的办公用房。他又想起了那个顾长潇洒、风度翩翩的战友廖临和他漂亮端庄的夫人童礼娟,多年没见他们来信了,不知他们在何处……

1965年春天,丁景唐为了解农村图书发行情况,决定到嘉定调研。轿车驶出市区,刚进嘉定,那股合着青草和泥土的气息迎面扑来,让他顿觉神清气爽。他来嘉定县新华书店召开一次职工座谈会,听听他们对图书出版发行的意见,顺便看看两位在全国红旗单位嘉丰棉纺厂"蹲点"的女编辑。

座谈会上,书店职工对图书品种越出越少、内容越来越"左"意见颇多。有位职工大胆地提出:"为什么现在连《三国演义》《水浒传》《红楼梦》《东周列国志》《三言二拍》都不出了?而读者却十分需要这些书,这些书到底有啥问题?"职工们的反映深深触动了他,本来就很困惑的他竟情不自禁地说:"对书要有历史唯物主义的态度,要相信好书终究会经受住历史检验的。这些书现在不能出,将来说不定还会出版的……"他讲了不少话,真是言为心声,转而又觉失言,他又后悔了。会议开得很长,也很热烈。他的笔记本上密密麻麻记录了许多内容。会议结束后,他还是忘不了廖家大院。故地重游,睹物思人,在嘉定县新华书店,他打听到廖临、童礼娟夫妇都在福建工作,不知他们的境况如何?他牵挂着他们……由于时间不够,这一次,他只是在廖家大院的外面走走,没有进去。

不久,十年动乱开始了,丁景唐的工作以及他的研究,都成了重大的"罪行",在上海出版系统,他是受冲击最早、历时最久的一位。

十年动乱结束,尘埃落定,丁景唐出任上海文艺出版总社社长兼总编辑。当时正值书荒,每出一本书,读者都会踊跃争购,排起长长的队伍,新书一上柜,马上一抢而空,许多书稿被积在印刷厂里,原有的印刷出版能力明显跟不上。丁景唐想到了嘉定,他和同事们想在嘉定建一个印刷厂,这也是回报嘉定的极好机会。

此时,南翔镇的乡镇企业正在兴起,丁景唐看中了南翔这块风水宝地。上海文艺出版总社与南翔镇政府,经洽谈一拍即合,双方签订了合作意向。由上海文艺出版总社出资180万元在南翔镇建一个联营印刷厂。从今天的眼光看,这根本算不上一回事儿。别说工农联营,就是与外商联营的企业也多得数不清。

然而在当时,这确乎是件大事,这不仅在嘉定县第一家,整个市农委系统也绝无仅有。正因为如此,这个"婴儿"的双方主管——上海市出版局和嘉定县人民政府都无权审批。丁景唐和同事们着实费了一番脑筋。最后,经多方协调,市政府、市计委终于认可了这一新生事物。于是,一个新的具有示范和榜样意义的工农联营"婴儿"便呱呱落地。有了孩子,还得取一个吉利的名字。

丁景唐决定从"父母"中各取一个字,从南翔镇和上海文艺出版总社中分别摘取"翔""文"二字,翔文印刷厂终于出世了。如今,翔文印刷厂已成为嘉定,乃至市郊规模最大、印刷能力最强的工厂之一。

1978年夏天,丁景唐赴厦门出席由北京大学、南京大学、厦门大学等八所高校联合召开的"中国现代文学史教材讨论会"。他在会上的精彩发言激起了与会代表的热烈掌声。会议结束后,他乘长途汽车到福州,与散文家郭风、何为等老朋友会面,朋友们在福州西湖宾馆为丁景唐接风洗尘。一到福州,丁景唐就打听廖临的消息,大家都茫然不知。同桌中有一位将军的夫人缪柳西,是北京教育学院的中文教师。缪柳西因丈夫的关系,与福州部队的领导十分熟悉。缪柳西是个有心人,回京后立即写信给福州部队。福州部队很快就有了回音:廖临在1957年的那场政治风暴中被错划,此时已离开干部队伍,转到地方工作。丁景唐终于与廖临取得了联系。不久,廖临的错划得到了纠正。

90年代初,丁景唐已离休多年。他主编的那部"精神万里长城"(徐迟语)——《中国新文学大系(1927—1937)》(20卷本),已经正式出版;他的《学习鲁迅作品的札记》《左联五烈士研究资料编目》《鲁迅和瞿秋白合作的杂文及其它》等几部著作也已出版或重印。"文章满纸书生累"。他收到了嘉定弟子陶继明寄去的《纪实文学》,所写的《名记者浦熙修之死》一文,当读到浦熙修在解放前夕的嘉定之行,他在嘉定避难的那段难忘的记忆又浮现在眼前,就很快写成了《疁城梦忆》一文,后来,文章被刊登在《嘉定文史资料》上。

1992年10月,丹桂飘香,菊花初绽,江南秋意正浓。嘉定县文化局邀请丁景唐夫妇到嘉定做客。凑巧廖临、童礼娟夫妇恰好从福州到上海,受袁雪芬邀请,参加上海越剧改革50周年学术研讨会。丁景唐、王汉玉及廖临、童礼娟一行四人,受到县文化局的热情接待。丁景唐的文友、战友陆象贤(列车)、潘世和(史伍)等也在嘉定。故人相逢、故地重游,犹如一幕大团圆的喜剧,然而人世已几经沧桑。他们饶有兴趣地参观孔庙,观看汇龙潭菊展,寻访廖家大院。此时,廖家大院的建筑已一分为二,一部分迁至汇龙潭公园,一部分迁至浏岛风景区,遗址上已造起了新型的办公大楼,当年的风景不再。

练水潺潺,白云苍狗,45年过去了,他们在这里沉思和徘徊,回忆当年难忘的日日夜夜,还在廖家大院遗址前按动快门,留下了值得纪念的瞬间。

2000年,陶继明的散文随笔集《疁城漫笔》已成稿,陶继明求序于老师丁景唐。他欣然答应，很快就写出了数千字的初稿，后又反复推敲、修改，一丝不苟。序写得文情并茂，充满了对嘉定的热爱和对后学的无限期待。

如今，耄耋之年的丁景唐依然思路清晰，笔耕不辍，经常参加各类文化活动。他的那双饱经沧桑的眼睛依然关注着嘉定，在前不久嘉定区文化局召开的一次会议上，丁景唐动情地说："十年动乱时期，我作为一个'走资派'和'反动学术权威'，在上海市郊的其他9个县轮番批斗，但唯独与我关系最多的嘉定没有批斗我。奇怪！嘉定人真是不一般、不一般……"

故乡的怀念

葛一虹先生去世已一年了，总想写一点文字，但迟迟没有动笔。我与葛一虹先生的情谊很像一部"二十四史"，不知从何处说起。

我是在大学上现代文学史课时知道他名字的，那一章论及中国文学民族形式的大论争，他与胡风先生的观点不同，后来还列入了考试的内容，知道他是一位老资格的文化人，从此我记住了他的名字葛一虹，但却不晓得他是嘉定人。

1985年深秋，我随时任县文化局长的赵春华兄赴京采访嘉定籍文化名人，为编撰《嘉定文化志》做基础资料的准备工作。葛一虹是我们赴京采访的第一个对象。此时，我才知道葛一虹还是我的老乡。

当年，葛一虹在虎坊桥附近的文联公寓家中接待了我们。那时，他正在编撰《中国话剧通史》，同时还在主编《田汉文集》。他的书房汗牛充栋，书架、台子、沙发甚至地板上都堆满了书，墙上挂着一幅郭沫若写了送他的游黄山诗大幅中堂，使书房更添了典雅的艺术气息。

葛一虹温和好客，诚谦谦君子也。他离开故乡数十年，依然一口吴侬软语，与我们一见如故，此后开始了长达二十年的友谊。

1913年，葛一虹出生于孔庙对面的"涛阁"。查清光绪《嘉定县志》，这是一个明代古建筑，时由名士李宗之建，宅之后园多植苍松，每有风拂树，宛若阵阵涛声，因而得名。抗清志士黄淳耀曾在那里读过书，后"为葛家所有"。葛氏家族是嘉定著名的书香门第。葛一虹的曾祖父葛起鹏是清同治举人,曾任成都知府、直隶知州等官,为官清廉干练,工诗文,富金石收藏,有"才子"之誉,著有诗文集《食得斋诗文集》等。葛一虹的父亲为清代末科秀才,后作教师,喜读《新民丛刊》《小说月报》等宣传变法维新的新书刊。葛氏家庭的文化气息很浓,葛一虹从小受到这种氛围的熏陶,对他以后的成长有很大的影响。他在嘉定企云小学读完小学,考入上海市的三育学校,后又转入南洋中学读书。大革命时期,追求进步的葛一虹曾与共产党人、"五抗烈士"陆默深有过接触,并受他思想的影响。

家乡也对葛一虹产生过巨大的影响。葛一虹的童年时代,文明戏曾在嘉定盛极一时,成为一种时尚。孔庙是文明戏的重要演出场所,他常出神地观看文明戏。葛一虹的邻居秦铮如曾经组建过一个电影制片厂"爱美电影社",经常在汇龙潭一带拍摄电影。葛一虹十分羡慕地看演员们拍电影,由此而萌生了长大以后也要从事戏剧事业的理想。在中学期间,葛一虹参加过学校组织演出的话剧《一片爱国心》(熊佛西编剧)。戏剧,引起了他浓厚的兴趣。在课余,他还喜爱阅读鲁迅和田汉的进步文艺作品。

"九一八"事变爆发后,国难深重。葛一虹与瞿白音、田鲁等热血青年组成了"嘉定青年文化促进会",编辑出版进步刊物《嘉定青年》,成立"暴风雨剧社"。还两次邀请赵丹为首的"骆驼演剧队"来嘉定演出进步话剧,在死水一潭的故乡嘉定激起了一阵阵波澜。后来,葛一虹与瞿白音、田鲁都成为左翼戏剧的活跃人物,他们以家乡为起点,以戏剧、电影为职业,成为一代名家,人称"嘉定话剧三杰"。

葛一虹从事戏剧事业七十余年,对戏剧理论、戏剧史的研究造诣很深,且在翻译、编辑出版业界成就非凡,与巴金、曹靖华同受过毛泽东的接见,非我辈可妄作评论。一虹先生仁者高寿,

2005年仙逝时,已93岁高龄。他作出如此重大的贡献,当之无愧为嘉定乡贤,为故乡之骄傲。

葛一虹先生桑梓情深。1990年、1995年曾两次回故乡探亲访友。他曾在我的陪同下饶有兴致地寻访故居涛阁的遗迹,到孔庙寻找他当年参与演出的场所,还向嘉定图书馆、嘉定档案馆捐献曾祖父葛起鹏的诗文集以及自己的著作。

葛一虹先生与我有长期的书信往来。他留在我手头的书信有数十封,内容大都为讨论左翼文艺运动、通告近况,信末常嘱咐我在回信时不要忘记谈谈家乡的变化。

他曾托我寻找他青年时期发表于嘉定报刊上的文章,以便在撰写回忆录时作参考。我给他寄上了一整套他编的《嘉定青年》和《青年艺术》刊物的复印件。收到材料后,他十分兴奋,也十分感激。看来,他是十分看重年轻时在故乡的这段经历。

他还一再鼓励我多写文章。我写《嘉定话剧三杰》一文时,他不仅提供材料,多方指导,还亲笔精心修改。由于年代久远,瞿白音已逝世,田鲁则远在香港,材料收集不易,拖了好几年才完稿。当此文发表时,他十分兴奋,写来了热情洋溢的回信。

继明同志:

又已多时未通音讯了,近况可好?

昨天收到《练川古今谈》,尊作《嘉定话剧三杰》,史料翔实,叙述生动,文采斐然,文长而不觉长,一气呵成,读之倍感激奋。想起前些年你在《新民晚报》上刊出的散文《老街的音符》,觉得文笔清丽而又潇洒,故乡的面貌跃然纸上,很受感动。不知近有新作否?还有那些未完成的稿子又进行得如何?尤其是《瞿白音传》?念念,念念。

涛阁旧居确尚保存着,近看到寄来的照片多张,不禁又复引起思乡之念。秋凉时节，空当回来看看，届时当图快叙。关于《涛阁》一文，据传已刊出，但迄未收到刊本，恳候您就近问问倪所安同志，请惠赐两本寄下，至谢为荷？盼复。

  我的健康尚佳，惟杂务还不少，殊令人欣慰的是，"中国田汉基金会"经多时筹备，近得批准，并有国家拨款相助，今后恐又不少事要做了。书不尽意，即致敬礼。

一虹手上 6 月 6 日

  他极力鼓励我写《瞿白音传》，也许是为了给我"压力"和动力，当我将草拟的传记提纲寄给他后，他就写来了序言，但由于我的疏懒，又畏于工作量太大，书稿至今也未写成，觉得十分内疚和歉然。

  他还送给我许多他的著作，使我对他的为人和为学有了更多的了解和崇敬。如今，这些书仍放置于我的案头，常备翻阅，睹物思人，倍加珍爱。

练水河畔吊诗魂

2005年多雨的秋天,诗人史伍(潘世和)先生终于走了。诗人的晚年疾病缠身,双目几近失明,活得很痛苦,离世自在意料之中,对他而言也可算是一种解脱。

史伍先生是练祁河水哺育出来的一位诗人,他出生于一户诗礼传家的望族,从小受到良好的家庭教育。同那个时代的其他进步知识分子一样,史伍先生早年酷爱左翼文艺,尤其醉心于现代诗。他还搞过翻译,写过小说,编过刊物,教过书,但就本色和气质而言,他还是一位诗人。

我是上世纪80年代中期才认识史伍先生的。当时,我正在编撰《嘉定文化志》,为了调查核对抗日战争前夜,他与梅休先生等人创办的"疁北青年协进会"和《疁北》杂志,我们在县图书馆楼上相约见面。我们一见如故,说起《疁北》杂志,他显得很兴奋,说那时候年少气盛,血气方刚,恨不得用自己的笔扫尽社会上的腐朽黑暗。也正是在这个时期,他开始了现代诗的创作。交谈中,他似乎对我家的情况很熟悉,甚至熟悉到我家的左邻右舍,使我十分吃惊。他说潘、陶两家有点沾亲带故,他曾来过我家,他清楚地说出两家的关系。我依稀记得儿时父亲经常讲起潘指行(史伍的父亲)、潘世和的名字,但对他们的事却一点也没有记住。直至今天,我也没有搞清楚两家的关系,只知道都是"老代头"里的事了,实在愧对史伍先生。

1989年春天,我从西门老家迁入塔城路新居,成了史伍先生的近邻。这个时期,我们经常见面,谈得很多,也很深。有意无意间，他会谈起抗战时期，他在大后方那段难忘的岁月，他随就读的同济大学流离到重庆、宜宾、贵阳、昆明、大理、个旧，经过山山水水，风风雨雨，有着丰富的阅历，为了创作矿工题材的小说，甚至下过锡矿。

八年的大后方生活，酷爱文艺的他，与艾芜、姚雪垠、秦牧、端木蕻良、骆宾基、邵荃麟等人相识交往，又参加了学生民主运动。这个时期，他的诗写得最多，最有激情，也最有才气。如《茧》中他写道："我是一条蚕蛹，/要咬破：/五千年的旧传统！/我将是一只蛾咧。要扑向：/从旧世界发展成的新世界！"诗写得敏锐、激扬，十分鲜明地显示出一个向旧传统决裂宣战的抒情主人公的形象；在《风筝》一诗中他这样写："愿每个人手上都有一个风筝、/一个希望、/一个梦、/一个明天；/随着时代的大风，/升起在现实的天空，/飘扬，/向无极的苍空、/向白云、/向黎明的朝霞、/向理想、/向群星、/向月亮、/向太阳！"他巧妙地把理想比喻成放飞的风筝，贴切而富有形象思维，意境十分高远。他一生仅留下了一本诗集——《蚕茧》，薄薄的，不足一百页。书中搜集了一些这样的诗篇，可惜太少了。

解放前夕，他奉地下党的命令，回故乡迎接解放，后转入教育岗位。1957年，因言获咎，历尽坎坷，他的诗才和灵气如惊鸿一瞥。岁月磨灭了他的才气和热情，待到平反出山时，他只能写写《儿童诗》《爱鸟周抒情》之类的诗，诗中再也见不到昔日的性灵和才情，如：种花鸟在北边叫，/"不要叫了吧"/另一个农民说：/"你已经是落后分子啦！今天的政策你可知道？"

诗人晚年常常流露出一种无计志怀而又无力追挽的失落感，他有浓厚的"大后方"情结。曾要我为他在上世纪三四十年代的《大公报》《中央日报》《长江日报》上寻找他佚散的诗作。着重要我为他寻找刊于《长江日报》副刊上的五百行长诗《大理三月街》，也许这是他呕心沥血的代表作，遗憾的是我未能帮他完成这个夙愿。

　　我与史伍先生仅照过一张相，至今还珍藏着。那是1991年秋天，他和文友、战友丁景唐、陆象贤、廖临，以及小字辈的我在练祁河畔照的相。

　　诗人远去半年多了，每当我在练祁河畔漫步时，仿佛又看到了诗人的背影，以及他那蹒跚的脚步。

飘零的花魂

秋风,秋雨,黄叶飘零。

我坐在书桌前,望着亡友李鸣一留下的一堆杂乱的剪报,一股绵长的思绪迫压着我……

他不是我年少时的朋友,但我很早就知道了他的名字。那是在十年动乱——一个没有花的年代,我偶然得到了周瘦鹃先生的一本《花前琐记》,看了上百遍,爱不释手,也由此而迷上了花花草草,而且迷得很深,不能自拔。老家有一个小园,杂草丛生,自己动手整治,种些寻常的花木。那时要觅一些较好花卉极不容易。有人告诉我,嘉定家具厂有一位年轻的种花高手,家中有上百种奇花异草,培植的仙人树高可比檐,令我心向往之,却终于没有机会结识他。

80年代初,嘉定首届电大中文专业招生,想不到我们竟成了同学。他外形有点土,个子不高,身材瘦弱,脸色黝黑,脚上的鞋子却很大,显得比例失调,也许是在他长身体时,营养不良所致,彼此熟悉后,我们调笑他为"越南人"。但只要与他接触,就会觉得他谈吐不俗。他兴趣广泛,除了种花看书外,还收藏了大量的火花、香烟壳、挂历等。

中文班的同学年龄参差不齐,最长的和最小的相差十几岁,恍如两代人。我们七位年龄较长的同学,常在李鸣一家的庭园里饮茶赏花,谈诗论艺,侃称为"竹林七贤"。因李鸣一年龄最长,被推为"竹林七贤"之首。他会出点子,也有组织能力。1983年早春,在课余间,他随手在黑板上题了两句诗:"何处去寻梅,苏州邓尉山。"这引发了同学们探梅访梅的浓厚兴趣，终于促成了中文班全体同学的苏州邓尉探梅之行。回来后，大家吟诗作文，由李鸣一编成《邓尉访梅》诗文集一辑，请当时的写作老师赵杰先生撰序。如今，这本装订处已锈，纸页发黄的油印小本子我仍珍藏着。书中辑有李鸣一的五言《邓尉观梅》两首，写得颇有味道，录其一首：

> 江南春来早，邓尉梅花俏。
> 九天云霓落，十里雪未消。
> 风拂花枝舞，日熏幽香飘。
> 遍山探梅人，尽在花中笑。

他曾对我说，他从小爱花，爱得刻骨铭心，他的业余时间除了看书写作外，几乎全泡在小庭园里。庭园中，梅花、牡丹、芍药、山茶、瑞香、红枫、天竺、蜡梅、五针松，花事繁忙，四时不凋。他历尽艰辛，搜集种植了建兰、蕙兰等数十个名贵的兰花品种。他的手似有灵气魔法，萎谢的花木，到了他手中，就会鲜活起来，生机勃勃。他曾手抄清代园艺巨著《广群芳谱》数十册，乐此不疲。"文革"前夕，他曾骑着自行车，长途跋涉到苏州拜访周瘦鹃先生，参观紫罗兰庵，向周瘦鹃请教莳花之道。

他平时喜爱看书，教材中的不少作品他早已读过。其实，他的学龄很短，由于所谓"家庭出身"问题，他在小学毕业后就失去了继续上学的机会，年仅14岁就进厂当了工人。他的知识，大多是刻苦自学得来的。未进电大前，他已发表过不少文章，内容很杂，有种竹、品花、收藏、评论等等。电大在读时，他不同意主讲老师对明代文学家袁宏道的花道专著《瓶史》的过低评价，写了一篇反驳文章，竟被《上海电大报》全文刊登。70年代中期，上海出版过一本颇为畅销的《农村木工》，署名是嘉定家具厂，其实全是李鸣一一人写成的，该书后曾被文化部、国家出版局评为全国优秀图书。

电大毕业后，经他发起倡议，他和我，还有一位同学查君，组织成立了"百枝莲协会"，专门研究种植百枝莲（又名朱顶红，春末开花，花形美丽，近似君子兰），当时的《花卉报》还刊出了消息，李鸣一很兴奋，想大干一场，要我托外地的亲友邮购百枝莲的品种。而我与查君却都是疏懒之辈，动嘴多，动手少，他似有怨怪之意。

天有不测风云，李鸣一原本好端端的不想却日见消瘦，终于病倒了，经检查是不治之症，而且医生说他得病已久，责问他为何不早些来检查。此时，连他的父亲，嘉定城内的一代名中医李济舫也束手无策了。进医院的头天晚上，他又到我家来了，说自己已经住院，准备手术，问他什么病，又不说。他是来向我要些稿纸，说准备在医院继续写文章。

秋风萧瑟，百花凋零，他的病情恶化了。我到医院探望他，只见他形销骨立，憔悴不堪，他拉着我的手说："我还有许多事想做，我多么想把文章结集出版……"

数天后，花魂凋零了，带着无限的遗憾和依恋，飘到了天的尽头。李鸣一留下了爱妻和爱子，留下了他为之付出了毕生心血的花木、书籍、藏品、文稿……悄悄地走了。这是 1987 年 11 月，一个风雨兼作的秋日，这一年他 43 岁，正值大有可为的英年。

陈四益其人其文

近日,又淘得了一本陈四益兄于早几年出版的《新百喻解》,我的书橱里他的著作已有好几种——《瞎操心》《乱翻书》《轧闹猛》《古话今说》《权势圈中》等,有他送给我的,也有我自己购得的。每本都有著名画家小丁(丁聪)、黄永厚、方成等人的漫画相配,堪称图文并茂的双璧,令人爱不释手。

陈四益的名字并不陌生,并与之神交已久。上世纪 80 年代初,在《读书》月刊上,每每可以读到他与丁聪合作的"新百喻""唐诗别解"等系列文画相生、风格独具的精彩之作,读之令人难忘,掩卷令人深思。而与四益兄结识却是缘于不久前参加一个学术研讨会。

四益兄家族世居嘉定城内,他的姑姑陈楚平、成也竞姐妹都是很早参加革命的知名文化人,她们的生平传略记载于新版《嘉定县志》。抗战爆发后,四益的父母流寓四川,1939 年,四益生于成都,因四川古称益州,故名四益。

1962 年,他在复旦大学中文系毕业,留校任文艺理论教员。1972 年,离开复旦,在湖南一家化工厂劳动,认识了同在那里劳动的名记者周原(《县委书记的榜样——焦裕禄》的作者之一)。周原介绍他进入新华社,从记者一直干到《瞭望》周刊副总编辑。编辑之余作杂文、随笔。从此一发而不可收,直至成为饮誉海内外的杂文大家。

四益兄的文,有文言,有白话,还有"诗曰",实际上是一种新的杂文体。他的文章中常常透露出上海嘉定的风骨和四川嘉定的麻辣味，学养深厚，文风尖锐泼辣，于世事每多评议，在鞭挞社会腐败丑陋现象时，如匕首投枪，被读者和文坛誉为"杂文中的'焦点访谈'"。谓予不信，试举一例。世纪之交时，他发表了《在世纪的门槛上》一文，文中说："推翻皇帝是上一个世纪的功绩，而告别'万岁'，则是下一个世纪的课题。"寥寥数语，内涵无穷，发人深省。

四益兄对故乡有着浓醇的感情。他是从小津津有味地听祖母讲着"秦状元树旗杆——碰定"之类的歇后语以及小囡桥、城隍庙等故乡的故事长大的。抗战胜利后，他回到故乡生活过一段时期。在他给我的来信中，他动情地写道："我的故乡是上海嘉定，而我在四川上小学的地方也叫'嘉定'（即乐山），可见同'嘉定'二字结缘不浅。"

诗人之吟　学者之思

这个题目是我与 Z 兄一起漫游唐诗之路天台山时，沐浴着初冬和煦的阳光，面对一丛绿叶葳蕤的芭蕉，灵光一闪，突然迸出来的。说 Z 兄为诗人之吟，是名副其实；而说学者之思，就有点自我标榜，不揣浅陋了。Z 兄连声说这个题目好，鼓励我写一篇文章。

往事如风，记忆绵长……我们相识于 1984 年年末，Z 兄刚从县广播站的一名普通记者任上，"年轻化、知识化"到县文化局，担任局长，我则刚从新华书店借调到文化局的《文化志》办公室，适逢市语言文字工作委员会与县文化局联合举办"纪念钱大昕先生逝世 180 周年学术研讨会"，局里人手少，Z 兄让我到会务组帮忙，干些发放饭票、文件、照片之类的杂活，我们就这样结识了。第二年，Z 兄又带《文化志》的成员去北京采访在京的本籍文化名人。交往渐多，由上下级成了朋友，弹指间，三十余年过去了。

Z 兄长我三岁，我们都生于上世纪 40 年代，相聚时都会侃称自己是"民国人物"。Z 兄出生于马陆乡间，父亲是木匠，母亲是文盲，家里也没有一个会诗的，但他却有一颗早慧的诗心，早在嘉一中求学时，就开始创作民歌，显露出文学才华，他在中学时代所作的诗，受到语文老师的赏识，被收进《跃进诗选》，油印成册，这对他不啻是莫大的鼓舞。参加高考时，Z 兄义无反顾地填写了北京大学中文系，而且第一志愿是北大中文系，第二志愿复旦新闻系，第三志愿复旦中文系。当时强调考生必须要填报二十四所高校各科系,而他年少任性,自信而又自负,只填报了上述三个志愿。在考作文时,第一次做得不满意,作废又另改一题,竟仍得高分,如愿以偿,进了北大中文系。

Z兄大学毕业时,正值"文革"如火如荼,他被分配到江西偏远铜鼓县的一家军工厂,做秘书和厂校教师,在那里泡了整整十三年。待调回故乡时,已人到中年,后先后担任过县文化局长、地方志办公室副主任、文联主席、电视台台长等职。最终,官至区报社总编,几乎干尽了小城文化事业各个行当的领导,退休后仍受聘故乡的小报。故乡是一片小天地,平台有限,Z兄——这位北大才子也就只能闹闹小城春秋了。

Z兄好友,朋友众多,为人有豪气,年轻时练过武术,学少林拳套路,有功夫,性又疾恶如仇,敢于出手。一次在中医院李济舫医生处看病时,一个年轻人对李医生凶蛮撒泼,Z兄看不过去,轻松一抓,便制服和教训了这个横蛮的小子。小城地窄人众,传来传去,变异成了Z兄"要打人的"段子。Z兄喜酒好烟,烟不离口,于酒则喜白干,有酒量,如遇知己则开怀豪饮,千杯不停,有时难免酩酊大醉。

Z兄擅现代诗,上世纪70年代,已在《解放军文艺》杂志上发表诗作。他也善散文及散文诗,左手写诗,右手作文,风格多样,时而豪放,时而婉约,文思敏捷,为文倚马可待,有"快枪手"之誉。每逢重大节庆活动,当局需要配之诗朗诵时,他是不二人选,风格偏于豪放,不仅朗朗上口,大气磅礴,而且篇幅较长,虽属"遵命文学",其实也都是精心构思的政治抒情诗,洋溢着一颗赤子之心,如国庆六十周年《一甲子的欢歌》、建党八十三周年《为了嘉定的明天》、嘉一中九十周年校庆《放飞梦想的地方》,这样的诗总共不下十几首。专为嘉定新城写的散文诗《礼赞嘉定新城》,短小精悍,文质兼美;画家徐颖绘画,Z兄配散文诗的《诗画练祁》,讴歌乡土,图文并茂。

此外,Z兄另有散文诗集《槐花雨》以及散文集《苦楝树》《花卉茶》等单独结集出版。翻阅这几本书籍,常出现诸如苦楝、槐树、荠菜、葡萄、马兰头、油菜花的篇什,他爱写这些本土极为普通的树木花草,是平民情结所致,文字流畅清丽,笔端常带感情,可称婉约一路。Z兄也写人,有中医司令吕炳奎,边戍军人单杰、金毅明,名医张建铭,葡萄能手单传伦等,形象生动,注重细节勾勒。然而,我以为他写亲人的作品更为耐读,其中《那葫芦依然挂在梅枝上》一文,写得尤其出色,此文先写了Z兄病中的妻子为孙女找来了五只葫芦,"我们在天井里的梅树上用红带子挂上,我挂了两只,你挂了三只。春花秋月,随风吹雨淋,我挂的两只都掉落了,而你挂的三只依然在梅枝上,我说你挂得牢,赞美你手巧",接着,宕开一笔,写到"就在你走之前的三个月里,你还在门前的小花圃里撒了些油菜籽、荠菜籽;不料三个月后,那孱弱的油菜开出星星的黄花,荠菜也绽出了星星银花,你却走了,再也见不到黄的花、白的花了",以亡妻遗物的葫芦,以及她撒的油菜籽、荠菜籽,如今已开了花,托物思哀,一唱三叹,有归震川先生风格之遗响。

Z兄爱垂钓,未至晚年,妻子不幸撒手离他而去,未能相伴终老。从此更热衷于垂钓,不分春夏秋冬,无论风霜雪雨,常开车到太仓、昆山、常熟一带水乡野外,在河边一待就是一天,他说钓鱼是次要的,主要是吹吹野风,赏赏野趣,与草木清风为伴,荡涤心灵。

今年春节前夕,我去Z兄家看望他,他十分开心,亲自下厨,烹煮了一锅自己钓来的野鲫鱼汤,乳白色、喷喷香,上面漂着些许细葱,十分诱人。又烧制了浓油赤酱、入口即化的红烧肉,还炒了碧绿生青、绿白相间的塌菜冬笋等。两人对坐,品茗饮酒,又诗人之吟、学者之思了一番,他感叹说自妻子逝世后,较少自家开伙,几乎吃遍了各处的饭店,今日还是第一次下厨招待客人。

　　文有主从,辞分偏正,拙文的所谓学者之思只是陪衬,主要写了Z兄的诗人之吟。这个Z兄就是赵春华先生。

西门篇

风雨沧桑话练祁

练祁市是古城嘉定的"城市之母",最早发端于今西大街。"几簇人家烟水外,数声渔唱夕阳边"(宋·吴惟信《泊舟练祁》),练祁市的得名,与嘉定一条古老的母亲河——练祁河有关,宽阔而清澈的练祁河犹如一匹洁白美丽的绸缎,故名"练祁"。练祁河又称"练溪""练江""练川",它穿境而过,由此得名为"练祁市"。

练祁市何时得名已不可考。但可以肯定的是早在南朝萧梁时期,练祁市因护国寺而成市,这个市规模很小,相当于今天的集市,只是一个商业税收的管理机构,而不是地方行政机构,因此,练祁市迄今已有1500年的悠久历史,它要比嘉定建城早700年。最早明确记载练祁市的文字记录有两处:一是清光绪《嘉定县志》中有"唐末,镇海节度使周宝遗将守护练祁"的记载;二是今存嘉定孔庙碑廊的《周知柔妻杨氏墓志》,此墓志1958年出土于嘉定西门外项泾之西,墓志称,杨氏在"嘉定六年(1213)以疾卒于正寝,次午二月二十五日葬于昆山县春申乡练祁市梁家浜东"。

建于古冈身外缘

练祁市建于古冈身的外缘,据地下考古发掘的科学测定,这条冈身带形成于4500年前,原是东海海岸线的一部分,形成陆地后,因古冈身地势高亢,土质坚实,易于耕植居住,嘉定的先民就勇敢而顽强地生息在这块土地上了。

南朝至隋唐五代时期，是练祁市的初创与开发阶段。梁天监年间（502—519），梁武帝萧衍笃信佛教，在位期间将佛教宣布为国教。正是在这个历史背景下，佛教在江南一带大行其道，护国寺应运而生。明代学者都穆在《练川图记》中对护国寺有明确的记载年代，称护国寺"在合浦门（即西门）外，梁天监中建"。护国寺南襟练祁河，西临项泾，北枕清河，寺西已经有了多座桥梁架于河上，如众安桥、项泾桥等，它们不仅是练祁市最古老的桥梁，也是嘉定地区最早的桥梁，更是嘉定先民生产和生活的重要见证。

护国寺香火旺盛，人迹渐多，后因寺成市，开始聚集了更多的人气。护国寺的周边经常举办庙会，庙会举办时，四乡八邻的人都聚集到护国寺，人们在烧香之余，购物、聚会、看戏、观灯、娱乐，热闹非凡，这是练祁市盛大的节日。之后，开始有人在这一带开设茶楼、酒肆、药铺、客栈，有了固定的商业网络，护国寺便成为练祁市的中心，故有"先有护国寺，后有练祁市"的民谣。由此还可以推断，练祁市的中心地域大致应在今西大街一带，一个真正意义上的集镇呼之欲出。之后，练祁市的东部也逐渐得到了发展。近年来，不断有隋唐时期的陶瓷在嘉定镇东部出土，这是先民们的生活用品。由此证明，练祁市已是当时一个初具规模的集镇。

宋元是重要发展时期

宋元是练祁市重要的发展时期。北宋时期，练祁市属昆山县春申乡，它已经有了一定的规模，护国寺四周已比较繁荣。北宋天禧年间（1017—1021），宋真宗赵恒亲自为护国寺赐额题匾，以示朝廷的重视。金人攻占汴京后，宋室南渡，北方大批士民纷纷南迁,练祁市的户口倍增。南迁移民带来了先进的生产技术和科学文化,加速了境内经济文化的开发,练祁市成为雄踞淞北地区的重镇之一。人丁滋长,商贸繁荣,设酒务、侍卫马军司酒库和官仓,开始形成里巷,加快了练祁市的城镇化进程。

南宋嘉定十年十二月(1218年1月),朝廷批准嘉定建县,首任嘉定知县高衍孙到职后,选择练祁市作为嘉定县治,并筑土城,建县署,营县学(亦称孔庙、学宫、庙学)。为了节省建城成本,高衍孙把县署和县学建于练祁市人口稀少的东首,后又创建了城隍庙、集仙宫等。针对县内人口增长,南宋端平元年(1234),知县郑士颖在护国寺东部建社仓,劝民输纳,积谷防荒,以增强抵御灾年的实力。

成为县城后的练祁市,城市规模得到了快速的发展,先后建成了登龙桥、孩儿桥、宾兴桥、崇文桥、登瀛桥、仓桥、清河桥等十余座桥梁。城市规模和人口也有了发展和增加,市内建有兴贤坊、永安坊、富安坊、嘉禾坊、迎恩坊等二十五个街坊。尽管建县后练祁市的政治、文化中心已移至东部,但西门外仍是练祁市最热闹繁华的地区。

据1979年出土的《宋故苏州乐善居士赵君墓志铭并序》载,墓主赵铸死后,安葬于"昆山县春申乡赤莲里",同期出土的《宋故孙府君夫人刘氏志铭》,也有刘氏安葬于赤莲里的文字记录。据考证,赤莲里位于今西门清河路边,就在当时的练祁市区域内。"里"在古代是指居民聚集的地方,同时也是县以下的基层行政单位,查嘉定地方志书虽有"赤莲里"的零星文字记载,但无具体方位,墓志铭提供了练祁市有关里巷重要的历史信息。据考古发掘和文献记载,两宋时期,练祁市西有数量众多的望族名人墓葬,如北宋通议大夫孙俦墓、当途县令孙载墓、知州军事赵纯墓,保义郎周知柔、萧山诸暨两县巡检周必强、训武钤辖周必进、谭思通等人的墓等。由此说明，作为城市成熟的标志，练祁市的居住区和墓葬区已明显分开，但相隔不远，由此可知当时练祁市的集镇规模范围尚有限。

宋代的练祁市，除了护国寺，还建有留光寺、昭庆寺、法华庵、积谷庵、净信院等规模不等的寺庙，以及法华塔、北府书院等。

元代，练祁市开始进入经济文化的重要发展时期。棉花开始在嘉定推广种植，由此形成了棉纱、棉布生产的业态，棉花种植和棉布生产的附加值在传统农耕经济中居于高端地位，嘉定经济实力有了较大的提升，而练祁市西既是棉花种植的集中区域，又是棉花、棉纱和棉布的交易中心，一批交易纱号布号的店铺应运而生。

元代元贞二年（1296），嘉定升格为中州，增建各种公廨，练祁市的规模有了较快的拓展，在西门外迎恩河上建西候馆，用于官员的迎来送往，还建了接官亭桥。元至正十八年（1358），张士诚遣部将吕珍将嘉定土城墙改为砖城墙，使城池面貌焕然一新。

元朝尽管中断科举近半个世纪，但对学校教育较为重视，多次修建学宫，地方有识之士王子昭、林畴等人热心办学，创办义塾，捐置学田，开一代风气。元代也是练祁市的文化重要发展时期，著名文人赵孟頫、杨维桢先后来到练祁市，与嘉定文人论文谈艺，替嘉定地方志书写序，为嘉定寺庙撰写碑文。

元代的练祁市崇佛之风盛极一时。护国寺在元泰定二年（1325）得到了拓展和维修，香火旺盛。市内又建了资福寺、圆通寺、西隐寺、皇庆寺、集庆寺、三教寺等，不仅数量多，而且规模大。

由于经济实力的增强，练祁市内出现了一些深宅大院和私家园林，如孙朝仪宅、龚氏碧玉亭、赵氏园、强氏文会轩、浦氏园等。

明清为全盛时期

明清，练祁市进入了全盛时期，城市规模有了更大的拓展，东西南北各城门都十分繁荣。明正德后，练祁市改称为"州桥市"，东部称"东市"，西门称"西市"。清乾隆后，州桥市又改称为"县城""城区"。就街巷而言，明清时期奠定了今日城区的基本格局。据地方志书记载，练祁市出现了四十余个街坊，人口稠密，市场兴旺，热闹非凡，练祁、横沥两岸呈现出"小桥、流水、人家"的江南美景。

棉花和棉布的贸易成为这个时期的基本特点，西门、南门一带聚集了大量的花行布庄，有各类店铺数百家，其中不少经营者来自福建、浙江、徽州等地。棉布业由于品种繁多，纱细工良，质量上乘，故深受商家青睐，棉花和棉布业的兴盛发展，为嘉定市镇经济的繁荣打下了坚实的基础。

由于经济繁荣，文化昌明，明清两代，嘉定出现了数量众多的私家园林，有水邱园、梅谷山园、龚氏园、东园、沈氏园、时氏园、归有园、侯氏东园、归氏园、金氏园、唐氏园、张氏园、赵氏园、滕氏园、秦园、沈氏东园、平芜馆、藤花别墅、西园、雪园等三十余座园林宅第。

明嘉靖三十二年（1553），知县万思谦、杨旦又把城墙增高加固，西城门内增建了子城（即月城），城门裹上铁皮，使城门更为坚固。嘉定人民在城墙上演出了威武雄壮的活剧，经历了血与火的洗礼，写下了可歌可泣的壮烈诗篇。嘉靖三十三年（1554），数千倭寇攻打西城门，军民凭借城坚池深，英勇杀敌，使凶恶倭寇未能得手，还涌现出抗倭小英雄石童子；清顺治二年（1645），侯峒曾、黄淳耀领导嘉定民众发起了气壮山河的抗清斗争，十万乡兵进城抗清，英勇的守城民众多次打退清军的进攻，重创清军。城门在实战中发挥了重要的防御功能。抗清斗争失败后，清军在城内大肆烧杀抢掠，"草木朱殷，腥血之气结成红云"（吴伟业《嘉定之屠》），城市的经济、文化遭到重创，嘉定几乎成为一座空城。

太平天国运动时期，东南民众运动十分活跃。清咸丰三年（1853）七月，以徐耀为首的南翔罗汉党起义，联合黄渡天地会周立春、上海小刀会刘丽川等，一度攻入城内，驱逐知县，打出"扫除贪官污吏"的口号，占领衙门。起义失败后，千余名义军被俘，"斩于汇龙潭，潭水为赤"（光绪《嘉定县志·兵防》）。清咸丰十年（1860），忠王李秀成率太平军东征，城西成为清军与太平军决战的主战场，部将赖文广于五月五日从西门攻入嘉定。此后，太平军曾三次在城内进进出出，与清军洋枪队激战。战火波及之处，生灵涂炭，市民丧生者达数百人。战争对城内造成了严重的破坏，许多著名历史建筑，大户人家的深宅大院均遭无情焚毁，民房毁坏率达到十之七八，民间有"壬戌癸亥，人嗥鬼喊"之说。

近代仍辉煌

辛亥革命时，嘉定脱离清廷，宣布独立。1914年嘉定称为"城市"，1930年分为东城、西城两镇，后又称为"疁城镇"。

在革命思潮的激荡下，1927年早春，毛品章、张吉人、张漱川、朱树仁、陆默深、廖家初等六位年轻的共产党员，在折漕报功祠内秘密集会，建立领导全县的共产党组织。最后，一致通过成立了中国共产党嘉定县特别支部（中共嘉定县委前身），会议推选毛品章为特支书记，其余成员均为特支委员，嘉定历史上的第一个中共嘉定县委诞生了。

在实业救国思潮的影响下，嘉定工商业人员精益求精。练西黄氏家族所经营的晖吉酱园享誉海内外，晖吉酱园所产"飞鹰牌"酱油和"金蝶牌"白玫瑰酒分别获得都灵世博会和巴拿马太平洋世博会金奖；所产"白鹤牌"天花粉获都灵世博会银奖。一批有志于实业救国的工商界人士，向日本引进现代纺织工业设备，开创本地的现代纺织工业。1934年，朱吟江、陶继渊、张颂周、顾吉生等在西门外开设了嘉丰纺织染整厂（简称"嘉丰厂"），所产"月宫牌"棉纱、"丰鹤牌"细布，以其高质量享誉海内外；1943年，陈佩青在西门外开办嘉新纱厂，生产"石童牌"棉纱，为用户所称道。由于西门成为嘉定现代纺织业的重镇，1931年，嘉定棉业公会诞生于西门外。这个时期，北城还创办了华兴电灯厂，后扩充为华兴永记电气厂。

工商业界的有识之士吴蕴初、黄世源、吴拯寰、陶继渊等人，热心教育，或出资办学，或捐资助学，创办了嘉定商业小学、练西小学、高义小学，为清寒弟子打开求学之门。练西小学、高义小学在嘉定教育界中有良好的评价，培养了一大批优秀人才。吴蕴初为普通小学捐建"蕴初楼"，为贫困优秀学子设立"清寒奖学金"，资助他们出国留学。

嘉定城曾两度沦为日本侵略军的占领区，饱受日本军国主义的掳掠。1932年，上海"一·二八"事变爆发，同年3月3日嘉定沦陷，历时两个月，日军才撤出；1937年，上海"八一三"事变爆发，同年11月9日，嘉定沦陷，历时整整八年，直至1945年8月，日本宣布投降后，日军才撤出。

1926年开始，嘉定陆续拆城，1951年起大规模拆毁，至

1960年几乎全部拆除，今仅在南城、西城尚有少量城墙残余，另有南水关和西水关。均已被公布为嘉定区文物保护单位。

　　1949年5月13日，嘉定解放，步入了新的历史时期，改称城厢镇。1958年，嘉定从江苏划归上海，嘉定镇被规划为科学卫星城。1980年，城厢镇再改称嘉定镇，今称嘉定镇街道。

练祁之根护国寺

像一本厚厚的书,需要徐徐地翻,细细地品,真是胸中伽蓝殿,掌上千秋史。护国寺从历史的烟尘中慢慢走来,渐渐清晰起来。纸上烟云,听我慢慢向你道来。

护国寺位于古城嘉定西门外,建于萧梁时期,迄今已有一千五百余年的悠久历史。建寺之时,嘉定尚未建立县治,隶属昆山县,护国寺建于当时的练祁市地域。烟雨江南,南朝佛寺,因寺兴市,这一带人丁滋多,经济繁荣。后来,练祁市成为嘉定镇的前身,故民间有"先有护国寺,后有练祁市"之说。追根溯源,可以毫不夸张地说,练祁市是嘉定城之母,而护国寺又是练祁市之根,佛寺之功德,早已彪炳史册。

关于护国寺的历史记载,最早见之于明正德四年(1509)著名文人学者都穆的《练川图记》:"护国寺在合浦门外,梁天监中建。"之后,历代志书及史料笔记也多有记载。在漫长的历史岁月中,护国寺不仅是僧人的浮图精舍,也是信众的精神家园。人们视之为宝物、珍爱有加,唐宋元明清各代均有修葺,达数十次。明清时期,这座精巧优雅的佛寺达到了全盛时期,占地达60余亩。

护国寺,好名字也。护国寺与中国佛教中爱国爱乡、匡扶正义的精神一脉相承。宋末爱国僧人万安曾组织义军参加常州守城,城破后流寓嘉定护国寺说法讲经,终成一代高僧;清顺治二年(1645)侯峒曾、黄淳耀领导嘉定抗清斗争,护国寺又成为爱国志士的集结屯兵之地。护国寺的历史与中国大历史一样,同样记载着苦难与辉煌，屈辱与争抗。

护国寺代出大德高僧。宋末元初的万安、慧彻，都是精通佛经、儒学的高僧，而慧彻更善于讲经说法，他又擅长诗文，所著《焦庵集》颇得佛儒二家的好评。明初，护国寺僧人通云精研佛经，曾编辑《石奇语录》一书。明弘治年间，寺中慈霆、恩基也是闻名遐迩的高僧，他们不仅精通佛经，也能吟诗作文，恩基著有诗文集《友云集》。嘉靖时期，德真和尚为修葺护国寺鸠工庀材，三十年如一日。修成之时，德真"劳苦尽瘁，两目俱盲"，其精神感动僧俗两界。万历、天启年间，圆赞、大因也都是护国寺高僧，圆赞倾尽全力修葺大雄宝殿，为世人钦佩。大因不仅精通佛经，而且擅长作诗，所著《挂瓢诗》，时人称为"清新""敏妙"。清乾隆年间，僧人福聚也是一位高僧，弘法讲经之余，著有《浩明诗稿》。史料记载虽属零星，也可见一斑。

护国寺是一所文化名寺，文化底蕴深厚，是嘉定文脉的重要组成部分。千百年来，护国寺与文人骚客结下了不解之缘。元代泰定二年（1325），护国寺重修完毕，长洲教谕、诗人汤弥昌曾为之作记。明正德五年（1510），王阳明弟子王应鹏任嘉定知县。他为官清廉，是护国寺的常客，曾有一首《护国寺》七律，诗中"萧寺西风黄叶多，闲情无奈老僧何。双松倚石门前立，独鹤横秩殿上摩"的句子，反映了护国寺内林木扶疏、环境清幽、白鹤飞舞的美景。明万历年间，著名文人、曾任礼部尚书的徐学谟为护国寺撰写了《重修护国寺募建桥梁记》。与此同时，名震江南的"嘉定四先生"也常到护国寺，或与高僧谈经说禅，或在寺中读书养性。唐时升喜爱寺中的牡丹，共赋诗三首表达了他惜花爱寺之心；程嘉燧曾为护国寺大因的诗集作序；唐时升、李流芳又点评大因的诗，给予高度的评价。抗清志士黄淳耀也曾在寺中读过书。清乾隆时期，著名学者、诗人王鸣盛盛赞僧人福聚的诗。

清咸丰、同治时期，护国寺在太平天国运动中遭到重创，后日渐衰落。西部全夷为平地，东部尚存部分建筑，也被移作他用。但至上世纪 50 年代，其基本形制尚在，直至今天，吉光片羽，犹有存者。僧俗两界，都热切地希望护国寺如凤凰涅槃，得以浴火重生。

2011 年，在六时吉祥的氛围中，经有关方面批准，护国寺在原址重建，一座庄严佛国即将拔地而起。届时，护国寺又将从纸上烟云，变成庄严佛国。

人性光芒
——奇特的八大王祠

我念初中的时候,每天都从西门外步行到位于西城墙东的承德中学读书,当进入西城门右拐,走过横跨在练祁河上的石板桥,就可以看到两棵高大的银杏树。那时,银杏树西有一所占地不大的老平房,嘉定人称之为"八大王庙",当时庙里还住着一户普通人家。庙紧挨着西城墙,坐西朝东,屋内有一座三尺高的神台,神台上供奉着身穿箭衣马褂、头戴红顶朱穗凉帽、拖着一条辫子端坐着的清军军官的形象。初中生的我,在路过时常会进去看看,感到好奇不解。

记忆中,嘉定人的宗教信仰中往往祠庙不分,对祭祀的对象统称"老爷",顶礼膜拜。那个年代,嘉定的有些地方尚能看得到庙宇和菩萨,八大王与其他任何一座庙内的供奉菩萨都不一样。这个八大王究竟是何人?人们为何要造这座庙来供奉他呢?"八大王",显然不是人名。历史上,南方人有称官兵为"大王"的称谓,嘉定方言中则称有力量的人为大王,对有力量的人显摆,称之为"摆大王"。

八大王的故事,我曾问过我的父亲,父亲不擅口才,但他简单地讲述过,听口气,他对八大王颇为敬重。这个故事发生于明亡清兴时,当李自成的农民军攻入北京后,崇祯皇帝朱由检在煤山上吊殉国。吴三桂打开山海关,放清兵入关剿灭李自成。清军入关后,入主中原,定鼎北京。一路杀过来,清军在北方未遭到有力的抵抗,但到南方后却遭到了激烈的抵抗。清顺治二年

(1645）闰六月，乡贤侯峒曾、黄淳耀先生领导"嘉定恢剿义师"，发动老百姓，组织乡兵，嘉定抗清斗争像火山一样爆发了，十万乡兵进城与清军作战。当时，攻打嘉定的是投降清军的明朝徐州总兵李成栋，清军依仗强悍的兵力，日夜不停地攻打嘉定城。嘉定的义军奋力作战，英勇不屈，但义军力量单薄，作战经验不足，再加上粮草匮乏，又加上连日暴雨，城墙被冲垮。历时两个多月，嘉定城终于被清军攻破了。清军破城后，侯峒曾、黄淳耀壮烈殉节。由于嘉定军民顽强的抵抗，清军死了许多人，李成栋的舟师被焚毁，兄弟李成林被乡兵杀死。李成栋对嘉定的老百姓恨得咬牙切齿，就下了残忍的屠城令。清军在嘉定城内大肆烧杀抢掠，先是骑兵、后是步兵，杀得嘉定城内尸堆成山，血流成河，嘉定遭到杀害的民众有两万余人，史称"嘉定三屠"。嘉定几乎成为空城，"数十里内，草土朱殷""但见室家零落，闾井萧条，白骨载道"（朱子素《嘉定乙酉纪事》）。无数忠节之士和无辜百姓，血洒疁城大地，练水河边。

传说，每次屠城限定一个时辰，以点完三支香的工夫为限。负责点香守香的是一个清军小头目，人称"八大王"，他的真名叫什么已经无从考证了，可能是弟兄中排行第八吧？他是清军中一个有良知的人，他看不惯清军的暴行，尤其看不惯阴险毒辣的李成栋。当点燃到第三支香时，城内的百姓已经被杀得所剩无几，八大王眼看照这样杀下去，城内的百姓将被杀得一个不剩，他的心像在火里煎熬，急中生智，顺手掐断了几寸香，放到嘴里吃了下去，过了一会儿香就点完了，他急速骑马通知清军官兵："时辰已到，赶快封刀！"此时，嘉定城内已经只剩下七个老百姓。好险呀！如果他不掐断这几寸香，嘉定城里的老百姓将要一个也不剩了。然而，由于他的马跑得太快太急，当八大王回军营奔过西城的三皇桥时，一不小心，马失前蹄，被摔到了练祁河中，这位东北汉子不谙水性,不幸淹死了。兵荒马乱中,谁也不知道这个清军小头目的姓名,兵营中大家习惯称他"老八",就称他为"八大王"。故事简单,没有悬念,但却反映了历史深处人类的理性光辉,犹如黑夜里的一道灵光,温暖着人心。

一年后,劫后余生的七个嘉定人,怀着感恩心,就在西城门水关旁,筹资建造了一座八大王祠,当地人则将其俗称为"八大王庙"。由于劫后嘉定百姓经济拮据,故此庙规模很小,仅占地三分,庙依城墙而建,坐西朝东。这类庙宇,也许在全国也是罕见的。

传说毕竟是传说,历史上的所谓八大王是否真有其人?后来,我从事地方史的研究与编撰,自然也会关注有关八大王的事。这个所谓八大王是一个清军的军官,应史有其人,却不知姓名,八大王的故事发生在清初,但自康熙至嘉庆数次编纂的嘉定地方志书均未记载过八大王的事,也无八大王祠的片言只语,说明他未进入本地文人学者的视野,兴许,"三屠之地"的嘉定士人对清军有着天然的仇恨,直至光绪时期,才首次有了相关记录。查光绪《嘉定县志》卷三十一"祠宇"载:"八大王祠,西城上。神行八,姓名爵里无考。'大王'者,当时南人见兵官之通称。相传李成栋屠城,限更香三炷。一兵官阴掐数寸,香甫烬,骤马传令封刀,至三皇庙桥,坠马死。民祠祀之。同治十三年重建。"寥寥数笔,语焉不详,历史信息不多。而地方志书将其列入"祠宇",说明它实际上是一处纪念场所,并非佛教庙宇。

嘉定素称不屈之地,嘉定人富于反抗精神,然而嘉定人又明事理,知报恩。嘉定后人都十分崇敬八大王,人们世世代代都敬奉八大王,进庙烧香的人络绎不绝,香火一直非常旺盛。八大王祠应建于清初,清咸丰十年(1860),太平军攻入嘉定城,八大王祠被焚毁。同治十三年(1874),嘉定百姓募集经费,在废墟上重建了八大王祠。

旧时,八大王祠旁的庙泾桥还举办"稻香会",庙场上男女杂沓,热闹非凡。1936年6月20日的《太嘉宝日报》上,对于隔天的"八大王庙赛会",有过这样的报道:下午一时左右,庙场上人头攒动,开始排会。最前面有十多人骑着白马,手持老式刀枪开道,后面紧跟着彩旗罗伞的仪仗队,再后面是丝竹清音,还有缭绕香烟的大香炉,也有四个人像抬轿子一样抬着。跟着香炉后面有七个台阁,在台阁之后,是七台地方戏,即七组人物戏曲故事,随着赛会队伍行进,人物边走边演,做出种种动作,有的按故事情节演出,有的纯粹是做一些插科打诨逗人发笑的动作而已,正剧演变成了喜剧。

令人遗憾的是2005年八大王祠被拆毁,改建成一块不起眼的绿地。如今,八大王祠已经灰飞烟灭了,但庙前的两棵古银杏仍在,依然生机勃勃,直插云天。

上林春书场

上林春书场是个老书场，在西门一带几乎人人皆知。书场位于项泾桥东堍。清末，经过太平天国运动，护国寺的毁损极为严重，护国寺的西部，即今护国寺路西的一部分，已全部夷为平地，真是沧海桑田，人世无常。一部分流民在寺基上搭建房屋，定居下来，而挨近西门外大街的，则纷纷开设店铺经营各种商业活动，护国寺周边的经济又慢慢恢复起来。

清末民初，护国寺周边有大量的店铺，其中有米行、棉花店、布店、药店、木行、竹行、南北货店、香烛店、理发店等，为了满足南来北往客人的需求，还有饭店、点心店、客栈等等。人们在烧香拜佛之余，采购或者卖出货物之后，也需要娱乐活动，或喝一杯清茶、会会朋友，护国寺附近出现了几家茶馆兼书场的娱乐场所。其中，最为著名的是位于护国寺西部旧址对面的上林春书场。

上林春书场由江苏南通人王楠樵建于清宣统三年（1911），有100余年的历史了，三开间门面，名字很美，富有诗意，充满江南气息。它临街濒河，前面是西门外大街，后面是练祁河，西面是项泾，两面环水，一面临街，风景极佳。据史料记载，书场的前半部分是老虎灶，有一口大水锅炉，既供应里面茶馆泡茶所用热开水，也对外供应白开水。当时周边的市民先买水筹，一枚铜钱一根，每根水筹可以打一热水瓶开水，价格公道便宜，而且可随时来打，十分方便，附近的市民纷纷到上林春书场来打水。

上林春书场每天早上四五点钟已经开门迎客。老茶客们纷纷到茶馆喝茶，茶馆有近200个座位，可供200位茶客喝茶。除了附近的市民外，还有不少挑着担子进城卖菜的农民，其中以老人为多，他们不管风吹雨打，摸着天黑，步行数里路到上林春，把菜担放置在路边，一面慢悠悠地喝茶，一面卖菜，菜卖完，茶也喝得差不多了。茶客们喝的以红茶为主，品级都不高，但老红茶经泡，一壶茶可以泡十几次。茶馆是当时人们信息交流的场所，十里八乡发生的事情都可以在这里听到，人们追求的就是这个氛围。有时候，也有做生意的人在茶馆谈生意。还有人在茶馆里三对面、六对证地讨论解决债务纠纷，以达成口头契约，叫作"吃讲茶"，边吃茶，边"讲斤头"，真是名副其实。

午后，茶馆变成了书场，这里演出苏州评弹，评弹艺人都是走江湖的，一般放双档，也有一人单挑说大书的，价格低廉，一般观众都能承受。自然，评弹大家也会到上林春书场演出，上林春书场是嘉定地面上有档次的演出场所，如赵正卿、张梦飞、唐耿良、唐凤春、秦纪武、胡天池、陈莲卿、祁莲芳等许多名家都曾在上林春书场演出过。这里曾演出过《珍珠塔》《描金凤》《英烈传》《杨家将》《说唐》《三国》《施公案》《彭公案》《三侠五义》《焦裕禄》等剧目。评弹演出时，小贩可以随时进入书场，卖香烟、花生、瓜子等等。一边听评弹，一边还可以叫壶茶，茶博士们技艺高超，手持铜吊，人站在走廊中，可以将热水送入听客的茶壶中，丝毫不错，滴水不漏。这时候，如果从西门外大街走过老远的地方就可以听到叮叮咚咚的琵琶声，以及优美清亮的吴侬软语、呖呖莺声，还可以闻到清爽的茶香。晚饭后，又有一场书，依然是听客满堂，热闹非凡。上林春书场培育了一代又一代的评弹爱好者，笔者从小就曾多次随长辈去上林春听书，美好的感受留存至今，每当回忆当年情景，依然感到十分温馨。

十年动乱时期，上林春书场因名字不够革命，一度改名为

"大众书场"。到上世纪90年代,听客锐减,书场不景气,一度改演锡剧、沪剧、越剧等地方戏曲,最后还是支撑不住,终于关门歇业。但上林春的建筑仍在,也许随着西大街的保护性修复,它会有再度兴旺的一天。

善牧堂轶事

幽静的西大街上,有一座古朴的建筑善牧堂。这座外表平常的建筑是嘉定较早的基督教教堂,初名"监督会",位于西大街聚善桥北堍,东邻是撰写《新嘉定大事记》的学者黄天白的宅第。善牧堂始建于清光绪七年(1881),由美国基督教监理会出资,由时任上海中华圣公会会长的吴虹钰(相当于牧师)买地构建。吴虹钰也成了善牧堂的首位牧师。并先后在外冈、方泰、安亭等处设立分堂,甚至发展到太仓县。

善牧堂除了做礼拜外,还附设开办学校。光绪十五年(1889)开办了女校,翌年复设男校,学杂费全免。此外,由于吴虹钰本身又是西医,精通医术,在建善牧堂的前一年,他就在城内旗杆场顾宅开设了一家诊所,一面看病,一面传播基督教,有不少信徒就是在看了病以后才入教的。善牧堂建成后,他一面传教,一面还向教徒们讲授西医知识,西医在嘉定最早的传播,就是从善牧堂开始的,开风气之先。

吴虹钰是清末民初时期上海基督教会中的重要人物,清同治五年(1866),他和美国圣公会传教士汤蔼礼合办了"上海同仁医局",作为最早传入中国的西方现代医学的代表,成为今上海同仁医院的前身。他德高望重,为人慈善,医术高明,除了传教,还为病人祛除病痛,活至90多岁高龄才逝世。吴虹钰之后,还有上海圣约翰大学毕业的石晋荣牧师,也在善牧堂布教,名震一时。

善牧堂的外形系江南民居,建筑面积330余平方米。围墙门额题"善牧堂",内部装饰为美国风格。东部为教堂,面积近100

平方米,能容约 200 人,是牧师布道及信徒举行宗教活动的场所。西侧有一个院子,种植天竺、蜡梅、美人蕉、玫瑰等花木。西部为办公室、学校、寝室,后面为厨房、库房等生活配套用房,共十余间。环境整洁幽静。

善牧堂还造就了一段传奇的故事。光绪年间,美国归来的传教士宋嘉树常在昆山、嘉定、上海一带传教。他与留美幼童嘉定人牛尚周是在美国就结识的老朋友。一天,宋嘉树在上海与牛尚周重逢,当牛尚周得知宋嘉树尚无意中人时,就将自己的妻妹倪桂珍介绍给宋嘉树,两人一见钟情。倪桂珍是明代大科学家徐光启的后代,父亲倪韫山也是一位学者。倪桂珍于 1869 年生于上海,毕业于上海美国圣公会主办的培文女子高等学堂,并在母校任教。

由于牛尚周是嘉定人,宋嘉树与倪桂珍也就经常到嘉定来,他们十分喜爱这个风光秀丽、充满文化气息的江南名镇。1887 年春天,22 岁的宋嘉树与 19 岁的倪桂珍要办订婚仪式,经商量他们决定放在嘉定善牧堂举行,由牛尚周做他们的证婚人。宋倪结合,产生了"宋氏家族",诞生了影响中国历史进程的宋霭龄、宋庆龄、宋美龄"宋氏三姐妹"及宋子文等民国名人。

1949 年,善牧堂信徒有 135 名。"文革"期间停止活动,教堂被占。中共十一届三中全会后,落实宗教政策,于 1982 年 12 月恢复宗教活动。上世纪 90 年代后,嘉定信教徒日见增多,旧善牧堂已无法容纳这么多的信众从事宗教活动。1993 年,在嘉定区清河路 432 号新建了建筑面积 1063 平方米的新善牧堂,宗教活动改在新址进行。

由于善牧堂已有 130 多年的历史,是名副其实的百年老屋,外形显得较为陈旧。2008 年,嘉定区基督教三自爱国运动委员会对善牧堂进行了修旧如旧的整修。2010 年,在第三次全国文物普查中，善牧堂被公布为嘉定区登记不可移动文物保护单位。

　　读小学时，有一位同学的父亲信教，有时候也会随他去善牧堂玩，那时什么也不懂，只觉得那里很整洁，也很神秘。直至人到中年，才知道还有那段非凡历史。

曾氏瑞芝义庄

孟子云："君子喻于义，小人喻于利。"此义为道义、信义、正义。顾名思义，义庄是播道义，讲信义，树正义之地。西大街曾经有过一所十分有名的义庄——曾氏瑞芝义庄，是嘉定近代较有影响的义庄之一。义庄是农耕社会的产物，也是民间自助慈善机构。一个大族之中，必然有穷有富，富有的拿出一定的田地来办义庄，其田租专用于慈善目的，这是旧时的一种慈善事业。义庄之中包括学校、公田、祠堂等设施。而在城市中，被称为义庄的场所，又另外有一个十分专门的用途：寄放一时无法安葬的棺柩。

义庄的历史源远流长，早在北宋时期，政治家、文学家范仲淹就在他的故乡苏州吴县天平山下创办了中国第一个义庄。清前期，随着社会逐步稳定，经济发展，建义庄的风气慢慢兴盛起来。

公元1670年，康熙皇帝亲自颁发了倡导地方教化、维护社会稳定的《圣谕广训》十六条，其中第二条是"笃宗族以昭雍睦"，主张购置义田来赡养贫乏无依的人群。嘉定的义庄就大多建于清中后期。义庄的申办手续繁复，要经县、府、道、布政司、巡抚等几重衙门的审核，直至礼部最后批准，方可正式办理。瑞芝义庄最后就是由江苏巡抚鹿传霖立案题名，并报礼部批准后才允许建造的。

曾氏瑞芝义庄的创办人叫曾铸，字少卿，福建同安（今厦门市）人，生于清道光二十九年（1849）。从小随父亲曾初泰在上海经营海味业，后以勤劳发家致富，遂定居于嘉定城。他曾捐得二品花翎、封盐运司运同衔，但仅是名誉，并非实职。曾铸有爱国热忱，在清光绪三十一年（1905）抗议美国人虐待华工一案中，他积极响应，起而抗争，大声疾呼。他对中国人吸食毒品深恶痛绝，认为鸦片不除，中国无由争存，遂创设"振武宗社"，劝导烟民自禁，一时各地支社踵起，报戒者数万人。时人称他"言论慷慨，志趣非凡"(章鸿森《曾氏瑞芝义庄全案序》)，民国《嘉定县续志·侨寓》有其传略。

曾铸从小喜爱读书，书法和文章都有一定的造诣。他为人善良大方，急公好义，富于正义感，从小就知道范仲淹办义庄的故事，十分钦佩，一心想效仿范仲淹，帮助有困难的人。他的父亲曾初泰也是一个善人，早就有办义庄的想法，但因经济条件不许可，未能实现理想，成为终生遗憾。曾铸的《曾氏瑞芝义庄记》一文，表达了这种心迹："少时侍游吴下天平山，景仰宋贤范文正遗风，通奉大夫嘅然顾铸曰：'丈夫处事不当如是耶？夫人生天地间，不外行藏二者耳。用而行，则泽被苍生；舍而藏，则泽吾同族。呜呼！丈夫处事不当如是耶？'铸谨识之，不敢忘。顾家贫，历三十余年，有志未逮。"

清光绪二十五年（1899），曾铸耗资四万两银子，购田一千五百余亩。又在西门外购地，花银一万二千两银子修建瑞芝义庄。曾铸献出全部田产，充作义田，并将义田租给族人及嘉定农户，每年以田赋收入充作义庄的基金，指定专人负责，建立宗祠，用于赡养族中鳏寡孤独废疾之人，创办中西学塾，奖励族中学子，灾年时设粥厂，赈济嘉定灾民。

瑞芝义庄占地10亩，规模宏伟，前后共九进深，有房115间。临练祁河是第一排房，西边是个用花岗石建成的大型码头，用于停靠舟楫。石码头上面覆有梁木网砖青瓦，即使在雨天上下码头也不会淋湿，既牢固又美观。第二进正好临西门外大街，面宽九楹，入内大庭宽广，有120步。正中南向有三重门，即义庄的正门，进门是义庄正厅，宽九楹，是义庄举行祭祖、议事等重大活动的地方。东厢四楹是义庄所办的中西学塾，免费招收族中弟子及嘉定孩童，西厢四楹为义庄的经理、会计办公用房。后几进有三十余间库房，贮存了大量的稻麦，以备荒年赈灾之用。还有厨房、厕所、浴室和义庄庄长办公室。

义庄有严格的规范，制定了《经理规条》《赡族规条》《祭祀规条》《墓祭规条》《义塾规条》等一系列法规条例，周到而又详细，运作有条不紊，义庄日常经费的监督、考核一丝不苟。

购义田加建义庄，使曾铸倾其一生积累，在嘉定传为美谈。清光绪二十六年（1900），曾铸亲自编辑了《曾氏瑞芝义庄全案》（上下卷）一书，并于是年秋雕版付梓。此书详尽地记录了曾氏瑞芝义庄建立的全过程，包括许多官府批文，还留下了曾铸的手迹。时任嘉定知县章鸿森为书作序，十分赞赏他的义举和精神。九年后，辛劳一生的曾铸在嘉定逝世，终年60岁。

1949年后，曾氏义庄被充作嘉定百货公司文具批发部，部分房屋已被改建，但尚有遗迹可寻。

石马弄故事

1958年,我从高义小学考入位于护国寺旧址的练西中心小学,从此每天从家步行到练西小学。途中要穿过一条叫"石马弄"的深巷,窄窄的弄堂,幽深的巷子,旧时,沿着这条很长很长的弄堂一直往北走,可以看到大片农田,千畴绿浪,还有那匹历经了数百年风雨的青石马,弄堂就因石马而得名,每天我都要骑在光滑的青石马上乐一乐。

石马弄是一个古老的地名,原名"石马巷",明代就有了这个称谓。据万历《嘉定县志·坊巷》记载:"石马巷,在合浦门(明代称西门为合浦门)外。"石马弄与明代礼部尚书徐学谟家族有关,石马北是明嘉靖、万历年间嘉定名门望族徐氏的一片墓地,清光绪《嘉定县志》的《古墓》称徐氏墓地位于"项泾妙音庵西"。这里有徐学谟的祖父、赠礼部尚书徐经的墓葬;徐学谟的父亲、赠礼部尚书徐甫的墓葬;徐学谟的长兄、太医院吏目徐学礼的墓葬;此外,还有徐学谟的衣冠冢(徐学谟本人葬于苏州吴县光福镇弹弓山)。

徐氏一家的发达,离不开徐学谟,他自己也说徐氏一门"俱由谟贵"(徐学谟《明太医院吏目徐公暨配李孺人合葬墓志铭》)。徐学谟,初名学诗,字叔明,号太室。嘉定城内人。明嘉靖二十九年(1550)进士,曾任兵部主事、荆州知府、礼部尚书等官。在任荆州知府时,徐学谟为官清正,不畏强暴,因抵制景王朱载圳企图强占民田,得罪了朱载圳,而朱载圳是嘉靖皇帝十分宠爱的第四子,朱载圳就弹劾和诬陷徐学谟"抗悖无人臣礼",致使徐学谟被捕下狱。荆州百姓群情激愤，连日举行罢市，并作歌："贤哉侯，留无计；神有知，扬善类。"后朝廷迫于舆论，只得放人。他还关心家乡民生事业，力主折漕为银。徐学谟的事迹感动许多人，也影响了他的后代，他的孙子徐元皸任刑部郎中，为官执法严明，刚正不阿，甚至敢于顶抗皇帝，徐氏被称为"世代忠良"。书画大家董其昌曾为徐学谟的归有园题额"世忠堂"，嘉定四先生之一的唐时升专门写了《世忠堂记》一文。徐学谟精于诗文，勤于写作，称为"制作巨手"。有《春明稿》《徐氏海隅集》《归有园稿》及《春秋亿》等传世，堪称著作等身。《明史》、清光绪《嘉定县志·宦迹》都载有他的传。

徐学谟与西门有密切的关系，西门是他活动十分频繁的地方。他的宅第"归有园"就在西城内，他晚年好佛，护国寺、西隐寺是他经常驻足之处，他还曾为护国寺撰写过《重修护国寺募建桥梁碑记》，护国寺前还有一座为纪念他而建的"大宗伯坊"，大宗伯是礼部尚书的别称。

徐学谟的祖父徐经、父亲徐甫、兄长徐学礼三人均是一介平民，本无任何头衔。古代朝廷有封赠的规定，赐予官员父母、祖先与妻室以爵位名号，存世者称"封"，已故者称"赠"。明、清文武官员一品封赠三代，二、三品封赠二代，四品至七品封赠一代，八、九品只封本人，亦按不同品级封赠其妻以不同名号，一般在有庆典时封赠。因徐学谟曾任礼部尚书从一品的高官，故他的祖父母、父母、兄嫂及自己的妻子都得到了封赠。史料没有留下徐学谟祖父徐经、父亲徐甫更多的事迹。徐学谟《徐氏海隅集》中，有记录母亲陈安人生平的《先考祠部府君陈妣安人行状》一文，大致可以了解徐氏家族早期"上世无显者"的基本状况。1959年从徐墓中出土的《明太医院吏目徐公暨配李孺人合葬墓志铭》，今存嘉定孔庙，系徐学谟亲自撰文，以简练的文字，勾勒出徐学礼的传略，文笔生动传神，颇为有趣："公生而丰硕姿朗，自幼俶傥，喜豪举，家徒壁立而遇事挥霍，不问有无。先君雅慕经术，为延师督课之。然以家贫不能得专师，而君又多少年之好，颇厌薄章句，若弗屑意者。先君曰：儿长矣！盍经营四方乎？乃弃去而以家事属公。谟少公六岁，时方专意力学，赖公经营以支门户，庶无纤毫内顾忧，而卒幸以成名，得起家进士，以竟先君之志。公与有力也。谟入仕既数年，公始悄悄称有家，乃治第于邑之北里。又于左偏得隙地为园，凿池叠石，亭榭花木之胜略具。性既好客，而又家有乐部，诸宾从争归之，即四方知名之士来者，亦多愿徐长公从游。当其盛时，酒人博徒，鸣瑟跕屣，穷日夜无间，而饬供具务丰旨以结客，无吝容。迨晚年有忧贫之嗟，不尽如意，延其所畜梨园弟子尚不惜訾费，至老而兴犹剧。盖其癖好使然，而于音律，初不求甚解也。自治第治园而外，时喜筑室。而性复不常，每一室成，未几旋即改作，以故土木之役无岁不举。第能讨时裁狭阔，较它人倍耳，故公无倍省耳，故公无厚藏，而以前数事坐耗，满赢而入，漏卮而出，橐中往往无余金焉。"徐学礼爱朋友，爱园林，爱戏曲，是个性情中人，但挥霍无度，以致晚年囊中羞涩，不免显得尴尬，徐学谟在文中对他也不无怨言和谴责。

由此可见，石马弄后的徐氏墓园系徐学谟中晚年所扩建，而石马弄正是墓园的甬道，那匹光溜溜的青石马就是甬道边的装饰物——"石像生"。而所谓"礼部尚书"指的是徐学谟的祖父和父亲，头衔只是一个赠号而已。

1959年，嘉定县刚从江苏划归上海市管辖，被定位为"上海科学卫星城"，一大批科研单位开始陆续落户嘉定。按规划要实施中科院力学研究所的土建工程，并在上海力学研究所前修筑清河路，工程将开挖和平整一片大型古墓地。不久，人们传说纷纷，挖出了"明朝礼部尚书"的墓。斯时,我在上学路过工地时,曾目睹这几座古墓开挖后的一片狼藉,还拾到了人们从墓中随意抛在地上的一枚铜钱。

如今石马弄仍在,只是已短了,人们心爱的石马也不知了去处。

信念的证明
——折漕报功祠的前世今生

我老家东首，是一处叫"报功祠"的古建筑，小时候几乎天天去玩，只觉得名字很别扭，不明就里。直到我从事文博和地方志工作，查阅了大量的史料后，才知道报功祠的全称应叫"折漕报功祠"。它是一处来历不凡，极具人文价值和经济改革意义的文化遗存。折漕报功祠建于明万历十五年（1587），迄今已有四百余年的历史，是一所类型独特、全国罕见的纪念性祠宇，类似今天的纪念馆或专题史料陈列馆。嘉定历史上发生的"折漕为银"事件，以及折漕报功祠中发生的故事，堪称惊心动魄，对嘉定经济社会发展产生过重大的影响。折漕报功祠在历史上曾二建二毁，曾经倾注了无数嘉定人的情感。

"折漕事件"的由来

"漕"就是漕粮，系通过水运缴纳的皇粮，皇粮是农耕社会百姓对官府最重要的税赋。中国古代各个封建王朝，在相当长的历史阶段，均规定农民以粮食作为赋税的单一形式，不允许轻易改变。"折漕为银"的改革倡议，就是改变以粮食作为赋税的单一形式，将漕粮折合成银两再上缴朝廷，改实物赋税为货币赋税。

嘉定的折漕事件发生在明清两朝。其历史背景大致是：明代中叶，地处长江口的嘉定，因海岸线向外延伸，地势凸高，自然环境变化，导致此时的嘉定不宜种稻，而宜植棉。当时，境内农田作物的分布是，10亩农田中，9亩为棉1亩为稻。嘉定的棉花种植和棉布纺织已形成完整的产业链。种植1亩棉花产出价值是水稻的2倍，若再加工成棉布，则是水稻的5倍。在巨大的利润刺激下，嘉定的棉花种植和棉纺织生产走上了商品化、产业化的轨道，成为嘉定的支柱产业。据有关史料记载，嘉定在明清两代"躬耕之家无论丰稔，必资纺织以供衣食"，"所称大户，亦不废焉，每夜静，机杼之声达于户外"，这是当时嘉定经济社会的真实写照。

但十亩九棉的产业化种植，也使嘉定产生了粮食作物稀少、粮食供应严重不足的现实问题。不仅城镇市民的食粮要依赖外县供应，就是农民的口粮也要依靠邻县产稻区供给。

然而，朝廷规定，嘉定所缴纳的田赋要比其他县高出十倍。据著名学者顾炎武《天下郡国利病书》记载，嘉定县每年每亩需要漕粮62斤（其中田赋40斤，运费22斤），全县共需缴1200余万斤大米。由于朝廷不顾嘉定的实际情况，硬性规定粮食不能自足的嘉定也必须以大米为漕粮上缴，导致嘉定农民必须到邻县稻区去购买大米后上缴，费时费钱，还会遭到中间商的层层盘剥，所购得的大米是原价的两倍，渗水渗石的情况也时有发生，因米的质量问题而常遭退还。明万历年间，嘉定农民不堪重负，纷纷逃往外乡，沦为流民，出现农户锐减、田地荒芜的惨象，诗人黄淳耀有"荒城百里绝炊烟"（《送张子石游燕，时朝议嘉定复漕子石以伏阙入京》）的诗句，生动地描写了当年的惨象。

有识之士提出"折漕为银"

面对这种严峻的形势，嘉定的有识之士提出了"折漕为银"的改革倡议，就是将漕粮折合成银两上缴朝廷，改实物赋税为货币赋税，显得公正而又方便，这是赋税改革的一个重大创新，史称"为嘉定所独"(民国《嘉定县续志》)。

"折漕为银"事件分两个阶段,第一阶段是"折漕为银"。"折漕为银"发端于民间,首先提出这个创议的是平民瞿仁、徐行。此议很快就得到时任礼部尚书、嘉定人徐学谟的呼应和支持,为桑梓谋百世之利,徐学谟上书言事,力主折漕,但朝廷只同意一年一折,而且随时可能恢复征缴漕粮。第二阶段是将"折漕为银"制度化、常态化,即"永折漕粮"。嘉定乡贤孙元化、侯震旸、唐时升、李流芳、娄坚、赵洪范等,置个人安危于不顾,持续不断上书言事,为民请命。令人感动的是,秀才张鸿磐、孙和鼎、侯玄汸、申荃芳等专程赴京,在宫门外伏阙上诉,请求朝廷永折漕粮为银。嘉定在朝或者在野的知识分子几乎先后都参加了上书朝廷建议折漕为银的活动,他们前赴后继,九死无悔。嘉定的地方官员,先后担任过嘉定知县的朱廷益、熊密、王福征、韩浚、胡士容、卓迈、张承诏、谢三宾等也都力挺"永折漕粮"。民间和政府形成合力,终于在崇祯十五年(1642)在总漕史可法的力主下,得以批准永折。

实施"永折漕粮"后,嘉定专注于棉花种植及棉纺织产业发展,一业特强的产业格局,促进了嘉定的经济繁荣和社会稳定。嘉定由此实力雄厚,成为江南的一颗璀璨明珠。

"折漕"引发惊天大案

转眼又过了四十六年,明亡清兴。康熙二十七年(1688),折漕之事又起波澜。这一年康熙皇帝下诏减免地丁税,但户部却以嘉定已实行折漕为理由,坚持不同意减免,相比邻县,嘉定的税赋负担又要高出许多。

时任嘉定知县的闻在上尽管非科举出身,因精明能干,于康熙二十一年（1682）以吏员擢升为嘉定知县。他勤政爱民，是一位清官。为了保护地方经济和民生利益，他与嘉定生员（秀才）张凝祉、汪燧实商量后，决定派代表赴京向朝廷申辩理由，争取嘉定与苏松太的其他县同等待遇。嘉定代表到北京后，受到嘉定籍新科进士孙致弥和赵俞的热情接待，孙致弥是民族英雄、科学家孙元化的孙子，著名学者、诗人，《佩文韵府》的总纂；赵俞也是著名诗人，中进士时已58岁，他们热爱家乡，也都热心折漕。孙致弥还为嘉定代表在京中活动上下打点，垫付了一笔三万七千两银子的巨款，此款系孙致弥从公款中借出后垫付，事后嘉定乡绅们立即筹款汇至北京予以垫补。事情办得还算顺利，朝廷批准了嘉定的诉求，嘉定上下欢欣鼓舞，奔走相告。

正当人们欢欣鼓舞之际，居心险恶的奸民曹明、陶京却上书江苏巡抚、两江总督，诬告参与折漕的有关人士是"抗税骗款"。犹如一石激起千层浪，引起朝廷震怒，当场逮捕了36人，株连300余人，闻在上、张凝祉以策划抗税骗款罪，被判斩首；孙致弥以支持闻、张，挪用公款罪，被判"斩监候"（相当于现在的死缓）；新科进士赵俞等二十余人分别被革职、革去功名，或受到狱关押等刑罚，酿成了震惊朝野的惊天大案。幸亏此案在刑部、大理寺复议时，发现疑点重重，建议暂缓执行。三年后，终于查明真相，至康熙三十年（1691）获平反昭雪。

孙致弥出狱后，撰写了《述初折七贤事迹略》一文，文中说折漕之士"朝夕图维""奔走朝野，筹所以全嚵邑生灵者三十余年，焦劳倍至"。

众人合力　修建折漕报功祠

折漕事件反映了嘉定知识分子与地方官员实事求是、为民请命的良知和勇气，也反映了他们关注民生、热心地方事业的责任心和使命感。

为了纪念为折漕作出重大贡献的志士仁人，嘉定人民特地在西门外建造了折漕报功祠，为参与折漕的有功之士树碑立传。在折漕报功祠中，分类陈列祠位姓氏，其中经办折漕官员有大学士张居正、王锡爵及嘉定历任知县官等22人；经办折漕的乡贤绅士有徐学谟、唐时升、孙元化、张鸿磐等37人；经办折漕的民间人士瞿仁、徐行等16人；附祀经办蠲减漕粮的绅士赵俞、孙致弥等68人；附祀经办蠲减漕粮的民间人士项臣、刘世厚等7人。合计155名。祠中的碑刻有十几通，今存明代碑刻两通，一是《嘉定县永折漕粮奏疏并勒石缘由》碑，此碑今存原址；另有侯震旸《嘉定县改折漕粮本末》碑，今也存折漕报功祠原址，两碑均已被公布为嘉定区文物保护单位。

折漕报功祠共有房15间，占地11亩，沿练祁河北有南石码头，以供水路运输往来。折漕报功祠东侧是建于元代的西候馆，供官员迎来送往憩息之用，后与折漕报功祠的建筑融为一体。之后，每至冬至、清明，嘉定地方官员都会到祠内祭祀折漕先贤，这个传统一直持续到民国。

清咸丰十年（1860），折漕报功祠毁于太平天国运动。但在民众的心目中，折漕报功祠的分量有千钧之重，在有识之士的奔走呼吁下，二十二年后，即光绪八年（1882），注重经济、关注教化、勤政爱民的嘉定知县程其珏顺应民心，在原址上重修折漕报功祠，并为成稿于半个世纪前的《折漕汇编》一书撰写序言，出资付印。

中共嘉定县委诞生于折漕报功祠内

清末民初，折漕报功祠部分建筑改为嘉定县商业小学，部分建筑成为供人休息会客的公共活动场所。1927年早春,毛品章、张吉人、张漱川、朱树仁、陆默深、廖家礽等6位年轻的共产党员,抱着拯救民族和解放人民的光荣使命,在折漕报功祠内秘密集会,建立领导全县的共产党组织。最后,一致通过成立了"中国共产党嘉定县特别支部"(后改名中共嘉定县委),会议推选毛品章为特支书记,其余成员均为特支委员,嘉定历史上的第一个中共嘉定县委诞生了。这是嘉定历史上开天辟地的大事,老树生花,折漕报功祠又具备了新的时代意义。之后,中共嘉定县委唤起民众,发动群众,配合北伐军占领嘉定,领导开展"五抗斗争",嘉定进入了新的历史阶段。

1949年后,折漕报功祠成为嘉定县商业局生活资料公司批发部。上世纪90年代中期,生活资料公司批发部动迁,折漕报功祠被拆毁,夷为平地。原址仅存碑刻两通。

折漕事件是明清时期嘉定最重要的历史事件之一,其核心价值是制度创新和关注民生,是嘉定精神的重要组成部分。参与的主体上自朝廷官吏,下至普通民众,还有大批知识分子,在折漕事件上保持高度的一致,采用上书言事与和平请愿的理性方式,在当时是最恰当的选择。

2011年年初,嘉定区政协学习与文史委员会提交了《关于重修折漕报功祠的建议》。这个提案立即引起政府有关方面的高度重视,很快采纳了这个建议,将其列入老城改造项目之一。

反映折漕事件的两通重要碑刻得到有效保护,是一件功德无量的善事。重修后的折漕报功祠将再现那段风云迭起、展现嘉定精神的珍贵历史,成为西大街一处重要的人文景观,具有无可替代的历史价值,必将成为一处反映嘉定精神的瞻仰场所。

关于折漕的史料,以程钴编的《折漕汇编》最全面,全书共6卷。收集了与折漕事件相关的奏折、疏议、书信、文章、人物、碑刻等的大量原始资料，是全面反映折漕事件的重要文献，具有很高的史料价值。编者程铦，字允中，号菊饮，居西门，乾隆五十九年（1794）诸生。积数年之功成书，因经费无着，一直未能付梓，直至光绪八年（1882）由时任知县程其珏资助出版。

《嘉定县永折漕粮奏疏并勒石缘由》碑，青石质，高 2.65 米，宽 1.70 米，厚 0.28 米。明万历二十六年（1598）嘉定知县王福征立，叙述了嘉定折漕为银赋税改革的全过程，撰文多人，主要为殷都《永折民疏》一文，全文共一万余字，为上海体量最大、文字最多的碑刻。

陶家洋房轶事

西大街接官亭桥西,有一所水磨青砖外墙、中西合璧的建筑,由于占地广阔,又高耸雄伟,站在远处就可以看到,与周边的粉墙黛瓦民居相比,有如鹤立鸡群,十分显眼。这所宅第的主人是民国时期嘉定著名实业家陶继渊,当地的人们称这个宅第为"陶家洋房"。

陶继渊是我的堂兄,论辈分,我们是同辈,但说年龄,他与我父亲同龄,长我42岁,差了一代人。陶继渊父亲早亡,由母亲拉扯大,因此读书不多,但他绝顶聪明。青年时代陶继渊就在上海滩从事股票投资。他精于计算,魄力大,胆识过人,善于做长线,获利多,风险自然也大,但他因经验老到,成功多,失误少,是上海滩上名噪一时的"股市长枪将"。他在股市投资捞了第一桶金后,就从事实业,办过多家工厂。他还造福乡梓,与同乡的实业家筹建嘉丰厂、嘉翔银行等企业。后来嘉丰厂成为嘉定最著名的纺织厂,所产"丰鹤牌"细布闻名遐迩,1949年后是国务院指定的免检产品。陶继渊还热心办学,与潘指行、浦泳、杨拙夫等社会贤达发起捐资办学,慷慨解囊,资助清寒学士。

陶家洋房建于1933年,有楼房21间,平房9间,共4棣,建筑面积近一千平方米。陶家洋房所用的水磨青砖,系浙江嘉兴名窑烧制,每块砖上都刻有窑口的名称。第一棣为沿河的平房3间,用于停汽车和堆放杂物。陶继渊是嘉定最早有私家车的实业家,他所购置的英国奥斯汀跑车是当时的世界名车;第二棣为沿街的平房4间,是司机、厨师、保镖和保姆的住所;走过前院为第三栋,是陶家洋房的主楼,底楼是规模宏大的客厅,所铺地砖是当时最名贵的英国花砖,二、三层有房间20间,都铺柚木地板,用于主人居住和招待亲戚、客人;第四栋又是平房3间,是厨房和饭厅(上世纪50年代末拆除),再往后是花园,林木扶疏,假山壁仞,有一个圆形鱼池。

值得一提的是陶家洋房的墙门,系老上海石库门样式,中心是一个椭圆形的凸出图案,显得简练、大方,又凝重。小时候我经常在墙门下玩耍,对此印象极深,但又不知这个图案有何象征意义。有一次我到延安东路上海自然博物馆参观,参观完毕走出大门偶一回首,看到墙上的图案与陶家洋房的图案一模一样,觉得好生奇怪。回来一查资料,才知道原来上海自然博物馆的前身系上海滩上最著名的证券交易所——上海华商证券交易所,恍然大悟。陶继渊是上海华商证券交易所的大户,长期出入这家交易所,他在建造墙门时,是依上海华商证券交易所的样式而设计的,可以想见他有很深的"股市情结"。

陶家洋房建后不到四年,抗日战争爆发了,这里被日军占领,成为日本特务机关,沦为魔窟。他们在这里审讯爱国志士,经常传出拷打声和凄厉的叫声,令人不寒而栗。1949年后,这里成为嘉定县供销社的办公场所,后又成为县人民医院的职工宿舍,最后成为居民的大杂院。

陶家洋房是嘉定现存体量最大的老洋房,在第三次全国普查文物保护单位时,陶家洋房的人文价值和建筑艺术价值被发现,并已被公布为嘉定区文物保护单位。相信陶家洋房将会得到很好的保护和维修,以崭新的姿态面世人间。

古银杏悲歌

日前，去西门老屋转了一圈，余兴未尽，顺便到侯黄桥上凭栏临风。突然，我的眼前蓦地一闪，潺潺而流的练祁河边，只见两棵枝干繁茂绿叶葳蕤的银杏树高耸入云。定神一看，空空如也……三十年前，这里确有两棵古银杏，可是它们早已化为灰烬，随风飘零了。

长辈们以神圣和自豪的口气说，这两棵银杏，一棵是雄的，另一棵是雌的，俗称"夫妻树"，诚如宋代诗人梅尧臣的诗句"百岁蟠根地，双荫净梵居"。银杏树的北面是一所寺庙，叫"西北圣庙"，全称为"西隅北圣司祠"，人们俗称它为"北圣庙"。祠内有七间房屋，分为前后两排，每排各三间，中间为天井，西面另有一间，占地共两亩，祠北面还有占地两亩的池塘和大片竹园，最北面的小河可通往项泾河并直抵护国寺。西北圣庙建造年代不详，在清同治八年（1869）时曾经重建过，后面的药师殿内，供奉有唐代名将李晟的塑像。李晟是当时平叛的大将，有"万人敌"之称，功勋卓著。传说供奉他很灵验，因我小时候多病，信佛的母亲将我过继给"李晟老爷"，以求他的保佑。在我少年时期，还依稀可见寺庙的痕迹，只是寺庙已成为十余家居民的住房了。

银杏树是西北圣庙的旧物，位于练祁河北岸，周边有石砌的围栏加以保护。树高二十多米，估计已有四百多年的树龄，高大的身躯直插苍穹，枝干密密匝匝，树上有十几个鸟巢，一年四季都可以看到鸟的飞踪，听到鸟的啼鸣。我和小伙伴们常手拉手丈量它们的胸围，清楚地记得每棵都要六个小伙伴才能围它一圈。

梅雨和盛夏时节，银杏树最诱人。梅雨时充沛的水分使厚厚的苔藓爬满了银杏的树皮，浑身碧绿，树叶绿得发亮发黑，扑入眉宇，树上散发出一阵阵醉人的清香；盛夏时节，树冠投下一大片绿荫，童年时代的我常在树下垂钓、乘凉、躲雨，漫长的暑假生活中，有相当多的时间在树下消磨。烈日炎炎的中午，树荫内凉风习习，树荫外热浪熏人，如像两个世界。

树荫下横七竖八，常常有数十人席地而卧。每逢台风过后，树下一大片吹落的银杏，"拾白果（银杏的俗称）去——"小伙伴们你争我抢，拾得忙，拾得欢。拾来的银杏，去皮晒干，在文火中煨炒，吃起来又香又糯，是三年困难时期的美食。到了秋天，那树叶染成金黄一片，成为侯黄桥下最靓丽的风景线。

银杏给人们带来的是绿荫，是福祉，是美好的记忆。

十年动乱开始后，银杏也在劫难逃。70年代一个寒冷的冬日，十几个工人在银杏树下用斧锯砍伐，人们惊愕无奈地问他们为什么要砍伐，工人回答："上级说这两棵树太高大，敌机在上空会看作侦察目标，现在备战备荒，砍树是为了打仗。"树太高太大，加上手工操作，足足砍了三天，大树终于轰然倒地。我清楚地记得这一天是1970年12月29日。

次日清晨，凌厉的西北风中，我在侯黄桥上踟蹰徘徊，大树已经搬走，只留下锯剩的树根，散发出淡淡的馨香。刹那间，又看到河边三五人正在打捞一具尸体，据说是附近工厂里的一位老工人，因经不住逼供而投河自尽，也有人说这位老工人对这两棵银杏有着深沉的情感，为树而死。

三十年过去了，弹指一挥间，侯黄桥下的练祁河仍在如泣如诉地奔流，似乎在为银杏招魂——树魂兮，你在何处……

序跋篇

纸上的纪念馆
——《练川名人画像》序

去冬今春,受嘉定区地方志办公室委托,点校《练川名人画像》。对《练川名人画像》我并不陌生,点校《练川名人画像》,则又是一回事,要花费很大的精力,进行逐字逐句的全面系统的爬梳整理,但带来的意外收获是对这部书有了更全面的了解。

《练川名人画像》是嘉定最重要的地方文献之一,作者程祖庆,字稚蘅,清嘉庆二十一年(1816)生于太仓州嘉定县(今上海市嘉定区)南翔镇。其父程庭鹭是乾嘉时期嘉定知名学者、文人、书画家。程祖庆也精书法,擅绘事,能文章,但科举道路坎坷,直至咸丰四年(1854),38岁的他,才考取誊录院誊录,后入国子监深造。在此期间,程祖庆进呈校缮唐代李筌所撰的《太白阴经》一书,得到咸丰帝的赞赏,赏国史馆誊录官,参与编纂《成庙实录》,书成,升任浙江盐大使。因父亲程庭鹭逝世,丁忧在家。咸丰九年(1859),道光进士、邑人张修府就任代理长沙知府,程祖庆与张修府为同门好友,受张修府邀请,随张赴长沙任幕僚。同治三年(1864),程祖庆病逝于长沙,年仅48岁。

程祖庆从小立志"以表彰前哲为己任",曾搜集先贤的文章,编辑成《练水文征》一书的书稿,惜未付印,手稿已佚失。他还访遍县中"故家所藏画像,摹而传之,并及名宦寓公,且详述其行事"(姚椿《练川名人画像序》),以一人之力,历时数年,于道光二十四年(1844)完稿。《练川名人画像》分正、续两集,正集在道光二十九年(1849)由陔南草堂刻印,续集于道光三十年

(1850)刻印。

《练川名人画像》由于初版印数较少,传播不广,加之咸丰、同治年间,嘉定屡遭太平天国运动战火,至光绪初年,《练川名人画像》已十分罕见。而原版"因故乡兵燹后,君所藏未刻画像既已化烟云,是册原板并不可复问,即印本流传亦寥寥无几"(张修府《重刻练川名人画像序》)。时任湖南省永州知府的张修府"悼世事之变迁,惧典型之放失",向时任湖南巡抚王文韶提出申请,请求集资重新刻印。王文韶因生于嘉定,又长期生活于嘉定,对嘉定有深厚的感情,故此举得到王文韶的鼎力相助。光绪四年(1878),《练川名人画像》正续编合刻本,在湖南永州付梓,此次重版因印数较多,影响甚广,如今流通的本子,大都是永州刻本,张修府功不可没。之后,曾多次重印。据不完全统计,有张鸿年补刊的1930年的高潄芳斋印本,1931年的嘉定光明印刷社的印本,2008年北京燕山出版社的影印本。

《练川名人画像》共收历代嘉定籍、侨寓嘉定的名人及嘉定名宦等各类名人178位。他们中有社会名流、清廉官宦、学者文人、忠义之士等。全书一人一像,图文并茂,图像形神兼备。如嘉定籍的名人龚宗元、杨滋、龚弘、徐学谟、唐时升、娄坚、李流芳、侯峒曾、黄淳耀、钱大昕、王鸣盛等;非嘉定籍的名人高衍孙、归有光、陆陇其、陈化成等,都可以在书中找到形象,代表人物基本无漏。

《练川名人画像》的文字中除了介绍传主的生平传略外,还附有碑传墓志。程祖庆对入书传主作了严密的考证,纠正了史料记载的错误,补充了地方志书漏记的人物。是书编校精湛,具有很高的学术与史料价值,这些成果后被嘉定地方志书所采用。如明代游击将军戴广,曾随俞大猷、任环抗倭,身先士卒,作战英勇,曾屡败倭寇于吴淞、嘉兴等地,又散家财犒军。他因遭奸臣赵文华诬陷,削职回乡。这位抗倭英雄的史迹长期被湮没,郡县志书皆阙而未载,程祖庆将其收入《练川名人画像》,后光绪《嘉定县志》就以此为戴广列传。又如清代翰林学士孙致弥的卒年一直是个悬案,程祖庆根据有关史料确定孙致弥逝世于"己丑",即康熙四十八年(1709)。

程祖庆在编绘《练川名人画像》时,照顾到嘉定民众曾经经历过惨绝人寰的"嘉定三屠",有强烈的反清情结,故他在处理明清易代之际一大批怀有浓厚遗民思想的文人学者的形象,如陆元辅、王泰际、张云章、张鸿磐、侯开国、浦鸥、吴历等人时,巧妙地将头巾和斗笠戴在他们头上,体现了程祖庆尊重历史事实的风骨和操守。

《练川名人画像》洋溢着激荡人心的浩然正气,注重气节,注重教化,如嘉定抗清斗争中监生金德开的事迹十分感人。当清兵攻入金家时,金德开"危坐室中,手持家训,兵至不为动",显示了信念的力量,也彰显出嘉定文人威武不屈、视死如归的崇高气节。

一家有一家的家风,一地有一地的民风,而家风和民风与国民的素质有密切的关系。"教化嘉定"素有崇敬先贤先哲的风尚,历史上曾出现过乡贤、名宦祠、思贤堂、折漕报功祠等许多类型的先贤纪念馆,至于个体的祠宇数量更为众多。它们也是嘉定精神的体现,对嘉定民众追慕先贤,学习志士仁人,培育爱国爱乡的高尚情操,起到了不可估量的作用,令人遗憾的是它们大都已不存,或建筑尚存而内容已空。

《练川名人画像》问世以后,就受到嘉定社会各界的高度重视,人们将入书的传主都视为乡贤典型,作为学习的楷模。此书发生过深远的影响,故可以称得上是一个展示嘉定历代先贤的纸上纪念馆,而民众纪念和学习先贤,在缺乏实体的参照物的今天,

《练川名人画像》正好起到了填补作用。

学术界对此书也有极高的评价,著名学者、藏书家郑振铎先生也曾收藏过《练川名人画像》,称此书"刻得甚为精工,每个画像都有来源,是一精心刻意之作"(《中国古代木刻画史略》)。

大海馈赠的城市
——《疁城春秋:嘉定史话》序

嘉定位于上海西北,这里是万里长江入海口,又东濒大海,自古被称为"襟江带海"之地。这是一块大海大江馈赠的土地,六千年前,这里还是惊涛拍岸、鲸鲨出没的汪洋大海。成陆之后,这里逐渐成为气候温润、物产丰富之地,为人类的生存发展提供了优越条件。从那时起,嘉定的先民们就世世代代勇敢而顽强地生息在这块土地上。

这里古称"疁城"。在夏、商、周三代属扬州域。春秋战国时期,先后分属吴、越和楚国。秦汉时期,嘉定隶属会稽郡娄县。梁代天监六年(507),娄县分置信义县,嘉定属信义县。梁大同二年(536),信义县又分置昆山县,嘉定属昆山县。至南宋嘉定十年十二月(1218),由昆山县析安亭、春申、临江、平乐、醋塘五乡二十七都置县,以年号"嘉定"为县名,以练祁市(今嘉定镇)为县治,隶属平江府(今苏州市)治。元代元贞二年(1297),嘉定升县为州治。明洪武二年(1369),复改为县。1941年,日伪统治者改嘉定县为嘉定区,隶属日伪上海特别市治,1945年抗战胜利后,归江苏省第二督察区治。1949年5月嘉定解放后,属苏南行政区松江专区治。1958年由江苏省划归上海市。1992年国务院批准嘉定撤县建区。如今,嘉定区下辖南翔、安亭、马陆、徐行、华亭、外冈、江桥七个镇和嘉定镇、新成路、真新三个街道及嘉定工业区(市级)和菊园新区两个管委会,户籍人口67万,常住人口近160万。区域面积经多次析出,今为

463平方公里。

这是一片丰饶之地。我们智慧勇敢的先民，善于从本区域的实际出发，发展经济实力。宋元是嘉定经济的基础开发期，作为滨海之地和冲积平原，当时嘉定的经济发展离不开海洋和土地两大资源优势，形成了海洋捕捞、海运、制盐和农耕四个支柱产业，成为嘉定经济的基本特色。嘉定的海洋捕捞业曾经兴盛一时；海运活跃一时，也是海上贸易（俗称"通番"贸易）的始发地，刘家港被称为"六国码头"；制盐业也十分发达，当地有不少世代以制盐为业的"灶户"；农田水利的兴修使嘉定地区的农田结构发生了很大的变化，嘉定沿海一带的旱田大都已被改造成水田，形成了稻占九、其他作物占一的产业结构；由于蚕农广泛地植桑养蚕，嘉定一度成为江南重要的产丝基地。

嘉定是一座具有进取精神的创新之城。建城伊始，它就寻求发展的无限可能。元初，嘉定人张瑄发现了海洋蕴藏的无穷财富。原本通过京杭大运河实现南粮北调的漕运，已日益枯竭，张瑄建议打通海运，这个建议被采纳后，原先内河仅有四五万石的漕运量，很快通过海运飙升至三百余万石，海运的巨大潜能一旦被发掘，嘉定的滨海地位也随之凸显。从河运到海运，物资流动的空间从国内扩展到国际，张瑄可以说是现代物流业的先驱。

明清是嘉定经济的重要发展时期。明永乐年间，郑和曾七下西洋，都由刘家港出海，对嘉定发生过重大影响。由于倭寇入侵，明廷消极地采取封锁海疆的方略。至清初，朝廷采取更加严厉的海禁政策，严密封锁东海吴淞口，片帆不得下海，嘉定大有希望的海外贸易被迫中断，失去了与世界沟通交流的绝佳机遇。明宣德年间，由于生态环境发生变化，海岸线向外延伸，东海的海水变淡，嘉定兴盛一时的制盐业也被迫中止。

智慧的嘉定人在改良农作物品种、重新布局产业结构上做文章。大规模专业化植棉、棉纺业的繁荣以及集镇经济的兴起,种植结构十亩九棉,形成了农业经济中棉作压倒稻麦的局面,棉花作为家庭手工业的原料,纺纱织布,成为农家的主要财源。由于棉花种植形成专业化,所织的棉布远销国内各省。棉花及棉纺业的繁荣促进了嘉定商品经济的发展,以苏州为中心的长江三角洲地区,其经济发展的速度和经济总量遥遥领先于全国府州,而嘉定名列苏州府所属七县前茅。嘉定完成了农耕社会时期的产业转型,成为长三角一颗璀璨的明珠,创造了农耕文明中的经济奇迹。

当时,农民的口粮不能自给,但赋税却必须以粮食交缴。为了确保棉花棉布的专业化、商品化生产,嘉定的有识之士提出了"折漕为银"的改革倡议,经过艰难曲折,最终获得成功。

上海开埠后,因嘉定毗邻上海,在内外压力下,产业经济实现了从农耕到现代的创造性转化和创新性发展。近代百年嘉定,辛亥革命在嘉定是和平转型的,同时也经受了剧烈的社会动荡,如太平天国运动、齐卢之战、两次淞沪抗战等;另一方面,凭有识之士的抗争和努力,经济也得到了快速的发展。尤其是从1927年至1937年,堪称民族工业发展的黄金十年,产生了诸如嘉丰棉纺厂等一批现代化工厂企业,还涌现出印有模、吴蕴初、童世亨、胡厥文等一批优秀的实业家。除了八年沦陷时期,嘉定的经济都是快速、健康发展的。

这是不屈之地,充满了革命传奇,被称为"骨头最硬的城市"(吕炳奎语)。嘉定作为长江下游的重镇,东濒大海,南据吴淞江,北枕刘家河,是三面受敌之地。由于它扼守淞江,是浙江、福建往来南京的要冲,水路通达入海口,平而无险,易攻难守,而战略地位十分重要,是兵家必争之地。嘉定人民有抵抗外来侵略、保家卫国的爱国主义优良传统。宋南渡后,嘉定曾是抗金斗争的重要海防前哨基地,抗金名将韩世忠的部队曾驻扎于此,嘉定还产生了抗金名将杨滋。明嘉靖年间,倭寇多次骚扰嘉定,嘉定军民同仇敌忾,坚守嘉定城,使倭寇始终未能得手,还产生了石童子这样的无名少年英雄。清顺治二年(1645)闰六月,嘉定民众公推明左通政使侯峒曾和进士黄淳耀为"嘉定恢剿义师"之首,组织十余万乡兵上城,展开了气壮山河的抗清斗争,给清军以沉重的打击,表现出大无畏的英雄气概。抗清斗争失败后,清军多次残酷地屠城,民众两万余人遭到屠杀。入清后,嘉定又发生过罗汉党、小刀会、太平天国等反清运动,这些曾是20世纪某个时期红得发紫的课题,堪称显学,但近年来归于沉寂。然而,这些都是嘉定近代史上绕不过去的重大事件,曾对嘉定的历史走向产生过重要的影响,在嘉定史话中不应缺位。作为一个史学工作者,理应站在新的历史高度,本着不避讳、不虚美、不隐恶的原则,还原历史真相,以期引出教训。

1927年春天,这里诞生了第一个中共嘉定县委——"中共嘉定县特别支部",迎接北伐革命,领导西乡农民开展了以"抗租、抗债、抗粮、抗捐、抗税"为内容的"五抗斗争"。1932年及1937年的两次淞沪抗战中,嘉定民众同仇敌忾,全力支持抗战队伍。嘉定沦陷后,面对凶恶的日本侵略者,嘉定民众不畏强暴,奋起反抗,产生了外冈、娄塘两支抗日游击队,勇敢地开展敌后游击战。

这是教化之地,人文荟萃,文化昌明,英才辈出,得风气之先。嘉定建县之初,尽管已有如龚明之等人在著书立说,但总体民风剽悍,这里被称为"顽犷难治"之地,当地民众不服教管,毁弃文引。首任嘉定知县高衍孙在百废待举、经济十分困难之际,确立了教化人民、培养人才的治县方针,到任第二年就修建了号称"吴中第一"的嘉定孔庙。这是顺乎民心、深谋远虑的举措,它对"教化嘉定"的形成,是一个重要的开端。八百年来,经历了无数代人的积淀，人文代起，弦诵不辍，风教之隆，冠甲江南。

明清时期，由于经济繁荣、文化昌明、人才辈出，嘉定成为吴文化圈中的一个重镇。明天顺、淳化年间，嘉定士子中举人、进士的数量明显增加，嘉定士子以读书为荣，勇于搏击科场，科举人才星汉灿烂，云蒸霞蔚。金榜题名，大都集中于明清两代。更令嘉定人自豪的是，在清康熙、乾隆、同治时期，先后有王敬铭、秦大成、徐郙三名状元科举夺魁，独占鳌头，一时传为佳话。自建县前至科举制度废止，嘉定共产生了七千多名秀才、五百多名举人、192名进士。

明嘉靖年间，唐宋派文学大家归有光在这里聚徒讲学达二十余年，声震安亭江，对推动"嘉定文派"的形成和发展起了重要作用。清康熙年间，陆陇其在这里言传身教，传播理学，推动教化。乾嘉时期，嘉定士子潜心读书，研究学问，出现了钱大昕、王鸣盛等学术巨擘。嘉定文人学者以立德、立功、立言为人生追求的大目标，他们留下了数量众多的著作。据史料记载，嘉定有二千余名文人学者，留下了四千六百余种著作，汇成洋洋大观，坚定了对文化的理想与信念，影响了嘉定的民风民俗，教化嘉定逐步形成了崇文好学、刚毅善良和开放大气的风尚。

嘉定是一个较早接触西学的地区。明末，近代科技已伴随天主教传入嘉定，中西文明曾经在这里碰撞、交融。嘉定人特有的好学、开放、大度的胸怀，使他们勇于接受和消化西方文明中的先进成果，开眼看世界。晚清的第一批留美幼童、最早进广方言馆的莘莘学子中，都有嘉定人的身影，他们中产生了一批精于洋务外交的人才，有的成为中西文化交流的先驱，有的成为驰骋国际的外交家。

历史的演变和发展，离不开人、事、物三大要素，这本史话共24篇，均以嘉定发生的重大事件或专题为主线，说事话物，力争做到大事不缺、要事不漏，在内容上尽量避免与"嘉定文化丛书"中的其他书籍相重复。

本书的时间跨度，上自嘉定地区成陆，下至1949年，个别延至新中国成立后，重点在嘉定建县后的宋、元、明、清、民国等各个历史时期，注重文化发展演变的脉络。在撰写时，注意吸收和运用最新的研究成果，采用王国维的文献、考古"二重证据法"，在把握住史料准确的基础上，尽可能以通俗、生动、流畅的语言来表述。

螺居笔耕几沉浮　斟字酌句心血凝
——《煮字集》序

去岁冬末,谭正璧先生的哲嗣谭篪兄专程从上海市区赶来,取出一摞谭先生的旧作,都是散文、杂文类的作品,出版社有意结集出版他的这本《煮字集》,并要我作一个序。谭先生是一位令人敬仰的乡贤,若论作序,作为后辈,我不够格。但借此机会,让我系统地拜读了他的这些作品,更了解他高尚的人格和不朽的成就。

我认识谭先生的作品要早于认识他本人,记得在"文革"初期,正值无书可读的年代,不知哪一位朋友送给我一本谭正璧写的小说集《长恨歌》,这是一部中短篇历史小说集,封面陈旧,内页都已发黄,然而作品的内容却很感人,从此就记住了他的名字。后来有人告诉我,谭正璧是嘉定人,而且曾是黄渡师范学校的教师,我为自己的孤陋寡闻感到惭愧。

古语说"读其书想见其人",却一直没有机会。直至上世纪80年代中期,我参加地方志的编纂工作,这项工作需要联系和拜访前辈文化人,才有机会让我认识了谭先生。那是1985年仲夏,这位与世纪同龄的老人已至耄耋之年。记得当时谭先生住在南京西路一所非常简陋狭小的寓所内。房间里堆满了书,阳光不足,觉得有些潮湿,这是一个质朴、勤勉的学者的书房兼卧室。唯有窗外天井内一架木香绿意葱翠,也许是他养养眼、散散脚的地方。他的双目几近失明,由女儿谭寻陪着他,料理他的生活。让人想起颜回"一箪食,一瓢饮,在陋巷,人不堪其忧"的景况。尽管离开故乡数十年了,可一开口,仍是那浓得化不开的乡音,听起来格外亲切。当说起他大革命时期在故乡黄渡从事进步文化活动时,他很激动,他曾与夏采曦、盛俊才、盛慕莱等好友,发起组织"淞社",这是吴淞江畔一批热血青年的革命文化社团,他担任社长,编辑《怒潮》(后改为《黄花》)等刊物,抨击时弊,鼓吹革命,在嘉定影响很大,引人注目,单看名称就知道刊物的内容和倾向。此时的他风华正茂,还曾写有"岭南蓦地起风雷,革命红潮滚滚来"的诗句。大革命失败后,国民党反动派通缉共产党人夏采曦,有一次,谭先生通过一个关卡,看到夏采曦的通缉令赫然贴在墙上。在回忆这段往事时他对我说:"我吓透吓透……"他的身上有战士的情结,然而,毕竟他又只是一个书生。

上世纪 80 年代末,我写了一篇关于嘉定报刊史的文章,刊于《疁城文博》,谭先生的女儿谭寻看到后念给他听,内容自然也提到了当年他主编的《怒潮》《黄花》,岂知谭先生听了之后十分激动,认为我看到了这两种刊物,专门来电,邀我去他家聊聊。其实,我是从当时出版的其他刊物上转引的这些内容,我根本就没有见到过这两种刊物。

1990 年春末,我第三次去谭老家拜访。此时,他的双目已经完全失明,但听力仍然很好:"是继明吗?我很想念您,我快要走了。"一声长叹,苍凉而又无奈。他要我为他找当年的《怒潮》《黄花》,但这两种刊物我却遍寻不得。看来,他是很看重这两种刊物的,这段惊心动魄的经历,让他放不下,刻骨铭心。一年后的严冬,他就故世了,我未能完成他的心愿,留下了遗憾。

谭先生是一位博学多识的学者,笔耕不辍,著作丰赡,呈汪洋恣肆之态。同时他又是一个有着很强创作潜力的作家,小说、散文、诗歌、戏曲,无一不精。他的散文创作,同他的小说创作一样,起步很早,始于上世纪 20 年代初。长期以稿费糊口的他,将主要精力花在大部头的著作上,散文创作可能只是在写累之后随意写写的。早期的散文、杂文作品应该数量不少,但由于种种原因,未能留下来,这三十篇文章是谭篪花费了不少时间和心血,在各种刊物上检索来的,颇为不易。他的这些散文、杂文作品,大都写于1949年之前,大体上可以分成怀人记事类、序跋类、游记类、历史小品类。

谭先生的怀人记事类作品,写得很是感人。《回忆我与鲁迅的一段往事》一文,说他还在文学青年时,在看了鲁迅的《中国小说史略》后,想起不久前看到一则史料,说在一本《顾曲麈谈》中有"《幽闺记》的作者施君美,即是《水浒》的作者施耐庵",觉得十分新鲜有趣,就立即写信告诉鲁迅先生,信发出后,又觉得自己孟浪,大学者鲁迅岂会不知这个新发现的史料呢?想不到鲁迅在收到他的信后,不仅认真看了,还很快亲笔回信,说"此说甚新"。后来,鲁迅又将新版的《中国小说史略》寄赠谭先生,以示感谢。鲁迅在此书的《再版附识》中,再次谈到谭的去信,说"因《麈谈》不知为何书,故未补入",鲁迅对后学的热忱,以及科学严谨的治学精神深深地感染了谭先生。另一篇《忆白冰》也写得动人,上世纪30年代,向谭先生征稿的报刊很多,但他却对《女子月刊》杂志的这位女编辑留下了不一样的印象,文中描述他第一次与白冰见面时情景,"约摸过了几分钟,一位披着睡衣,穿着拖鞋,不施脂粉的年轻小姐从楼上慢慢地走下来。我想,这位就是白冰吗?连忙站起来迎接。经过一番寒暄后,才知道果然就是白冰。她是那么自然、通脱,对待我这个还是第一次看见的朋友,我起初以为一个女性的编辑,一定是那么矜持,那么爱修饰的,不料白冰适得其反。但这丝毫没有引起我的失望,反而使我得到一个至今还没有淡去的很深刻的印象"。这个年轻的女编辑,就是后来投奔延安的女作家莫耶,原名陈淑媛,她创作的《延安颂》成为时代经典。也许,谭先生曾经有过一段革命经历,才会与白冰产生气息相通的好感。谭先生感念故乡吴淞江水对他的哺育和滋养,这里曾留下了多少难以忘怀的记忆。在《纪念盛慕莱烈士》一文中,谭先生深切地怀念好友盛慕莱烈士,盛慕莱"和我是同乡,所以我们自幼就常在一起。他从省立黄渡乡村师范毕业后,一直在本地教育界服务,他被害时,还正担任着黄渡中心小学校的校长的名义"。新时代的曙光已沐浴大地,他无限惋惜地写道:"盛烈士虽然在世时没有目睹大上海的解放(仅仅相差了一天),但也可以含笑九泉了。"

谭先生的历史小品文,约占全部书稿的三分之二,数量多,质量高,由于他的学养丰富,史学功底扎实,常有独特的见解。他在《闲话曹操》一文中说,"曹操在一般人的心目中,向来是个'不足齿'的人物",但"宇宙间决没有一个绝对的恶人,如同决没有一个绝对的善人一样""一般人所以曹操为奸臣,由于看了小说和戏剧,而小说和戏剧为什么要这样描写,是由于历史记载的失实,历史家的所以不实,乃是为了曹操在史上年代颇短,而历史家系别朝人说了坏话的缘故。因此,在翻着曹操一生历史的时候,对于一切的记载,我们不能一味盲从",在例举曹操在政治、军事、文学上的成就后,结论"曹操是一位英雄"。他还写有《曹操之死》,提出了"曹丕弑父"的观点。曹操的儿子中,"曹植为人忠厚,曹丕为人奸猾,所以做父亲的却是欢喜曹植的","有立曹植为世子的意思,可是奸猾的曹丕,却深谋积虑,竭力破坏他的弟弟,终于使曹植失欢于曹操,而立他做了世子,所以当曹操未死之前,他已一越而做到了副丞相",曹操准备废曹丕而立曹植,终于让曹丕起了杀心,史料尽管简单模糊,但这种推论关系应该是能够成立的。

在《金圣叹论》一文中,谭先生写道:"圣叹的杀头,大家知道为了'哭庙'一案,而哭庙是为了反对县官,所以正可做他

'倡乱'的旁证。可是单是此案，他的'罪名'还不至于死，他所以被杀，说是为了当时有'海盗'来犯江南，而他和他们有来往的缘故。这在有识的人，一望而知是当局用一种毒辣的诬陷，否则无从把他致之死地的。读者们不妨试猜，那时所谓'海盗'是谁？说出来会使满洲人吓一跳，原来是台湾的反清领袖郑成功。那时郑成功如果来伐江南成功，不独圣叹可以不死，就是整部历史怕也将大有变动。"他的分析到位，指出了金圣叹之死的实质。

明代散文大家归有光曾在安亭生活了二十余年，四百年后，谭先生也迁居于安亭，在这里写作、教书、育人，使谭先生倍感亲切。他十分推崇归有光，他在《介绍归震川》一文中写道："吾在学校里读书的时代，在读古文时，我就欢喜读归震川的作品。他的《先妣事略》《项脊轩记》一类文章里，我认识了他诚挚的天性"，归有光写"夫妇之爱的作品"，"既不像鲁迅《两地书》的故意置爱于不谈，也不像沈复《浮生六记》写爱写得过于琐碎。既非'热辣辣'，又不'冷冰冰'，拿现成形容词来形容，足可以当'恰到好处'四字"。十年后又作《记抒情文大家归震川》，再度表达对真情至性的归有光及其抒情小品的推崇。类似的文章还有《苏东坡的文字狱》《闲话陆放翁》《李香君的下场》《清代诗人黄仲则恋爱事迹考》《李鸿章在俄国》等，他善于从看似平常的历史细节中挖掘和考证新的观点，引人入胜，使人恍然大悟，这些都是知人论世的好文。

谭先生也有传统文人的烟霞之癖，喜欢旅游，尽管受条件制约，去远途不多，以江浙一带为多，写过一定数量的游记类散文。如《忆南京》《忆苏州》《记灵岩天平之游》《邓尉一日记》《飞霜落木话枫桥》，屐痕处处，留下了美好而难忘的记忆。大概是从小饮吴淞江水长大的缘故，他十分关注故乡的风物，他写了《访震川先生故居》及《纪念一千七百四十年前建筑的一座古寺——

菩提寺》两篇文章。《访震川先生故居》写于1947年，他在寻访归有光的世美堂时，世美堂早已湮没在历史的风尘中，"但只有枯草半村，不见墙基柱础，似乎久已没有屋宇。就是堂北那座万福桥，三接的石梁，靠河北的那一截也已经断掉。走到桥上，回身四顾，满目荒凉，不堪久望"；《纪念一千七百四十年前建筑的一座古寺——菩提寺》一文，写于1979年，他记忆中的菩提寺"为三进，极雄伟壮丽。殿顶屋脊层翘，风铃四垂，红墙碧瓦，雕栏玉砌，画栋朱楹，金匾石额，古雅精致"，菩提寺旁是他曾经教过书的黄渡师范学校，"学校因校舍不敷使用，曾借大雄宝殿为礼堂，我曾在殿上对学生们做过形势报告"，他大声疾呼："菩提寺为什么不可以保留修葺？并在震川书院的原址上重建园林，也作为劳动人民瞻仰古代文物或业余休息之地呢？"如今，世美堂的遗迹早已灰飞烟灭，菩提寺也未能在原址修缮，易地而建了。然而，回头看，谭先生当年的想法和建议仍是很有见地的。

20世纪的中国文学在散文创作上成就很大，近百年来名家迭出，风采各异，百花齐放。在现代散文作家中，谭先生并不以散文著名，但他可谓自成一家，他散文的最大特色是史识和文笔相映成趣，这一特色贯穿他一生的写作。他长期从事古典文学和学术研究，故而历史知识渊博，为文每每广征博引，随手拈来，令人叹服。读他的文章，犹如倾听一位阅历深广、思维敏捷的长者谈天说地，叙古论今，对古今人文，都讲得明白流畅，动人听闻。

说到谭先生文章的特色，自然应该注意这样一点，即他首先是一个学者，他一生所作的文字，都与治学有关。他的文章常常在不经意中传播学术观点，又在文章中巧妙地传达他的人生感悟。他的文章不仅有历史的识见，洗练的文笔，还因其擅长小说，显得生动、有趣，富于文学色彩。他的文章往往有着古代小说、笔记文学生动、活脱、酣畅淋漓的文字魅力。他的语言平实，明白如话，通俗易懂，又绘声绘色。他爱读鲁迅的杂文，曾说"杂文之可贵，因为它富有炮火样的威力"，而"鲁迅先生这种对于世态人情精细的观察力，委实令人心信神服"(《回忆我与鲁迅的一段往事》)，从他的文章中可以明显地感受到鲁迅对他的影响。

《震川》小引

《震川》问世了,《震川》诞生于震川书院的故址嘉定区震川中学内。"震川"是五百年前著名文学家归有光先生的号,明嘉靖二十年(1541),35岁的著名文学家、学者归有光从昆山徙居安亭,他看到"隐隐见吴淞江环绕而来,风帆时过于荒墟树杪之间;华亭九峰、青龙镇古刹浮屠直其前",就爱上了这个地方,从此与安亭结下了不解之缘。他在这里留下了诸多的历史踪迹,也留下了不朽的传世之作,直到嘉靖四十四年(1565)中进士后才离开,他在安亭前后共达二十余年,度过了他一生中最重要、最美好的时光。

归有光来到安亭后,就在这里谈书论道,聚徒讲学,他身边集合了一批志同道合的弟子,最多时达"数十百人,声震安亭江";归有光在这里研究学问,潜心写作,世美堂里,他写下了《世美堂后记》《思子亭记》《菊窗记》《栎全轩记》等内容感人、文辞优美的散文名篇;归有光在这里躬体力行,经世致用,在这里考察水利,写出了《水利论》《三江图叙说》等治水名著;归有光在这里挺身而出,为民申冤,当张贞女冤案暴发时,他奔走呼吁,上书言事,直至冤案平反昭雪;归有光常光顾菩提寺,与寺中德坤长老是方外交,菩提寺是他的精神家园。归有光的道德文章深刻地影响了嘉定,是"嘉定文派"最重要的推手。归有光之后,教化嘉定进入了发展繁荣期,文化昌明,人才辈出,云蒸霞蔚,璀璨夺目,成为吴文化圈中的重镇。诚如清初著名学者阎若璩所称:"隆庆之后,天下文章萃于嘉定,得有光之真传也。"我理解,有光之真传，就是有光之精神。

归有光离开安亭263年后，清道光八年（1828），在江苏巡抚陶澍鼎力支持下，知县淡春台在菩提寺东创建了一所州级书院——震川书院，招收嘉定、青浦、宝山、新阳四县的学子。为了给士子们创造一个优美的读书环境，陶澍下令在书院内构筑了"因树园"，园中陈列着道光帝的御书"印心石屋"，还有畏垒亭、陶庵、清晖小榭、别有洞天、留云洞、藕香深处等景点。建成后的书院内清流环绕，古木森森，假山壁仞，风景绝佳，是理想的读书场所。时著名文人齐梅麓有一副楹联写得颇为贴切："莫大文章，唐宋八家以后；最佳风景，娄松二水之间。"

陶澍是一个有作为的士大夫，官至两江总督，他十分仰慕归有光，本身又是宣南诗社的诗人。书院建成后，他兴奋地赋了一首《震川书院落成释奠诗》，诗中写道："往者项脊生，读书此寺旁。长虹韬气焰，独鹤参回翔。遗编守淳古，四海有文章。"第二年春天，陶澍视察了震川书院，召集了全体师生训话，并发出了殷切的期望："兹非震川先生讲学之所乎？式训景行，无忘前哲。"后来，时任江苏巡抚的林则徐也视察了震川书院，还为书院题写了楹联，高度评价了归有光的功绩。

科举制度终结后，震川书院先后改为震川学堂、震川小学、苏松太道立震川中学、黄渡师范附中、安亭中学，直至今天的嘉定区震川中学。189年又过去了，白云苍狗，人世沧桑，教育制度和学校功能已经发生了重大的改变，但有一种不变的东西仍然传存着，那就是——归有光精神。在新的历史条件下，归有光精神也需要创造性转化和创新性发展。

2017年初春，莺飞草长，杂树生花，那是个播种的季节，我们在震川中学内成立了嘉定区归有光研究会，当时就有了办一本刊物的想法，其目的旨在传承和发扬归有光精神。后来，成立了编委会,刊名就叫《震川》。经过半年的紧张筹备,同仁的积极投稿,第一期《震川》终于问世了。

《震川》是一株破土而出的幼苗,生机勃勃;《震川》是一条潺潺而流的小河,生生不息;《震川》是一个研究交流的园地,不同体裁、不同观点的文章,都能包容交融。我们热诚地期待着专家和读者的批评,也盼望大家向我们赐稿。

第一等人
——《第一等人：一个江南家族的兴衰浮沉》序

我一口气读完了宋华丽女士《第一等人：一个江南家族的兴衰浮沉》的书稿，掩卷沉思，心潮久久不能平静。侯峒曾、黄淳耀——人们尊称为"侯黄先生"，是嘉定人耳熟能详的名字，两人亦师亦友，关系密切，讲到侯氏家族，自然会联想到黄淳耀。我长期从事地方史的研究，曾编辑整理过《嘉定抗清史料汇编》一书，最近又在整理点校黄淳耀的《陶庵全集》，侯氏家族中的许多人物对我而言，并不生疏，甚至十分熟识。

侯氏家族是嘉定明代中叶至明末的名门望族，更是忠烈之门。侯氏起始于一户普通的耕读人家，以读书科举起家，终达"一门三进士"的辉煌。侯家从侯尧封开始科举登第，他在隆庆五年（1571）中进士，官至福建参政，不仅是一位廉吏，也是一位良吏，在位政绩颇多，受到百姓爱戴，从政之余，又不忘著述，写了不少著作；其孙侯震旸为万历进士，官至吏科给事中，为官清正耿直，敢于抨击宦官头子魏忠贤，冒犯天威，最终被罢官还乡，他在当官之余，也不忘著述；其曾孙侯峒曾，天启进士，官至顺天府丞，为官正直干练，关心民生，爱国爱乡，他也有较高的文学天赋，勤于著述。至明末，侯氏家族转型为文化世家，整个家族浸润于浓淳的文化氛围中，出了"江南三凤"（侯峒曾、侯岷曾、侯岐曾），"上谷六龙"（侯玄演、侯玄洁、侯玄瀞、侯玄汸、侯玄洵、侯玄泓），就是侯氏的女眷，也出了不少能诗善文者，如侯怀风、侯蓁宜、侯俪箫、夏淑吉、章有渭、宁若生、盛韫贞、姚妁俞等，英才迭出，代不乏人，美名远扬。可以想见，如果没有明亡清兴、"嘉定三屠"的历史大变动，这个正在走向辉煌的家族将成为著名的江南大族。

这是一个悲凄的年代，风雨如晦，鸡鸣不已。侯峒曾想当一个好官，侯岐曾想做一个好文人，如在太平盛世，这并不是一个奢望，然而，他们却身处那个天崩地解的忧患时期，个体是何等渺小无助，命运和前途犹如大海中的一叶扁舟，受到巨浪的播弄，由不得自己去选择。明亡后，清朝入主中原，大局已定，侯峒曾和黄淳耀作为对天下大势十分了解的智者，都不是天然的抵抗者。南明弘光小朝廷建立后，曾授予他们官职，但他们都未接受任命，隐居在乡，读书著述。

当弘光小朝廷陷落，清廷任命的嘉定知县到任后，侯峒曾以一名"避辱"的前朝遗民自居；黄淳耀则"终身称前进士"。然而，清顺治二年（1645）闰六月，嘉定民众因清廷错误野蛮的剃发易服令下达后，自发起来反抗，十万乡兵集结上城，气壮山河的抗清斗争像火山一样爆发，当嘉定民众公推他们为"嘉定恢剿义师"的领袖时，他们没有任何迟疑和推却，勇敢地担当起这个没有任何胜算的使命。他们的命运和嘉定城紧密相连，人在城在，城亡人亡。侯峒曾不仅自己参加守城，还让自己的儿子侯玄演、侯玄洁一起参加守城。嘉定城破后，侯氏父子三人都惨死于清军的屠刀之下，黄淳耀与弟弟黄渊耀也双双悬梁殉节。"万物之生，皆禀元气"，明知不可为而为之，宁可玉碎，不求瓦全。侯峒曾、黄淳耀身上反映出的传统士人的凛凛正气，是十分可贵的。侯氏家族在"嘉定三屠"中基本毁灭。之后，悲剧还在继续，抗清志士、诗人陈子龙请求到已经家破人亡的侯家避难时，侯岐曾不畏杀头之险，毅然藏匿了陈子龙，事泄后，再遭破家，侯岐曾也惨遭杀害。在这场历史大悲剧中，侯氏一族惊天地、泣鬼神，虽九死其犹无悔。

此书的书名"第一等人",是侯氏家族中的首位进士侯尧封的人生追求和宏大理想,后来成为侯氏的家训。与侯氏家族关系密切的抗清志士黄淳耀也有类似的观念,他中了进士后,写给弟弟黄渊耀信中立志要做"数千年之一人"。侯黄走到一起,正是他们书生报国的理念所致。近四百年来,侯黄先生的精神感召和激励着后人,成为嘉定的楷模。

全书尽管写了侯氏家族的兴衰,涉及侯氏家族中许多人物的荣辱浮沉,但落笔以侯峒曾、侯岐曾兄弟为轴心,主从分明,不蔓不枝;此书的语言和文风有欧化的印痕,明显受到海外汉学家史景迁的影响,将严谨与通俗相结合,辅以合理的推理和想象,注重文学性、故事性,注意打捞历史深处那些令人忽视的细节;作品巧妙地模糊了历史与文学的边界,将两者结合得恰到好处,使严肃而沉重的题材鲜活起来,读之觉得生动、细腻,有很强的可读性,不妨称之为非虚构性文学,或文学性的历史读物。

本书作者宋华丽早在学生时代就知道了"扬州十日、嘉定三屠",抗清斗争的那段悲壮历史在她的心灵深处引起强烈的震撼。然而,真正触发她写作此书的缘由是她在2007年翻译了美国汉学家邓尔麟教授的《嘉定忠臣》一书。《嘉定忠臣》让她知道了嘉定抗清斗争的领袖侯峒曾。从此,侯峒曾成为她最感兴趣、最充满感情的历史人物,一发而不可收。十几年来,她牢牢地抓住这个题材,几乎花费了全部的业余时间,搜集了大量史料,爬梳剔抉,参考古今资料二百余种,附以六百余条脚注,以严谨而充满激情的态度写作此书,做到了章章有交代,事事有出处。

为了写好这本书,宋华丽多次来嘉定搜集材料,感受嘉定的风土人情,与本土的文史工作者交流,与嘉定结下了不解之缘,也与我成了忘年交。在书稿付梓之际,宋华丽求序于我,我乐意为之,写下了这些文字,算是不成样子的序言。

书友孙镇
——《往事回忆》序

今年仲夏，孙镇同志冒着溽暑送来一堆打印稿，说计划出一本书，书名《往事回忆》。承蒙他错爱，要我和葛秋栋帮他做一点编辑工作，让我有机会通读他的全部书稿。读着读着，我头脑中的时间匣子情不自禁地被打开了，往事一幕幕地浮现在我的脑海中……

孙镇是我的老领导、老朋友，我们相识已整整四十年了。我清楚地记得我们第一次见面时间和地点：那是1972年春节刚过，一个料峭春寒的上午，刚担任县文教局局长的他，就走访作为直属单位的新华书店，他穿着棉布大衣，在书店领导顾世荣先生的陪同下，与全体职工一一见面。顾世荣介绍我时顺便说："这位青年职工平时喜欢看书。"我看到他的眼睛顿时放亮，立即来了兴致，问我是否看过革命回忆录丛书《红旗飘飘》？我告诉他都已看过，他脸上露出了一丝惊愕，又有一丝怀疑，接着问我是否看过《跟随周副主席十一年》。我告诉他这是周总理的原警卫参谋龙飞虎写的，顺便说出了这本书的内容概要。他频频点头，表示满意，"面试合格"。交谈中，我能感知他也是认真读过这些书的。也许同是爱书人的缘故，他从一开始对我就有了较深的印象。

孙镇是一个书迷，喜爱看书、买书，他经常光顾书店，一则为了工作，但更多为了翻翻新书，顺便购置几本。他对新书十分敏感，很关注报刊上发布的新书预告，常在第一时间就打电话来预订新书，所订购的书以文史类为主。后来，由于我们交往日渐频繁，也就较随便了，我帮他代购新书后，就直接送到他家里，与他的夫人傅茂征阿姨也认识了。他家的橱柜里、床头边、饭桌上堆满了各种书刊，不少书上都有明显阅读过的痕迹，更令我吃惊的是他竟保存了自创刊号起至"文革"终止的整套《文艺报》。据我所知，像他这样勤奋地读书、买书、藏书的人，在老同志中是屈指可数的。

1974年初冬，孙镇专程赶到我在州桥老街的办公室，与我随便聊了几句后，就直奔主题，征求我对工作调动的意见。问我是否愿意转到教育工作岗位上，嘉定很需要像我这样的历史教师，我可以在嘉一中或师资培训班（即今区教师进修学院）中选择。当时我满足于书店生活，一则可以方便地看到新书，另则书店每月有3元5角的附加工资（"文革"期间奖金改称为附加工资），而教师是没有的。我未加慎重地思考，当即婉言谢绝了他的好意，他的脸上露出了失望和惋惜。此后，他再也没提这件事。由于我的无知和浅陋，失去了人生转折的重要契机。如今回头看，作为领导和旁观者，他在当时是看得很清楚的，这个安排也是正确的，无论从全局或个人考量，也许我当教师更适合。

上世纪80年代初，教育和文化分建两局，孙镇主持教育局，书店则属于文化局，他不再是我的直接领导。后来他调任宣传部副部长，最后调任县政协副主席。在政协，他负责文史资料工作，又热情地鼓励我为《嘉定文史资料》撰稿。

2001年，我已调至博物馆工作，我的散文随笔集《疁城漫笔》付梓出版，当即分赠他一册，请他校正。他非常高兴，看得十分认真，还给我回了热情洋溢的亲笔信，对我勉励有加。

继明同志:

大著《嚠城漫笔》收悉,十分感谢。我反复拜读了数遍,字字珠玑,爱不释手,常置案头。

你敏而好学,天性勤奋,读书、写书、编书,成绩卓然。你的作品清淡,语出自然,文气流畅,意境不薄。

祝你书品与人品一样高尚,文贵新意,新的作品源源问世。专此即颂,撰安。

孙镇 2002 年 10 月 23 日

事后他又专程赶到博物馆,表示他的谢意和祝贺,我们在孔庙大成殿前合影留念。

孙镇长我十五岁,论年龄,他应是我的长辈和老师,本不应由我对他的文章说三道四。细阅书稿,从成文时间看,他的文章大都写于离休之后,乃厚积薄发之作,堪称"庾信文章老更成"。《往事回忆》的书稿大体可分为早岁回忆、缅怀友人以及漫游山水等三类,这些文章是他真实的人生经历,同时也是真心情的流露。由于工作关系,他曾接待过刘伯承、徐特立、魏文伯、胡厥文等政要人物;与谭正璧、吴强、储大弘、陆象贤、浦泳等文化名人有过不浅的交往。书中还记载了他与徐嘉、潘世和、金亮、谭中、张维昌等前辈和战友,乃至炊事员老吴、邮电员小刘等小人物的深情厚谊,情感真挚,催人泪下,所见、所闻、所记皆具存史价值,分之则成碎片,合之便成系统。他曾先后三次在南翔工作,时间长达十余年,南翔是他的第二故乡,故而有很深的南翔情结,《可爱的南翔人》一文是他的倾情表达:"我对南翔的一草一木、一砖一石都怀有深深的情愫,大街小巷不仅留着我的足迹,而且还留下美好而难忘的回忆。最使我感动的还是南翔人民,古镇的民风淳朴,民情可亲,文化积淀深厚,吃苦耐劳,勤于治事,敢于进取，勇于创新。"他的文章一如其人，娓娓道来，淡泊有味，如《寻踪桃花潭》："我的童年和少年时代，是在江南水乡的一个小镇上度过的，阳澄湖的清水涓涓地流入市河，小桥流水，小巷人家，幽静雅洁，是鱼米之乡。"文字充满了浓郁的乡情，风格清丽灵动。

孙镇是在1949年，那个东方欲晓的时刻，怀着信念和理想而参加革命的。那是这一代人的无悔选择，他为此追求和坚守了数十年。他身上保持了革命者兼书生的本色，他身居闹市中的陋室已三十余年，至今没有装潢过，他的财富除了书，可以说身无长物。

走笔至此，还要交代一下此文对孙镇的称呼，我特意摒弃时下流行的"某老""某先生"的尊称，以"同志"称之。这是因为我们结识之初，依当时的政治氛围，尽管他位尊局长，我不过是一个青工，但大家都亲切地称他"老孙"，在严肃的场合则称他"孙镇同志"，这是那个时代留下的温馨而亲切的称谓，至今见面时仍改不了口，也许这就是所谓的"君子之交"，我想书友孙镇同志也是乐意这样称呼他的。东拉西扯，写下了这篇文章，算是不成样子的序言。

穿越时空:一个世纪的嘉定沧桑岁月
——《影像嘉定》序

用光影雕刻历史,用纸墨记录时代。这本《影像嘉定(19世纪60年代—20世纪80年代)》是一部厚重、直观、真实的嘉定近现代史,时间跨度整整120年,承载了丰富的历史信息。翻阅此书,如从山阴道上行,精彩纷呈,使人应接不暇。

我作为一个历史工作者,因工作的缘由,会经常接触史料,自然十分尊重、珍爱历史文献。但在相机没有发明前的漫长历史岁月中,对人、事、物的记载,或文字,或绘画,均是模糊的。它们的真相究竟如何,令后人费神猜想,甚至争论不休,留下不尽的悬想、无穷的疑案。在此时,我们常常会产生一个想法:如果有一张老照片该有多好啊,可以省去多少笔墨官司。

这一切在照相机发明后就发生了根本性的改变,照相以先进的技术手段,让照片将人、事、物永远定格在历史瞬间,生动准确地记录历史,极大地丰富了历史资料。然而,在照相机问世后的很长一段时间中,拍照仍是一桩奢侈的事,城内没有几家照相馆,有相机的人寥寥无几,嘉定最早的老照片是外国人拍的,在这个时段中,有多少前辈,终其一生都没有留下一张照片。我们要感谢科技的进步和工业的发展,后来不仅出现了电影、电视,尤其是到了本世纪初,又有了数码相机、手机等先进的拍摄工具,摄影爱好者呈几何级的增长,形成了一支数量可观的队伍。如今,相机、手机进入寻常家庭,手机更是几乎人手一部,极大地方便了拍摄，达到了随手可拍、随时可拍、随地可拍、立竿见影的程度，说泛滥也不为过。相比之下，数量稀少的老照片如吉光片羽，显得格外珍贵。近年来，研究或欣赏经过岁月沉淀的老照片，已发展成为一种颇富生命力的文化现象，有见证历史、考订正误、体现价值及满足观众观赏需求等多重作用。

本书的编撰者徐征伟先生是我的忘年交、老同事，我们曾在嘉定博物馆的一个部门工作过。征伟是个有心人，平时努力搜集地方文献，对老照片更是情有独钟，从事老照片的搜集、整理、研究已近二十年。近年来，他节衣缩食，更是把收集老照片作为自己的使命，几乎将全部业余时间都投入了这个爱好。有时，为了得到一张有价值的老照片，往往要赶几十里路，磨破嘴皮子，一旦得到了向往已久的老照片，喜悦之情，溢于言表，如集腋成裘，个中滋味，唯其自知。他把搜集的范围聚焦于嘉定本土地域，不惜费时费力，对老照片做出鉴定和整理，分门别类，撰写文字说明，使之成为系列，形成了他收藏的基本特色。近年来，征伟收藏老照片的名气越来越响，他收藏老照片不是单纯占有，而是为了让大众分享。我经常求助征伟，请他提供老照片。据我所知，有不少单位和个人曾经求助过他，他都给予慷慨热情的支持。

《影像嘉定》共收180余张老照片，以征伟收藏的老照片为主，上海翥云艺术博物馆周嘉也提供了部分老照片。全书的篇目按所见老照片的多寡而分，计法华塔、嘉定孔庙、嘉定城、园林、寺庙、文化教育、疁城往事、普济医院、风俗、肖像等10个板块。窃以为，任何发现有其偶然性，有价值的东西往往可遇而不可求，而个人的精力、财力总是有限的。征伟无法网罗全部嘉定老照片，而且发现也永无止境。今后，有价值的老照片还会不断浮出水面，希望征伟再接再厉，坚持不懈地努力。同时，也期待更多的有识之士关注嘉定老照片，同心协力，编出精彩的续篇。

　　《影像嘉定》的出版，为嘉定建县八百周年献上了一份沉甸甸的厚礼。老照片呈现了真实的历史，老照片永远不会褪色。

古镇乡愁
——《古镇觅痕：二十世纪四十年代嘉定县古镇市容写真》序

章丽椿先生送来一摞厚厚的书稿——《古镇觅痕：二十世纪四十年代嘉定县古镇市容写真》，翻开书稿，令人感叹万分，往事一幕幕浮现在我的脑海里。章丽椿与我是忘年交，他是职业医生，平时叫惯了"章医生"，怎么也改不了口。然而，在我的心目中，他是我敬重的兄长。

我清楚地记得我们第一次见面的情景。那是1967年1月，我在新华书店工作，时值严冬，我患了严重的咽喉炎，久治不愈，十分痛苦忧虑，这让年轻而躁动的我多少消减了几分政治热情，转而开始寻药访医。经一位友人的热情介绍，说县人民医院五官科有一位叫章丽椿的医生，擅长治疗咽喉炎。记得章医生要我带一本《中国地图册》去，当时不少医生都脱产"抓革命"去了，章医生却坚守在"促生产"的岗位上，医生少，病员多，科室门前常常排起长长的队伍。就在门诊间，我们一见如故，开始了长达半个世纪的交往。

"文革"结束后，章医生担任过县人大常委会副主任，但不脱产，仍在当医生，还担任中国支援摩洛哥医疗队的队长。世事难料，就在他担任支援摩洛哥医疗队队长期间，他相濡以沫的夫人患病去世，使他的精神遭到沉重的打击。不久，他自己也不幸患了癌症，先后进行了两次手术，死里逃生。之后，赋闲在家，还想做点事。事有凑巧，一件酝酿了很久却未实施的事，让我想起了他。

上世纪 90 年代初，社会学、历史学等各界对江南乡镇历史的研究逐渐成为热点，我曾酝酿计划为每个乡镇写一个专题研究，然后汇编成册，成为一册带有课题研究类型的专著。而嘉定区域内的市镇，最早的发端于南朝，明清两代进入全盛时期，直至民国仍可圈可点。这些集镇在江南一带具有典型意义，缔造了辉煌的经济、文化业绩，成为散落在长三角地区的一串璀璨的明珠。嘉定、南翔、黄渡、娄塘、安亭、外冈，以及马陆、戬浜、石冈、望仙、钱门、葛隆、方泰等，曾经的繁荣让人记忆犹新，令人难以忘怀。如今，嘉定境内的古镇，除了嘉定、南翔、娄塘几处残存的历史文化风貌保护区外，大多已荡然无存，如果将这些集镇历史风貌一一还原，为它们列传，将是一桩功德无量的善事。

祖籍苏州的章医生是 1958 年来嘉定的，他无比热爱嘉定这方水土，把嘉定视为第二故乡。他平时喜爱阅读文学、历史作品，具有一定的写作基础，具备了完成这个项目的先决条件。2008 年初，在我的动员下，章医生接受了这个艰巨的任务。其时，他的健康状况不太好，大病初愈，体力尚在调养和恢复中，我一边将任务交给他，一边又不免有点担心。想不到他很快就进入了工作状态，不到一年，就完成了《六十年前旧风貌，十里长街话沧桑——寻觅解放前夕嘉定镇旧貌》一文，并在《练川古今谈》第五辑上刊出。此文以丰富翔实的史料，浅显生动的文笔，一炮打响，引起读者的浓厚兴趣，这一期《练川古今谈》的索要者络绎不绝。我为他取得的成功高兴，同时我也感到欣慰，我没有选错人。此后，他信心大增，一发而不可收，一个个集镇有计划地写了下去。

他怀着对第二故乡的敬畏之心，怀着火一般的热情，投入到集镇历史与现状的调查研究中去。他开始有计划地搜集了大量的乡邦文献和地情史料，加之在大学受到过系统而严格的训练，他作风严谨踏实，在动笔前往往要多次去原地勘察，不放过一砖一石，千方百计地寻访当地老人。每当他打听到当事人或知情者线索时，就会兴奋无比，不顾酷暑寒冬，登门拜访，穷追不舍，刨根问底，大有不达目的誓不罢休的精神。他甚至还自己出资邀请当地知情者喝茶吃饭，召开座谈会。文章写成后，他广泛地征求各方面的意见，还要我介绍有关的专家学者，汲取他们的建议，每篇文章都要数易其稿。他的文章上溯集镇创始之初，回顾该集镇的历史沿革，以民国至解放初为研究的重点，以直角坐标的形式展开，逐步形成了整部书稿的基本特色和风格。为了让读者能有直观的感受，他为每个集镇都绘制了一幅示意图，详细到每个商铺的名称，更让这本书具备了实证意义。他数年磨一剑，不知疲倦，花费的精力可想而知，其精神难能可贵，可以说这是一本呕心沥血之作，也是一份献给嘉定建城八百周年的厚礼，更有理由相信必将是一部传之后人之作。

他边学边干，边行走边写作，越干越喜欢这个活，乐在其中。在这个过程中，他的身体也神奇地得以康复，疾病离他而去，成了个健康人，印证了清乾隆帝曾经说过的话——"读书可以养生"。看来，读书写作不仅可以养生，还能治病，章医生这段传奇的经历很有推广价值。

近年来，在快速推进的城市现代化进程中，古朴美丽的江南小镇已经逐渐消失，但江南小镇的美好记忆深深地刻在人们的脑海里，挥之不去，人们希望留下这一抹美好的乡愁。走笔至此，忽然想起余光中先生歌咏江南小镇的诗句，唯美而又无奈，犹如一声声叹息：

    在江南，在江南
    多寺的江南，多亭的

江南，多风筝的
江南啊，钟声里
的江南
（站在基隆港，想——想
想回也回不去的）
多燕子的江南

朋友，当你想起那已经远逝了的这些古镇时，就翻翻这本书吧，或许能勾起你美好的记忆、绵长的乡愁。

空中的足音
——《空中的足音：可以听到的嘉定历史》序

记得我首次"触电"是在2000年年初。当时嘉定电视台计划做一档反映嘉定乡土人文历史的电视系列专题片《说嘉定》，共24集，我有幸作为首席撰稿者，一人担任了10集脚本的写作任务，在此过程中着实让我感受到，这可不是一个轻松的活。由此而对媒体人的甘苦有了切身的体会，也多了几分理解。

《说嘉定》以耳目一新的样式，挟着一股浓郁的乡土情怀扑面而来，一经播出，立即激起了广大电视观众的强烈反响。由此体会到，反映本土的节目最能打动人，也最有生命力。在此期间，我还结识了电台、电视台的一批朋友。2001年底，区广播电视管理局和区文化局合并为区文化广播影视管理局，我们由朋友成为同事，我与广播、电视走得更近了。嘉定真小，人生有缘。我相信，我与广播、电视的因缘必将继续。

2007年初夏，我即将退休，但工作依然十分忙碌。一天，嘉定人民广播电台的节目主持人俞慧女士来博物馆找我，说嘉定人民广播电台正计划改版，她策划了一档反映嘉定人文历史与民俗文化的专题访谈节目《嘉定故事》，已得到了领导的鼎力支持，她热情地邀请我做这档节目的主讲人。

讲嘉定的人文历史，对我来说并不生疏，甚至可以说是轻车熟路，我曾在机关、学校、部队、社区等部门作过多次专题讲座。但我从未在电台讲过，不免有些踌躇，转而觉得这项工作对普及和传播地方历史文化可能有一定的作用，而且广播节目听音不见人，相比电视有更广泛的表达空间，不妨试试，就答应了下来。

前期的准备工作十分紧张而仓促，我们考虑到嘉定是一座有近八百年历史的文化古城，有着丰富和深厚的人文底蕴，通过广播来全面展示，是一种新的尝试，而听众却是有着不同文化层次的各年龄段的成员，为了让这档节目既有厚重感又有广普性，我们确定了《嘉定故事》遵循"历史上发生的真实故事"为基本原则，所讲的内容要事必有证，言必有据，在内容上分事件、人物、古镇、民俗等几个类别，在形式上以讲故事、说历史的方式来进行，深入浅出，力求生动、自然、平实的基本风格，以达到雅俗共赏的效果。

2007年7月，《嘉定故事》正式开播。它通过主持人与我对话的形式，讲述嘉定的人文历史。每周3期，每期30分钟，每天上午首播，下午重播，次日再次重播，天天播出。由于节目立足本土历史上的人与事，听众觉得十分亲切，一经播出，很快形成了一个稳定的听众群，随着时间的推延，听众群就像滚雪球，越滚越大，《嘉定故事》的影响越来越广，超出了预期的想象，收到了意想不到的效果。听众有公务员、教师、医生、工人、农民、学生、离退休干部等等，上自白发苍苍的老人，下至刚背书包上学的小学生。我们收到了听众大量的来信、来电、短信和电子邮件。不少听众表示，每集必听，一集不落。他们对以讲故事的方式系统讲述嘉定地方史的做法予以肯定，希望《嘉定故事》作为一个固定栏目能长期保留下去。上海大学博士生导师余昺鲲教授在来信中说："我随着陶继明老师的讲述，时而沉思，时而欢笑，时而憧憬着嘉定的未来，时而为悠久和深厚的历史而骄傲。想不到嘉定有如此悠久的历史，丰富的人文资源，作为一个嘉定人是值得骄傲的。"身患尿毒症的原区装卸队党支部书记谢兆龙同志说："'嘉定故事'我每集必听，它是我每天生活中的最重要的组成部分。"有一次,我乘出租车,司机是一位年轻的女士,她一边在听《嘉定故事》,一边自言自语地说:"陶老师不知是个怎样的人?想来他也许是一个上了年纪的人了。"我对她说我就是陶继明,接着我们就聊了起来。她兴奋地对我说:"陶老师,我们出租车司机几乎人人都在听《嘉定故事》,又解乏,又能增长知识,碰到外地乘客要求介绍嘉定时,我们也能说上两句。"更令人欣喜的是《地名谣里的故事》,在参与 2008 年的上海市区县广播电视节目评比活动时,获得了唯一的文艺类二等奖。我们把听众的褒奖看作是对我们工作的一种激励,我们没有理由懈怠,只有加倍努力地做好这档节目,才对得起听众的厚爱。

《嘉定故事》在播出过程中,得到了领导的热情关心和支持。燕小明局长每期必听,并提出了在节目的开头要写导语、结尾要写结语的建议。俞慧女士在后期整理剪辑时采纳了这个建议,尽管增加了工作量,但节目更加出彩,起到了画龙点睛的作用。管育民台长也倾力支持这档节目,他亲自监听节目,并多次召开主讲人的座谈会,商量选题、沟通、交流节目所遇到的难点,还到社区听取听众的反馈意见,以利提升节目的质量。

《嘉定故事》开播后,我不间断地连续讲了一年零一个月,录制播出了 183 期。一晃五年过去了,主讲人和听众的队伍都在扩张。先后已有三十余人做客电台,参与《嘉定故事》的播出,由我一家独唱变成了百家合唱。2011 年,《嘉定故事》由一周播出三期,改为周一至周五天天播出。截至 2012 年 9 月底,这档节目已累计播出了 886 期,至于它的受众面究竟有多少,已无法准确估计了。就媒体规律而言,电台的专题类栏目,它的生命周期一般为两年左右,而《嘉定故事》已远远超出了它的生命周期,至今仍保持着旺盛的生命力。我由衷地祝贺《嘉定故事》成为广播节目中的常青树。

在嘉定电视台 20 周年台庆之际，区广播电视台决定选择《嘉定故事》已播出的部分内容，整理编辑《空中的足音——可以听到的嘉定历史》一书，以飨读者。在此书即将付梓之际，我写下了这些零星的感受，权作本书之序。

那充满泥土芬香的画卷
——《乡土乡俗》序

我不认识严永芳先生,但两年前就在友人的微信上看到过他的画作,当时只觉得眼前一亮,扑面而来的是泥土的芳香,同时也让我记住了他的名字:严永芳。之后,我一直期待着,希望能看到他更多的画作。

严永芳先生出生于嘉定东境的华亭镇北新村,年轻时,因在美术方面的天赋,曾被当时的嘉定县文化馆选中,之后就一直从事服装和草编图样的设计工作。退休后全凭个人兴趣爱好,用他质朴的眼光和深情的记忆,一笔一画致力于绘制嘉定民俗画。尽管他没有科班的出身,没有华丽的技法,但就是凭借那一份最原始的家乡之情,最朴素淳朴的画风,得到了当地百姓及专业老师的认可。因此,他还被乡里乡亲们亲切地叫作"老画人"。

严先生的"画室"即是老屋的客堂间,平时作画就在八仙桌上完成,桌上总躺着一支饱经岁月风霜的钢笔、几叠画纸、一瓶钢笔墨水,乍一看似乎毫无章法,在严先生的手中才会变得有序起来。他创作态度严谨,每一幅画用铅笔打好草稿以后,都要经过认真地揣摩,修改好几遍,再勾出大概轮廓,最后仔细地用钢笔加深完成。

严先生的这百余幅作品,形象地反映了20世纪江南乡村的典型风情,描绘的是很多已经或即将逝去的民间乡里风景,如将其称之为"乡村生活的百科全书"也不为过。这些画作惟妙惟肖地展现了嘉定乡间的老民俗、老节俗、老农俗、老习俗、老风情、老味道、老手艺，鲜活而温暖，画面质朴生动、意蕴丰厚。这些画的创作灵感都来自严先生孩童时期的记忆，真是"画为心声"，也是我们曾经的生活，何等熟悉，又是何等亲切，散发着浓浓的乡愁。

　　严先生笔下的旧时乡情风景，不啻是现代都市人喧嚣劳顿的生活的诗意对照。农村人的这种近乎原始的富足，或许正是城里人难以偷得的缺失。看他的画，你自然会联想起饶平如的画册《平如美棠——我俩的故事》、老树的画册《真正的生活者》，这是最本真，也是最接地气的作品，会让你浮躁的心瞬间平静下来。

　　品味严先生的画作，会打开我们记忆的闸门，勾起我们深厚的家乡情怀。这一笔一画描绘着属于他自己、也记录着属于大家的那份共同的怀念。这里没有表现主义的晦涩难懂，也没有达达主义的光怪陆离，纯白画笺上的黑色线条，甚至与任何现代绘画流派扯不上关系。但正是这一幅幅平铺直叙式的画，却每每使感同身受的观者思绪飘回往昔——曾经随风摇曳在乡村土路旁的那株蒲公英；老嬷妈下田时围系在佝偻腰间的花袋……那缕不经意间弥漫在心底的美好回忆，总带着一份莫名的伤感与悸动。在这个"艺术"被无限糟蹋的时代，我依然想用"艺术"一词的本意来赞美这些也许会被后现代大师们嗤之以鼻的画作。

　　如今，严先生腿脚不便，已届耄耋之年，过着淡泊宁静的生活。他还在勤奋地创作，时光流逝，唯有在画的世界里，严先生的内心是宁静的，人也仿佛不会老，年近八旬的他，说起深爱的画画来，总会流露出孩童般天真的笑容……

　　嘉定区人民政府新闻办公室、华亭镇人民政府编辑出版的这本画册，让严先生的画得以保存、出版和传播，是一件功德无量的善事，是为序。

芭蕉叶叶为多情
——《芭蕉雨》序

今年初春,乍暖还寒的时节,葛秋栋兄送来了一叠厚厚的书稿,共60篇散文,这是他从数十年辛勤创作的全部作品中遴选出来的。看着看着,我陷入了沉思,情不自禁地回忆起与秋栋交往的一幕幕……

我与秋栋结识于上世纪70年代初。那时我在县新华书店工作,是联系外冈、望新、方泰一带的专职图书发行员,由于职业的缘故,平时与机关、学校的交道打得多,当时秋栋所在的方泰讴思学校,也在我的联系范围内,是一所小学带初中的学校,俗称"带帽子中学",秋栋是这所学校的校长。

我清楚地记得第一次与秋栋见面的情景。隔天晚上,绵绵春雨下了整整一夜,而讴思学校是一座乡校,从公路到学校有一长段泥泞的小道。我推着自行车,车上驮着一包书,艰难地前行,自行车轮胎上沾满了烂泥,让我出了一身汗。终于,遥遥望去,看到几棵高大古老的银杏树,讴思学校就在大树旁边。秋栋远远地迎了出来,热情地帮我卸书擦车。此时,"文革"进入了后期,相对前期,已显得较为平静,出版界万马齐喑的状况也在改变。我送去的一包书中,有公开的刊物《朝霞》《学习与批判》,还有专门翻译、介绍国外各种思潮的内部刊物《摘译》,以及新出版的几种"二十四史"。记得秋栋兴奋地从中挑了几本书,印象最深的是他买了一本《周书》,这是二十四史中较为冷僻的一种,没有一定的古文基础是无法读懂的。临近中午,秋栋还为我在学校食堂准备了中饭,他执意要请客,不肯收饭钱。

之后,我们的交往多起来了,渐渐地知道了他的身世。秋栋生于1946年,长我一岁,因为年龄相近的缘故,我们有较多共同的话题。当时,秋栋早已成家,而我还是个快乐的单身汉,相比之下,觉得他在各方面都要比我成熟。不久,他调到了县文化三馆的图书组,从事图书介绍评论工作,再后来又调到博物馆,三馆与书店同属文化系统,开会、学习、劳动常在一起,我们又有共同爱好——书,来往就更多了,慢慢变成了莫逆之交。

记得秋栋当时住在孔庙大成殿旁一间破旧的小平房里,屋旁堆放着杂乱的碑刻,显得有点荒芜,但墙角有一丛绿叶葳蕤的芭蕉,格外显眼,生机勃勃。他还带着正在上小学的女儿,颇为艰辛。十年动乱结束后,秋栋被单位送到复旦大学地方志专业进修,后毕业于杭州师范学院政史系。1985年春天,他回到博物馆,担任馆领导,从此亦官亦文,先后在宣传部、侨办、台办、民宗办、工商联工作,其间还担任过县文联副主席。

我与秋栋时分时合。1985年初,县文化局的《嘉定文化志》已经启动,我即将从电大中文专业毕业,与秋栋都被借调到局志办公室从事地方志的编纂工作。局志办在县图书馆四楼,我们在同一室内办公,朝夕相处,我还应他之邀一起编辑馆刊《疁城文博》,前后有数年之久。后来,秋栋调离博物馆,我则从书店调到了博物馆,我们分开了。他退休后,我邀请他参加《嘉定碑刻集》的整理注释,又在一起工作数年之久,彼此了解更多更深。

对秋栋的作品,我并不生疏。十几年前,我曾应邀为他编过散文集《疁城烟水》及小说集《红雪》。秋栋的文学创作起步较早,大概在做那本油印本馆刊《图书通讯》的编辑时,就已经开始了,他的散文作品大体上可以分为历史和乡情两大类。1981年初,上海《青年报》副刊刊登了秋栋的散文《缺角亭情思》,当时社会上书刊不多，又是一个崇尚文艺的时代，秋栋的文章在嘉定引起了一阵不小的反响。此文以南翔古猗园缺角亭历史为背景，抒发了南翔人民爱国爱乡的高尚情怀。其中"竹枝山草木葱茏，绿浪生波，已属奇趣无限；屹立山顶的一座缺角方亭更使人有妙趣横生之感了。亭子的结构玲珑，高壮华丽，几何形的拱顶，线条流畅，气韵生动，除了东北方向人为地短缺一角之外，三只拳状翘角却似铁臂临空，给人的感觉是威武、刚强、神圣不可侵犯；亭子不仅格调别致，颜色也七彩俱全，色调鲜艳柔和，真不愧是仙苑奇葩"的段落，颇有文采，十分撩人。此文获得上海《青年报》历史征文一等奖。同类题材的《高义桥的春色》，写得也较为出彩。此文从高义桥切入，歌颂了"五抗"英烈为理想信念而献身的高洁精神，文字热烈而充满激情，如"人们为什么常常在桥上流连忘返？有时把桥上的风兜入胸襟，有时看桥上的云烟晨雾，浮想联翩。大概是在追求吧，在追求一种美，从外貌直至心灵的美。如果说桥也有心灵的话，那么坦荡如砥的胸怀，朴实坚定的风格，始终如一的品质，献身人类的精神，正好象征着中华民族优秀儿女的精粹。我们伟大的民族，自古以来就有揭竿而起的英雄，有为民请命的使者，有舍身求法的勇士，'清操励冰雪，赤手缚龙蛇'，推动着历史的前进，推动着社会的进步。我伫立桥头，在80年代的今天缅怀着六十年前的高义桥……"，可以感受到秋栋笔端火一样的热情。

秋栋乡土类题材的散文也较出色，相比之下数量更多，有状物写景的，也有记事写人的。其中《浪花之梦》近似小说，叙述了银杏树下，"我"与珍珍之间发生的缠绵故事。珍珍是一个悲剧人物，特殊的时代断送了她年轻鲜活的生命。"我怀着沉痛思念的心情走到湖畔的老树下，捧起银杏树下的片片落叶，却无法知道哪一片是属于珍珍的……举眼眺望着夕阳下波光粼粼的湖面，凝视着一艘艘乘风破浪的航船……虽然,痛苦的岁月就像船儿走过的路,它堆起的千层浪花很快被历史的巨手抹平了。而今,年老人正焕发着青春,年轻人又在为新的抱负而奋斗,失去学校的我已经读完了大学,在自己理想的天地里耕耘。可是,只要想起珍珍,想起我那死去的小妹妹,心里就会隐隐作痛",中间似乎晃动着作者的影子。《我参加了"援越抗美"》则以平实的笔调,回忆自己入越参战的难忘岁月,字里行间可以感受到那血与火的战斗场景、生与死的战友情谊。秋栋写景的散文也融入了他浓郁的桑梓深情,如《故乡的小河》《老竹桥的回忆》《车浜斗》《芭蕉雨》《落叶的美丽》《我心中的那盏小竹灯》《秋夜》等,尤其是近期的作品,文笔更加洗练、老到。"人情总是家乡好",秋栋的乡土散文中,还有几篇描写人物的,他的《乡邮员李学诗》《陈正留给我的回忆》等篇所写的人物,如李学诗、陈正等人,也是我所熟悉的朋友。乡邮员李学诗写得生动传神,寥寥几笔,勾勒出了他倔强的性格、多舛的命运。离休干部陈正也是我的忘年交,他为人诚恳、低调,"以年届八旬的高龄,徒步走进西藏墨脱县,在背崩乡为门巴族孩子建起一座希望小学",事迹十分感人。秋栋的作品向读者传递着一种正能量。

　　我在这篇文章中写了不少与秋栋交往的陈年旧事,几乎与其作品分量相当,正是应了鲁迅评价文学作品要遵循"知人论世"的原则,只有这样才会更准确地理解作者与作品。

　　末了,承蒙秋栋错爱,让我为他的这本书作序,由此我先睹为快,提前阅读了他的这部书稿。走笔至此,看到秋栋的这本散文集取名为《芭蕉雨》,想起了郑板桥先生的诗句"芭蕉叶叶为多情,一叶才舒一叶生"。引用板桥的诗句,是希望秋栋多写文章,犹如芭蕉抽叶,一叶才展,一叶又生,新作迭出,绵绵不断。

为中医药复兴鼓与呼
——《医殇》跋

《医殇》作者钱守章兄是我的拳友、书友。我们相识于"文革"前夜,他是那种一见难忘的人,一口浓得化不开的嘉定乡音,记忆力惊人,讲起来滔滔不绝,简直让你插不上嘴。他喜欢看书、买书、藏书。他对中医药事业近乎圣徒的虔诚和痴情,都给人留下了深刻的印象。

早就听说他准备写一部中医题材的长篇自传体小说,当时不过是姑妄听之。想不到守章兄有勇气、有毅力,真的干了起来。2004年初冬,他把长篇小说《医殇》厚厚一叠打印稿交给我,说让我提意见。我是小说的门外汉,在惊讶和钦佩之余,认真拜读全书,生发了一些感想和思考。

嘉定素称"教化之乡",与儒家文化相关的传统岐黄之术也名重一时。明嘉靖年间,大医药家李时珍为《本草纲目》付梓,从荆楚大地漫游到江南太仓,拜访文坛领袖王世贞,请他为《本草纲目》作序,很可能到过嘉定;清末嘉定方泰黄墙朱氏世代医家,医术高明,闻名遐迩;一代名医张山雷,医术精湛,医德高尚,所著医书独领风骚,对中医教育贡献尤大;抗日烽火中,嘉定出了一个投笔从戎的奇男儿、人称"中医司令"的吕炳奎;1949年后,吕炳奎长期任卫生部中医司司长,执中医界之牛耳,上书言事,为中医请命,开中医学院之先河,其对中医事业披肝沥胆、忠心耿耿,可谓立德、立功、立言三不朽,在嘉定出一部描写中医的书自在情理之中。

翻开《医殇》，迎面扑来的是江南清新的田野风光和江南小镇特有的气息。《医殇》以20世纪30年代至21世纪为广阔的历史背景，以三四代中医的经历和遭际，贯穿了抗日战争、"反右""文革"直至改革开放的历史长跨度，真实地反映了社会变迁和世态炎凉，生动地展现了小说中的人物命运、中医药界的无奈和苦涩，以及描述了中医药事业的"三落三亡"的惨淡走势，一定程度上揭示中医药陷入困境的缘由。小说还描绘了江南水乡、上海地区的世态群像，生动地再现了那个特定时代的民情风俗画卷，颇具相当的认识价值。

这部作品以主人公金秋华一生的奋斗、追求直至失败，作为主线来展开。金秋华是一个热爱祖国、热爱人民的中医，一生追求真理，一生坎坷，其虽九死而无悔，像这样的知识分子在中国何止千千万万，金秋华是一个真实可信的人物典型，在金秋华的身上有作者自己的影子，也侧面反映中国知识分子的缩影；小说中出现的其他人物形象，也大多可以在生活中找到原型。

《医殇》不是一般意义上的自传体小说，我个人认为可以理解为思考和探索型的作品。这里既有主人公坎坷的磨难，老一代中医的血泪"天问"式的抗争，同时也有时代的错误和误导——根本问题是怀疑中医药的科学性，还有人们认识上、观念上的偏差，有中医药界内部自身的局限和弱点等。作者在作品中强烈呼吁中医的振兴、呼吁法律和人权的珍贵、呼吁学术界的民主自由，进而把中医药事业与祖国未来命运、优秀文化传承联系在一起，显示出了可贵的人文精神。

作者在青年时代酷爱戏剧，创作过戏剧作品，报考戏剧学院三次，皆因种种众所周知的原因不能录取，他的作品也借鉴了戏剧的元素和技巧，作品的情节有鲜明的画面，人物具有明显的行动性，主人公金秋华常常发出大段的心灵独白，拷问灵魂，求索真理，风格鲜明，个性突出。

在传统小说的理念中，小说离不开结构、情节、人物、性格、语言等诸多要素。但自古"文无定法"。中国优秀古典小说《三国演义》为"七真三假"，《水浒传》则为"三真七假"，它们都真实生动地反映了各自的时代特征。文学创作也当与时俱进。至于如何随时代而变，见智见仁，尽可以让读者做最后的判定。《医殇》出版后，无论其内容和形式，想必会有不同意见，这是正常的，也是必然的。

守章兄为人真诚坦率，文如其人，他作品风格也畅快明朗。在结构上避开了传统悬念的谜团，也不用"抖包袱"手法，而是直面人生，电光石火地拉开了性格交锋的场面，让读者随着作品中的主人公一起悲愤、一起痛苦、一起怒吼、一起思索，不必去"好人坏人"的揣摩。他苦心孤诣地在挖掘人物内心世界中深藏的"东西"，唤醒人们对过去、现在和未来的自省和反思。最后的结局，他安排主人公金秋华以身殉医，不死不足以警醒国人，也使整个作品达到了高潮。

我理解《医殇》的创作原意，但窃以为，自近代以来，中华民族一直处在内忧外患、落后挨打之中，中医之道、岐黄之术亦屡起屡废，历经坎坷，种种遭际，令人扼腕；中医药如江河日下，让人沉郁、悲愁。一个民族只有自信才能自强，自强才能富强，这道理是不言而喻的，故对中医的未来发展也不必过于悲观。我坚信，深深根植于中华大地的中医药自有顽强的生命力，它是中国的国粹，是一棵历尽艰辛的常青藤；尽管它有枯有荣，但它决不会灭亡；它是古树新枝，将与中华文明共存。

情怀篇

练川梦寻

1947年七月流火,我出生于古城嘉定西门外的一户清寒之家,在西门外生活了整整42年,直至1989年初夏,才离开西门外,迁至城中。从此,西门成了我梦萦魂牵之地,睡梦中经常会呈现那清晰而温馨的一幕幕,老家的一草一木,一砖一瓦,都会勾起我对童年生活的无限遐想。

老家南临嘉定的母亲河——练祁河,从懂事起,就觉得自己与练祁河结下了不解之缘。我家所处的西门外又称"练西",练祁河的西部相比东部要宽阔很多,河两岸是鳞次栉比的人家,构成了一幅小桥、流水、人家的江南古镇风情画。河岸间杨柳依依,杂树生花,飘逸着似有似无的水气、香气。在我的童年记忆中,这里尽管仍很闹猛,却已接近市梢,是个半城半乡的地方。练祁河之南称"小街",练祁河之北称"大街",而小街要比大街明显冷清很多。街面铺着的碎石子,因年深日久地被人们踩踏,亮得发出暗光。老街长长,小巷深深,在熙熙攘攘的街道不远处,就是大片农田,城市气息夹杂着田野风,犹如一曲优美、和谐的江南丝竹。大街上白天喧闹,到了晚上,却行人稀少,安静得出奇。邻里之间保持着原始淳厚的和睦关系,极少发生争执。想起诗人徐迟先生在《江南小镇》一书中描述南浔古镇的风貌时,连用了65个"亮晶晶"来讴歌家乡之美,如果把它们搬到西门外,也是十分恰当的。

我家的东边是接官亭桥,古时候桥旁还有一所西候馆,是送别离职知县、迎接新任知县的地方。在我少年时,西候馆早已毁弃，听长辈们说，古时知县迎送的这一天，要在西候馆内举办宴席，也邀请地方德高望重的乡绅参加，饱餐一顿后，旧官乘舟离岸，若有政绩，邑人会以鞭炮礼送；而官声不佳的旧官，邑人常以石子、唾沫投之。长辈们最津津乐道的是清康熙年间，清官陆陇其先生蒙冤离别嘉定时，父老乡亲万人送别，哭声震天，接官亭桥则是全剧的高潮。我小时候学的第一首儿歌就是《接官歌》："点点掰掰，掰到南山。南山不到，树上环环。新官上任，旧官请出。雌鸡雄鸭，拿来就杀。"也算留下了些许记忆。

接官亭桥下是一条清澈而长满水草的小河——迎恩河，河的西侧是一条狭长的碎石路，北端住着几户人家，住户因大都姓顾，故称"顾家弄"。后面是一片大竹林，密密匝匝地长着许多竹子，常有野鸡、野鸽出没，小时候走进顾家弄，觉得有点神秘又有点恐惧。竹园后是一个叫"春羊"的蛇医之家，当地人称他为"捉蛇叫花子"。春羊家是极简陋的茅草屋，家徒四壁。他医术高超，四乡八邻凡被毒蛇所咬的患者，都请他治疗，他有一帖祖传秘方，以四周所采的鲜草配之，药到病除。春羊养了一只灵巧的狸猫，会在迎恩河里捉鱼，春羊不用买鱼，几乎天天都有鱼吃。

顾家弄西是一家木匠铺，铺子西边就是著名的折漕保功祠，是历代纪念折漕先贤的场所。再往西就是我们陶氏老家，陶氏自明万历时期由浏河迁至这里，就世世代代在此繁衍生息。由于人丁不兴旺，到我祖父辈仍只有三户人家，我戏称为"陶氏三家巷"，陶氏的堂号为"安仁堂"，最东为堂兄陶继渊家，中间为叔父陶文琪家，西边就是我家。陶氏世代经商，以经营米、棉为主业，在清道光、咸丰之前，家业较为兴旺，后遭太平天国运动战火的重创，一蹶不振。直至民国时期，陶继渊以投资股市起家，转而投向实业，成为民族工商业家。陶继渊家在上世纪30年代建起了洋房，后面有花园、鱼池；而叔父和我家则都是三进深的江南民居，而以我家最为陈旧，百年老屋，经常漏水，隔几年必要维修一次。我家的建筑形制是较典型的前店后客堂，后面是一片竹林，周遭间生高大的榆树、苦楝，散发一种特殊而亲切的清香，是我孩提时期的乐园，我与小伙伴们整日在这里玩耍。竹园与后排房子间还有宅基地，母亲终日辛勤地在田里辛劳，家里的蔬菜大致可以自给。

我家的西邻是沪上出版家吴拯寰先生创办于1946年的私立高义小学，我的小学一至四年级就是在这所学校里念的，是我学业的启蒙之地。高义小学设备简陋，校舍在老街两侧，临河的为两层三间的楼房，街北也是一座同样形制的楼房，界基上刻有"吴宝善堂"的文字。后面是一排平房，也作教室，最后面是操场，操场与我家后园以竹篱相隔，竹篱上爬满青藤。吴拯寰是著名作家秦瘦鸥先生的姐夫，每逢暑假，高义小学的师生就都回家，吴拯寰老两口与秦瘦鸥先生夫妇就会一起从上海市内到高义小学的临河的楼房里来消夏，住上十天半个月。此时，我最开心，他们常会到我家来与父亲聊天，亲切而又健谈，当听说我在高义小学读书，心花怒放。还给我送来了两件海军条纹汗衫和两瓶辣酱，我很喜欢这两件汗衫，还穿着专程去照相馆拍了一张照；辣酱一瓶是牛肉味，另一瓶是鸡肉味，当时觉得从未吃到过味道这么鲜美的辣酱。

高义小学的西邻是一位叫陈鹿苹的老板开设的福大公司，规模较大，实力很强，以经营棉花、棉纱为主。1949年后的若干年内，福大公司连同折漕保功祠、陶氏三户人家的后园，以及高义小学迁至唐家弄后腾出的地方，都成了嘉定国营商业生活资料批发部。

福大公司再往西则是一条弄堂，弄堂口有一家小饭店。里边住户全都是民国时期苏北发大水逃难到嘉定落脚的苏北人，再往西则是一所名为"西北圣庙"的祠宇，我懂事时，已香火不再，入住居民。西北圣庙对面是两棵高大的银杏，远远就能看到，应是祠宇旧物。

再往西是沪宜公路。在我童年时代，沪宜公路路面铺的是碎煤渣，人们称之为"煤屑路"。路南是横跨练祁河上的侯黄桥，这是当年在修筑沪宜公路时一位乡贤取的，意在纪念抗清英烈侯峒曾、黄淳耀先生。在我少年时代，侯黄桥还是木质的公路桥，以柏油涂满桥身，汽车开过时会发出"吱吱呀呀"的声响，后来几经翻修，如今已是水泥桥。我从小就听过大人们讲侯黄先生壮烈殉节的故事，内心会不由自主地升腾起一种崇高的情感。童年时代，我们活动的半径一般不超过接官亭桥至侯黄桥约二百米之间。

奔流不息的练祁河，波光粼粼，清澈见底。大船、小船、机帆船来来往往，渔船撒网，农船罱泥，运输船装满了货物，忙碌地穿行。清清的河水中，水草繁茂，鱼虾成群。"扑通"一声，常可以看到大鱼跃出水面。练祁河是我们的乐园。口渴了，捧起河水就能喝。大暑天，小伙伴们从早到晚都泡在河里游泳、嬉耍。我们垂钓时不用打食，用蚯蚓、米饭作鱼饵，不久就会有鱼上钩，钓到的鱼以鲤鱼、鲫鱼、鳗鲡、昂刺鱼（我们俗称为"昂牛"）居多。梅雨季节，若遇高温低气压，河虾会成群爬到岸边，俗称"虾潮旺"，随手就能拾到一大碗，当年大姐大手携着我的小手，在河边拾虾的欢乐情景，至今历历在目……

童年的回忆仍是何等清晰、美好。我已到古稀之年，一切皆已过去，成为虚幻，如坠梦中，"此情可待成追忆"，我记下这零零星星的文字，以作记忆。

小楼一夜听春雨

江南是水做的,去年从春节开始,潇潇春雨下个不停,下得太多了,不禁让人有点腻,但又让人对过去的岁月多了几分惆怅的怀念。

从前,我家在西门,那是个半城半乡的地方。老街长长,小巷深深,门前是弹格路,再前面是潺潺而流、清澈见底的练祁河。老家是黛瓦白墙的平房,天井里植一丛天竹,大水缸里养几尾金鱼,屋后是一大片青翠的竹林,硕高的榆树、香椿直插天空,围墙外就是百里绿畴的大片农田。

过去的春天,那况味与今天真是大不相同。夜里听到细雨淅淅,抬头看看窗外,黑漆漆的,隐然竹叶在摇曳;早晨醒来,晨曦中那些雨露晶莹,凝止在那些翠绿的竹叶、小草上,骤然间,整个天地仿佛充溢一股清澄之气,饱满于心。此时,感觉不仅鼻子在深呼吸,就连皮肤也在呼吸着。春雨,让人感到一丝恬静,一丝亲切,江南雨是春天的信使和精灵。

老家一带有不少老式的楼房,与平房和谐地连接在一起,形成了西门的一道风景,就像画家笔下的烟雨江南图。姨母家在我家往西不远处,就是这样的老楼房。姨母与母亲姐妹情深,她性急能干,十分疼爱我,小时候,我常住在她家。姨母爱整洁,家里收拾得一尘不染。她家那木制的方格子的合楼窗,推开后,是一片片鱼鳞般的覆着青苔的瓦片,在小楼上,我欹着枕头,常常听着春雨敲打屋瓦的点点滴滴的声音,也能听到雨点落到练祁河中的声音,让我时而思远,时而怀人。脑海中飞出陆游的诗句

"小楼一夜听春雨,深巷明朝卖杏花"。那雨声,那甜糯的叫卖声,在诗人的听觉中,这是自然的语言,也是江南特有的语言,蕴藏着无穷的想象,足以让人洗涤尘俗的心灵。

江南是个古典的概念,实在属于杏花春雨,小桥流水,一旦失去,便再也无法复制。近年来,高楼大厦拔地而起,本真的江南正在快速消失,与其他大城市趋同。

自从迁到城中,先居住在"梨园新村"的社区里,"梨花一枝春带雨",名字有点春意;后来又迁到叫"上海之春"的社区中,名字更直接带着"春"字,但实际是冷冰冰的钢筋水泥森林,我整日穿行在其中,疲于奔命,渐渐地疏离了大自然,甚至季节的变化也觉得模糊。在喧闹的城市里,我常站在临街的阳台上,傻看那一色的香樟,修剪得平整的冬青,单调而又乏味。看着春雨中的街道如何变得冷清,听那些冰冷的雨点打在各种物体上的声音,仿佛又触摸到了被机械、水泥埋葬了的泥土的芬芳,面对这一切,又想起了诗人余光中先生伤感而无奈的诗句:"听听,那冷雨。看看,那冷雨。嗅嗅闻闻,那冷雨,舔舔吧,那冷雨。"

最忆街头叫卖声

儿时常听到各种各样的叫卖声,那是老底子的事体了,但今天回想起来仍然是十分亲切的。小孩子记忆力强,模仿性也强。尽管已经过去数十年了,这叫卖声依然记忆犹新。

重拾儿时的记忆,令人印象深刻的是,那些在街头流动的小贩发出的各种叫卖声。那些叫卖声中有本地乡音,还有部分非本地口音,而是各地的方言,有的像唱山歌、小调,有的似顺口溜,有的忽高忽低,有的拖腔很长,但都抑扬顿挫、有腔有调。嘉定的几条老街上,旧时常可以听到各色叫卖声不绝于耳,成为嘉定老城的一种时代印记。

如今,那些高高低低、抑扬顿挫的市井叫卖声正悄然远去。于是,有些老嘉定人、老上海人或是在儿时还听过叫卖声的年轻人,还惦记小贩们走街串巷叫卖的情景,他们就回忆着叫卖声的魅力,回到那温情脉脉的街巷中。

我家在西门老街,尽管不是临街而居,但仍可以听得到老街上人们来来往往的脚步声,而旧时小贩们沿街的叫卖声,更是声声入耳,清晰极了。

老街上的叫卖声一年四季都有,从不间断。从白天到黑夜,可以变换很多不同种类的叫卖声。而我最爱听的就是关于"吃"的叫卖声了:挑担的小贩一声长一声短,用各地的方言"唱出"某种食物的名字时,孩童们就会以迅雷不及掩耳的速度争相购买,那场面别提多欢快了。

白天,常常听到的是"黄棟头、香椿头、檀香橄榄、卖橄榄……"的叫卖，通常是挑着两个箩筐的中年男子，用本地口音叫喊着。那时觉得黄楝头、香椿头特别好吃，有点苦，有点咸，有点麻，嚼了一阵后又觉得有点甜，满口清香，回味无穷，而且价格便宜，几分钱就可以起卖，是儿时解馋的佳品。

晚上，常常可以听到的是"桂花赤豆汤、现烧小馄饨……"的叫卖声，有时是男人的叫卖声，有时又是女人的叫卖声，也许他们是一对夫妻档，都是本地口音。记得儿时睡得早，一觉醒来，会听到他们仍在叫卖，那声音游荡在宁静的西大街上，传得格外远。细听，觉得有点凄切，使人有一种说不出的滋味，小贩们为了养家糊口，十分艰辛。

还有季节性食物的叫卖声，如每到秋季时节，银杏的果（白果）熟了。就有当地人收购加少许作料炒熟，然后沿街叫卖："糖炒热白果，香是香来，糯是糯来——"那悠长的叫卖声让孩子们馋得口水直流，恨不得马上买几个品尝品尝。每到黄梅季节，正是白兰花、栀子花盛开的时节。嘉定不出兰花，大多来自苏州。卖花人大多是苏州妇女，她们挎着的篮子里面放了花，沿街叫卖："栀子花、白兰花……"一路甜糯的苏州口音，一路飘着花香。爱美的女性会买上几朵，栀子花插在瓶中清供，白兰花就佩戴在身上。

除了卖东西的叫卖声，还有出卖劳力、提供服务的叫卖声。旧时，嘉定人大都睡棕绷、木绷，坏了修修再用。因而在街上经常可以听到"阿有坏格棕绷、藤绷修哦"，这些工匠大多操浙江口音。还有补碗、补锅的行当。那是一个节俭的时代，碗坏了、锅破了，不会任意丢弃，而要修修再用。街上也经常可以听到："生铁补镬子！""补碗！"从口音听得出来，他们大都是苏北或江西人。别看他们只是走街串巷的匠人，他们都有一手绝活，一只碗碎成两片，他们能用金刚牵钻在碗上打两个小洞，然后用蚂蟥形的铜钉钉牢，补好后的碗照常滴水不漏；小炉匠用坩埚融化生铁，然后熟练地将铁锅的洞补上，再用铁砂皮搓平，又可以再用上几年了。此外，还有磨面刀和菜刀的，他们的叫卖声是："削刀——磨剪刀——"声音拖得很长，生怕人家听不见，他们大都是苏北人。

  旧时，在春节前家家户户都已备了笋干，这是春节的主菜。那时笋干都是整只的干货，用水发泡后，再切成笋丝。因为笋干韧性太强，家庭妇女的刀切不了。这时，可以听到"阿要切笋干"的叫声，他们大都是附近的农民，肩上扛着长凳，上面架着刀，他们会熟练地把笋丝切得很细很细。

  也许如今年轻的一代对当年的叫卖声不以为然，但对我们这一代人来说，它像儿时听到的歌曲一样，深深地印在我的记忆里。

那令人难忘的红烧肉

红烧肉是我家餐桌上的一道"看家菜",我们全家人都爱吃,每星期至少得吃三四次,两天吃不到心里就发慌。

有名厨说"一鱼可以百烧",其实一肉也同样可以百烧。本帮菜的特点是浓油赤酱,而红烧肉则算得上是一道经典的本帮菜,烹饪时葱、姜、酒、糖、酱油,再加五香桂皮,先急火,再文火,烧成的肉香喷喷、甜咪咪,色香味俱全,入口即化,妙不可言。比起鱼肉来,我更偏爱猪肉。

如今,吃一碗红烧肉已算不上什么。然而,今天看似寻常的红烧肉曾是极品美味。我经历过食品紧缺、生活艰难的日子。我的少年时代,正值国家三年困难时期,每人每月的猪肉定量3两,每月最多只能买一次,根本烧不成红烧肉。母亲说这些肉只能算"肉粒屑",一般都切成肉丝炒茭白或洋山芋。少年时嘴馋,最大的奢望是吃一碗香喷喷的红烧肉。当时,父亲在一家粮站工作,粮站有自己的饲养场,利用杂边地种植饲料,养了几头猪,以改善职工伙食。

1961年,我15岁,已上初中,国家供粮25斤,从如今来看,定量并不少,但总觉得吃不饱,肚子里空空的,浑身没有力气。因家与学校相隔较远,母亲为我买了一个长方形的铝质饭盒,每天带饭。那时候几乎没有下饭的菜,淘好米,渗点酱油,有了咸味,就算是菜。到校后,摸出一分钱,交到学校食堂代蒸。当上到第三节课时,早已饿得发慌,肚子里觉得翻江倒海,似乎能听到"咕咕"的叫声。到第四节下课后,即向食堂飞奔而去,一盒饭只消几分钟，就狼吞虎咽吃得精光，我的难看的吃相就是此时养成的。记得为了度过饥饿时期，学校停止了体育课，以减少体力支出。那时正值我长身体的时期，特别能吃，饭吃得再多，人再省力也不顶用，其实原因为肚子里没油水。

那年春节，父亲从单位分到了两斤猪肉，全家非常高兴。母亲善烹饪，她将这些肉烧成了两碗红烧肉，只觉得满屋飘香，馋得我团团转，还未盛好，已吃了几块，香啊，好吃啊！已经一年多没有碰过红烧肉了。待到吃中饭时，我迫不及待地一块接一块将红烧肉送到嘴里，但父母亲的筷头都不动，只是微笑而慈祥地看着我狼吞虎咽。"多香的红烧肉，你们为啥不吃？"父母都说不想吃，要我多吃点。我挡不住红烧肉的诱惑，光顾自己吃。等饭吃完，一碗肉也精光，父亲笑着说我是"吃肉大王"。当天晚上，姨妈全家来吃饭，另一碗红烧肉被我的两位表弟分享，两碗红烧肉父母没尝过一块。

多年以后我才知道，在那个食品极端匮乏的年代，红烧肉无疑是奢侈品，父母亲宁可自己忍着饥饿，来满足我们的食欲。我依稀记得由于常年劳累又缺乏营养，他们的脸和脚都微微有点浮肿，他们对小辈是一种无我的舐犊情深。那是我一生中味道最美、也最难忘的红烧肉。

半个多世纪过去了，父母没能等到丰衣足食的那一天，早已成为故人。当红烧肉已成为寻常菜之时，我脑海中总会浮现出1961年春节刻骨铭心的那一幕。

经历了大饥馑的我，养成了惜食节俭的习惯。在物质极大丰富的当今，当我看到餐桌上的浪费现象，仍会特别心痛和愤恨。

金色的翅膀

2010年5月6日夜晚,华灯璀璨、金碧辉煌的上海大剧院,我与嘉定电大的两位校友一起参加"上海电视大学50名杰出校友"表彰大会,当我手捧银光闪烁的奖牌时,心潮久久不能平静。28年前的往事一幕幕浮现在我的脑海中……

1981年秋天,得知上海电视大学将举办首届中文专业班,这对我们这些有家室之累的在职职工是十分合适的。但我为人木讷疏懒,安于现状,缺乏上进心,尚无参加报考的念头。在挚友查民雄的再三动员下,终于参加了高考复习班,并顺利地考入了电大。

1982年夏末,我进入了一个陌生的大家庭,43位莘莘学子从工厂、学校、机关等单位走来,重新背起书包,汇集到位于城中秦园的上海电视大学嘉定分校,开始了三年紧张又愉快的学习生涯。我们的年龄参差不齐,有的刚二十出头,有的已年近不惑,那年,我也36岁了,觉得是最后的机会。但我们共同经历了十年的蹉跎岁月,在获取知识的道路上,我们有着比常人更为巨大的渴望。那是一个春潮澎湃、激情燃烧的年代,也是一个追梦未来的年代,更是一个令人神往的年代。

三年的学习生活紧张而充实,我们从收音机中聆听主讲老师的教诲;与辅导老师教学相长;同学之间切磋学问;晚上青灯黄卷,完成作业。不全是枯燥乏味的课堂学习,我们也青春做伴,放迹山水;邓尉探梅,用直访古;普陀参禅,虞山踏青,秋霞赏月……

我们的主讲老师是一流的，他们中有许嘉璐、袁行霈、张志公、张传玺、郭锡良、陈惇等名师，还有王蒙、张志民等著名作家、诗人，使我们受益匪浅。后来，我不仅认识了曾在电大教过我的沈渭滨、钱乃荣老师，而且亦师亦友，成了熟人，人生真是一个圆，由圆而结缘。

三年的学习生活难忘和快乐，尽管毕业后，从事本专业的同学并不多，但我还是感恩电大。正是电大改变了我的命运，也充实了我的知识结构，甚至改变了我的价值观。就在毕业之前，我被抽调参加《嘉定县志》及《嘉定文化志》的编纂工作，从此开始了我地方史研究的下半生，电大为我插上了金色的翅膀，因此我格外珍惜这段学习生活。

我的毕业论文《袁枚与清代妇女诗歌》，得到上海电视大学领导的垂青，后又得到上海师范大学有关专家的好评与赏识，被推荐到《上海师范大学学报》上全文刊出，这对从未公开发表过任何文章的我而言，喜悦与感激之情难以言表，这意外的收获，更是对我莫大的鼓舞和鞭策。

我还结交了一批学友，收获了友谊，同学们成为永远的好友，这是最大的收获。古人说"友直，友谅，友多闻"，那纯净的同学情，弥足珍贵，就像奔流不息的练祁河，延续了数十年。而同学之间的情感，犹如经年的醪酒，积之愈久，气息更加醇厚。

白云苍狗，流水明月，37年过去，弹指一挥间。我们可以自豪地说，同学中不乏事业有成者，实现抱负者；虽然也有下岗待业者，但无一锒铛入狱者。大家工作与生活是淡定和充实的，唯一遗憾的是李鸣一、王东明、崔伟君三位同窗已先后成为故人，每当同学聚会时，大家都会情不自禁地念叨他们。

绵长的记忆

五十年一瞬，嘉定博物馆已经进入了知天命之年。作为嘉定博物馆的一位退休职工，在五十年馆庆之际，不禁浮想联翩，思维的触角延伸得很远很远……

记得小时候，嘉定没有博物馆。小学读书时，曾读到苏联莫斯科博物馆，十分好奇又十分神往。直到上世纪60年代初，我上初中时，有一年春节，随我哥到城中玩，来到整修一新的孔庙，里面有一个嘉定历史文物的基本陈列，让我第一次近距离触摸嘉定历史。石童子抗倭英勇献身，侯黄二先生抗清壮烈殉节，太平军抗击洋枪队气壮山河，一个个震撼人心的故事，让我感悟到身为嘉定人的深深自豪。走出孔庙大门，终于看到墙上挂着"嘉定县博物馆"的牌子，这是我与嘉定博物馆的首次结缘。

1964年，我被分配到嘉定县新华书店工作。当时，新华书店与文化三馆（博物、图书、文化）及电视放映管理站，合称"嘉定县文化系统联合支部"，负责人是新华书店经理周家玺同志及博物馆馆长顾大年同志，他们是我踏上工作岗位后最初的老师，如今，他们都已成为故人，回首往事，历历在目，令人不胜感慨。由于工作性质的关系，以及上世纪六七十年代特殊的政治氛围，我们常在孔庙学习。1968年，更是与博物馆的同志在303学习班朝夕相处近一年，使我对博物馆的工作有了更多的了解，也与博物馆的同志有了更多的交往，有的成了知心的朋友。

上世纪80年代，嘉定博物馆进入了重要的发展时期，嘉定博物馆创办了馆刊《疁城文博》，因当时博物馆领导的抬举，让我成为该刊唯一的馆外编委，参加《疁城文博》的编辑工作。《疁城文博》是当时较有影响的刊物，不仅在嘉定有广泛和稳定的读者群，在上海和长三角地区的文博系统也有一定的影响。我至今珍藏着成套的《疁城文博》，余暇时经常翻阅，欣赏纸上的风景。这个时期，我还为嘉定博物馆的"嘉定民间工艺展""刘必华集报展"等专题陈列撰写陈列大纲，为招收工艺竹刻部新职工出笔试考卷。

也许是冥冥之中注定我与博物馆有缘，2000年初春，我正式调入嘉定博物馆，博物馆成为我退休前的最后一站。由于领导和同事们的关心和支持，我很快度过了磨合期，进入角色。参与上海中国科举博物馆、嘉定竹刻博物馆的建设，从事地方史的研究和著述，直到2007年秋天退休。

行笔至此，我忽然想起丰子恺先生在一篇文章中曾经这样写道："如果一个人的职业和事业能够重合，他就是一个幸运和有福分的人。"我想，我应算一个。

扬帆：从《疁城文博》开始

1984年初冬，我被组织上抽调到县文化局从事地方志的编撰工作。当时局志办公室设于图书馆四楼，工作人员都是从局的下属单位抽调上来的，这是一个临时机构。然而，这个临时拼凑起来的团队都是老熟人，充满了快乐融洽的氛围。其时，嘉定博物馆正在筹划出版馆刊《疁城文博》，具体负责的是馆支部书记、老友葛秋栋兄，他热情地鼓励我向《疁城文博》投稿。记忆中，当时还有《嘉定文艺》《图书通讯》等刊物。上世纪80年代初，中国的报刊尚不多，要发表作品不是件容易的事，故而这些地方小刊物吸引了一批热情的作者，还有不少热心关注的读者，这些刊物在嘉定都很博眼球。此时，似乎是嘉定一个小小的文化繁荣期。

1985年春天，一份16开铅印小报《疁城文博》终于问世了，它朴实无华，从今天的眼光看，完全可以用"简陋"两个字来概而括之。从《疁城文博》第二期开始，我在"泮池"副刊上发表了散文《叶池的怀念》，文章得到了朋友们的好评，从此一发不可收，成为积极的投稿者，发表了不少的文章，如《简约、含蓄、隽永——归有光〈与沈敬甫十六首赏析〉》《蓊云峰与赵洪范》《嘉定报刊漫谈》《陈济成轶事》《江南一枝笔——唐大郎》《王鸣盛的雅量》《从〈钱太恭人墓志铭〉谈开去》《商务印书馆的第二个总理——印有模小传》《鼓吹穷人革命的号角——〈苦恼报〉》《嘉定的第一张报纸——〈嘉定旬报〉》《练祁河，诗人的河》《闲话嘉定的竹刻》《嘉定盆景高手朱三松》《无限沧桑话当年》《钱辛波剪影》等。我的这些文章一点史料，一点乡土，一点抒怀，逐步形成了自己的模式，也得到了读者的首肯。因为发表的文章较多，我用了"练川生、应奎人、纪鸣、闻鸡"等的笔名，这些笔名其实并无深意，主要为了避免过于频繁地出现自己的名字，而笔名或取自地名练祁河、应奎山，或取自自己名字的谐音，是很随意的产物。

1986年初，秋栋与我商量，说馆内编辑力量薄弱，希望我帮忙做一些《嘦城文博》的编辑工作，我觉得有兴趣，就答应了。这样，我从作者又成了编者，边学边干边提高。在编辑《嘦城文博》的过程中，我积累了一些编辑经验，对以后的工作也有益处。

《嘦城文博》在当年有一定的影响，尤其在文博界的影响更大。数年前，上海博物馆的老前辈杨嘉祐先生写信给我说："我是通过《嘦城文博》认识你的，你在《嘦城文博》刊登的文章，我每篇必读。"这封信我至今保存着。如今回头看，我发表的这些文章虽尚属稚嫩，但研究方向似乎已经明晰——地方史，人往往在不经意中确定了自己终生的方向。

数十年来我订阅过的报刊何其多也，但大多成了过眼烟云，后来都匆匆处理掉了，而我却至今珍藏着整套的《嘦城文博》，也许，这是敝帚自珍的情结所致吧，说我的写作生涯起步于《嘦城文博》也不为过，从这里，我开始扬帆远航。

好风凭借力　送我上青云

30年前,神州大地吹来了一股催醒万物的春风,中国人民冲破"左"的坚冰,终于迎来了改革开放的春潮。醉人的春风也吹到了古城嘉定,刚过而立之年的我正在新华书店工作,我感受到一个有所可为的时代到来了。

要有所作为,就必须具备充足的知识储备,但我缺乏系统的学习和科学的方法。不久,我成为电大首届中文专业的学生,三年的电大学习使我受益匪浅。此外,我还师从国学大师王国维的弟子刘天倪先生学习中国古代史和古汉语,使我在历史和语言学科方面打下了更为扎实的基础。

上世纪80年代初,正逢党和国家提出"盛世修志"的号召。在组织的安排下,我开始从事地方志书的研究和撰写。当时社会上正流行下海经商之风,比较起来,修志工作则显得十分清苦。好心的朋友曾拉我下海,我没有动心,因为我热爱这份工作,我崇尚的理念是范文澜先生的"板凳要坐十年冷,文章不写半句空"。我埋首在古书堆、旧档案、旧报纸中,常常在图书馆、档案馆中一泡就是数天,甚至数月;我的足迹踏遍全国各地,搜集了大量有关嘉定的史料。三十年来,我参与了《嘉定县志》《嘉定县志简编本》《嘉定文化志》《上海锡剧志》等一系列地方志书和专业专书的编撰工作。

嘉定自古以来广泛流传着一首地名民谣,叫作"金罗店、银南翔,叫化嘉定、贼娄塘,乌龟出在徐家行"。上世纪80年代,我运用地方史料和音韵学进行严密的推理和论证,将其还原为

"金罗店、银南翔、教化嘉定、食娄塘、武举出在徐家行"。这个研究成果得到了学术界的普遍认同,颠覆了民谣传播过程中的以讹传讹,还了历史的本来面目。之后,"教化嘉定""食娄塘""武举出在徐家行"为社会各界广泛运用,大大提升了嘉定的城市形象。

世纪之交,随着人们对传统文化的重新认识,我开始忙碌起来了。我参加了古城保护、新城规划、文物古迹调查、非物质文化遗产保护、乡邦文献的研究与整理,以及上海中国科举博物馆、嘉定竹刻博物馆的筹建工作。还在广播电台开讲《嘉定故事》,为电视台、报纸策划文化类节目和专栏等,主持"嘉定文化丛书"的编辑出版工作。

30年来,我获得了上海市文化局先进史志工作者、上海市劳动模范、文化部非物质文化遗产保护先进个人、嘉定区改革开放精彩嘉定人的一系列殊荣。2007年,我退休了,现仍在做地方志方面的工作。我庆幸这30年没有虚度光阴,我想起了《红楼梦》中薛宝钗所作的一首词:"好风凭借力,送我上青云。"我更感恩这个伟大的时代,如果没有30年前的那一股好风,就没有今天的我,我赶上了好时光!

淘书记趣

也许是曾长期在书店工作的缘故,我变成了爱书成癖的人,只要闻到书里散发出的油墨香,我便欣喜若狂,犹如嗅着一捧鲜花。即使在旧书店中,屋里透着些许霉味,但只要打开书页,闻到旧书所特有的气息,我便把诸事都抛于脑后了。

在我的近万册藏书中,有数百册旧书,是我从旧书店、书摊以及孔夫子网上旧书店中淘来的。风和日丽时,坐于晴窗之下,轻轻地为旧书擦去尘埃,缓缓地阅读,很是享受。

我的第一次购书经历在1964年秋天,买的是一本旧书。那时我在上海出版局艺徒训练班学习,出版局的丁景唐老师为我们授课,主讲"作家与作品"。他鼓励我们到旧书店去淘书,说这里面有"宝贝",他为了著书立说也常常到旧书店"串门",有时整天泡在旧书店的库房中寻觅有用的书。当时,上海旧书店在福州路上,这是我第一次踏进旧书店,只见店面开阔,店堂里书山书海,任人挑选。我看到一本丁老师的著作《学习鲁迅和瞿秋白作品的札记》,此书出版于1961年,是一部研究鲁迅、瞿秋白的重要专著,我已读过数十次,受益匪浅,就毫不犹豫地买了下来。上世纪80年代初,我去丁老师家探望他,此时他正任上海文艺出版社社长兼总编辑。当我出示此书时,他的双眼放出异样的神采,连连说:"我自己也没有了,在抄家时被抄走了,真是难得,难得。"随手拿起笔在扉页上龙飞凤舞地写了一段话:"一九八〇年四月九日,继明自嘉定来访,出此书征为签名,白云苍狗,流水明月,一晃廿年,不胜感慨,欣然命笔云耳。"

淘到第一本旧书后，就有了第二本、第三本，从此一发不可收。我收藏的旧书渐渐多起来了，还在旧书店结交了一批朋友，常常托他们代购旧书，方便多了。但时间越长，我对旧书的感情越深，无论是到市区去办事，或者探亲访友，我都会注意看看附近是否有旧书店、旧书摊，顺便淘几本旧书。只要时间允许，不管顺路不顺路，我都要到福州路旧书店（现已改名上海书店）去访友购书。即使出差到外省，也要到旧书店去淘书。

记得 2001 年冬天，我到天津出差，在津门小白楼附近的一家大型旧书店中淘书，买到了孙犁先生的"劫后文丛十种"，这套丛书装帧精美，图文并茂，我心仪已久，久觅不得，捧在手中，不禁心花怒放。时光流逝，浑然不知，竟与同事们失去了联系，又忘了宾馆名称，摸了许久，才找到了下榻之处。

进入互联网时代后，孔夫子网上旧书店的旧书琳琅满目，应有尽有，与实体的旧书店不可同日而语。要淘旧书，只需轻轻地点鼠标，搜索一下即可，十分方便，还送货上门，渐渐地，我也减少了上实体书店的频率，旧书网上也可以购到比实体书店便宜得多的书，而且不少是全新的。

真要感谢网络带来的福音，近几年来，我在网上又淘了许多旧书，配齐了《黄宗羲全集》《李渔全集》《何其芳全集》《朱自清全集》《叶圣陶全集》《朱光潜全集》《孙犁文集》……我写文章的习惯是先在网上搜集相关材料，然后对这些材料一一核对。毕竟，网上的材料庞杂而不够准确，此时，就用得上手头的书了，其中也包括这些旧书。

如今，我几乎天天上网，我还在忙碌地淘旧书，当我淘到一本喜爱的旧书时，就像遇到了一位久违的老友，那种愉悦真难以言喻。然而，家里的书越积越多，堆得到处都是，挤压了有限的空间，说成"灾"也不为过，因此常遭家人埋怨，我正为它们的出路犯愁。

我的《东坡乐府笺》

1972年初春,正值林彪事件爆发不久,压抑得太久的人们终于舒了一口气。中国的上空透出了一抹希望的微光。

也许是被春日的韶光催醒了,平日懒得走动的我,心血来潮,在一个星期天的上午,兴冲冲地赶到沪上"拜访朋友"。那时我是快乐的单身汉,说走就走,直到坐上北嘉线公交车,才想起到市区去找谁呢?当时我已在书店工作多年,天天与书打交道,乐此不疲,所交的朋友也大多为书友。对,不如到书店看看,或许有意外的收获。

位于福州路的上海旧书店是我访书较多的地方,林林总总的各种书刊供人挑选,这里的书香氛围令人陶醉。我曾在这里购置过不少好书,如苏轼的《苏东坡集》、袁枚的《小仓山房诗文集》、纪晓岚的《阅微草堂笔记》、郑振铎的《插图版中国文学史》及茅盾的《忆鲁迅》等。此时,上海旧书店已改称为"上海书店"。门市部的书架上,稀稀落落地陈列着《毛泽东选集》《马克思恩格斯文选》《列宁文选》,以及八个样板戏的剧本,令人颇感失望。

旧书店的二楼是办公室和书库,我刚上楼,只见友人宣稼生兄正好从办公室里走出来,与我贴面相遇,见到我,他兴奋得直拍手,一把拉住我进了他的办公室。"你来得正巧,昨天书库开放了几种书,作为内部发行,其中有一本苏东坡的词,非常好,不知你是否喜欢?"说罢就从办公桌抽屉中取出两册线装书,我拿来一看,原来是《东坡乐府笺》(上、下),这是旷世无双的北宋大词人苏轼的全部词作,我兴奋得跳起来,这正是我需要的,我的洋洋三大册的《苏东坡集》中，独缺他的词作，真是天意，立即掏钱买。

《东坡乐府笺》系连史纸质，铅印线装本，装帧朴素大方，又显得十分凝重，浓郁古典文化气息迎面扑来。此书由词学大师龙榆生先生笺校，初版成书于1935年，在内忧外患的年代里，龙榆生根据旧钞本精心校释笺疏，面世后，受到词学界的高度评价，一抢而空。之后，他又倾20年之力重校重笺此书，考订极为精慎，并撰写了很有分量和见地的序言，并由商务印书馆于1958年印行。印成之时，正值龙榆生罹难，被打成"右派分子"之日，书因人殃及，全都封存，在书库里沉睡了整整14年。此时获得解禁，可算意外。获得此书的喜悦之情难以言喻。从此，它置放我的案头，成为读得最为频繁的书，苏轼旷达的胸怀，豪放杰出的词风，极大地感染了我。后来，我成了"龙迷"，陆续购买了龙榆生编著的其他著作，如《唐宋名家词选》《近三百年名家词选》《龙榆生词论文集》等。

龙榆生先生是现代词学界公认的三位大师之一（另二位为夏承焘和唐圭璋），他精于诗词曲赋，造诣深厚，与毛泽东有诗交。然而，自古"文章憎命达"，诗人也然。龙榆生先生的晚年命运坎坷。最近，偶翻1998年的《新华文摘》，读到剧作家沙叶新先生的《感念师恩愧对师》一文，知道1968年龙榆生先生已经逝世，那是一个动荡而悲凄的年代，一代大师在无声无息中走完了人生，不禁催生无限同情。

近日，又翻阅《东坡乐府笺》，当年购书的发票飘了下来，当时规定书店工作人员自己购书，要保存发票，以免"瓜田李下"之嫌。这张发票开于1972年2月27日，十分准确地记录了购书的日期，算起来，这本书已陪伴我整40年了。

提心吊胆的三天三夜

去年初春,民盟嘉定区委主委高雷平先生郑重地托付我,把园林绿化老专家、老盟员蔡秋芝女士的文稿结集成书出版。我与蔡秋芝有着不浅的交情,平时尊称她为"蔡工",加上自己生性就喜欢花木,就不假思索,爽快地应允了。不久,就收到了蔡工郑重其事地亲手送来的一大堆稿子。

蔡工勤于笔耕,各类稿件已累积五十余年,除了少量文章已发表外,大都是手稿,纸张散乱不齐,有的年代很久远了,字迹有点潦草,辨识较费神思,这些文字几乎凝聚了她的全部心血。

起早摸黑,我花了数月的业余时间,下大功夫梳理编辑。至8月初,我已把书稿全部编辑完毕,并取了《拥抱绿色》的书名,经与蔡工沟通后,她非常满意。书稿交一家老牌印刷厂打字、排版、印刷。厂长老王认真负责,与我也较为熟悉,我放心地把一大包书稿交给老王,并交代他在11月中旬完成全书的排版,多一些时间让我轻松地校对。

谁料,祸从天降。就在交出书稿的第三天,满头大汗的老王闯到我的办公室大声说:"书稿丢了!""什么?"我几乎不敢相信自己的耳朵,顿时心跳剧烈,两眼发黑,乱了方寸。蔡工已经七十多岁高龄,不会电脑,文章也都没有请人打字输入电脑,丢失书稿,就意味着……后果不敢想象。

定神后,我赶紧寻找对策。老王说书稿是挂在电动车把手上在温宿路至梅园路段弄丢的。我要老王在这一路段两旁的数家商店门口都写了"寻物启事",重金悬赏。每天下班后,我就冒着酷暑，与妻子在这一带踯躅徘徊，到商店、学校等单位逐家逐家地询问，所有人都摇头摆手说没有见过。一天、两天、三天……杳无音讯。我失望了，晚上翻来覆去睡不着，头胀得厉害，茶饭无味，心上如压了一块大石头，无比焦虑，这滋味实在难熬，很后悔没有复印一套备着，以防不测。又后悔没有学习电脑打字，如果有电子文档，也不致如此。

第四天清晨，我的手机响了，老王兴奋地告诉我说书稿有下落了。原来，书稿被一位外来务工者拾得，当他看到"寻物启事"后，就与老王联系上了，要价不菲。书稿一张不缺、完璧归赵。岁末，书终于如期付梓。当从印刷厂取来新书，我心中不禁激起波澜。这一切，我都瞒着蔡工，她毫不知情，当她拿到自己的新书时，脸上洋溢满意的微笑。

书稿失而复得的传奇经历，着实让我提心吊胆了三天三夜，庆幸的是最终以喜剧结束。但教训是深刻的，看来凡事只有自己干，不依赖别人，才能有保障。从此，我下定决心学习电脑，开始与电脑结缘。写文章都改用电子文稿，方便了别人，也确保了自己的稿子得以长期保存，也算是与时俱进。

纸上的余温：《嘈城漫笔》回音壁

2000年初冬，在友人的热情支持下，我出版了第一本散文随笔集《嘈城漫笔》，这本文集收我在各种报刊上发表的文章56篇。付印之际，拙稿有幸由乡贤于光远先生题笺，文坛前辈丁景唐先生作序。

《嘈城漫笔》出版后，我分赠有关师友，承蒙他们错爱，都一一亲笔写了回信，对我勉励有加，令我十分感动，我把这些来信都珍藏着，一晃快20年了，我的第二本散文随笔《练水集》即将付印，让我又想起了当年的这些来信，拿出来一一展读，写信者大都已成故人，而书简却尚有温度，不禁感慨岁月之无情。书简不仅对拙书作了点评，也叙说了嘉定风物，自当亦有存世价值，我摘录部分内容，以飨读者。

黄裳：承以《嘈城漫笔》一册惠赠，谢谢。漫读一过，嘉定一地故事，往往而过，得益新知，至以为快。您供职于博物馆，见闻必多，此郡前贤往迹，可以著录尚富，甚盼续有所作，是可望也！

袁鹰：拜读尊作，引起与景唐兄序文中所述相似的心境和回忆。嘉定虽从幼年时就听说过"三屠"和前辈文人志士轶事，而且同上海近在咫尺。五十余年来却只有缘去过一次。1948年秋去廖临同志家（旧县府旁边），住了两夜，在汇龙潭划船，在城里转了一圈，以后就再未去过，至今怀念不止。现在同五十年前相比，当然完全不一样了。这些年虽多次去上海,也没有机会重访嘐城,引以为憾。但是读大作,却引起浓厚兴趣,文情并茂,又有不少史料,增加了对嘉定的认识,谢谢您了。以后如有机会,一定再去嘉定拜访,一偿宿愿也。

杜宣:感谢惠赠大作《嘐城漫笔》一册。翻阅之后,感到我又畅游了嘉定古城:汇龙潭的碧波浩渺,秋霞圃的清幽静穆——涌现出眼前。嘉定是我老友瞿白音、葛一虹、田鲁、陈冰夷的故乡。所以读大作时,常常会出现他们的影子,使人平添了对旧友故知的怀念之情。《嘐城漫笔》既有嘐城往昔的故事,又有嘉定今日的辉煌,怀人状物,文采飞扬,是可读性甚强的一本书,必将传之后人,可喜可贺!

郁风:首先应向你道歉,你写给苗子的信,大概一直未回,我们总是在忙乱中,信件被搁置着,有些便永远忘记了。年纪大,精力差,效率慢,请谅。但是这几天我偶从书架上翻到这本书——《嘐城漫笔》和夹在其中的信,就一口气读完了,你写得文采飞扬,酣畅淋漓。那书中熟悉的浦熙修、钱辛波、唐大郎等人的记述……激活了我的记忆。又欣幸你竟知道那位修女廖家勋的身世,因此便决定给你写信,并想寄你我的一篇短文《我的法国牛肉》。

蒋星煜:手书奉悉,大作拜读。《嘐城漫笔》文笔甚佳,写浦熙修一文的确使我感动,浦也是我的极熟的朋友也。我与嘉定结缘可谓深也。潘世和兄与我是深交,曾同在重庆大后方、上海等地畅谈文艺。后我堂兄蒋星德为《嘉定县志》审稿,曾与世和兄会晤,可惜当时极忙,也未设法联系,但心里还是惦记着的。听说世和老兄健康不佳,不胜怀念。

尚丁:大作《嘐城漫笔》收到几天了,因我偶患小恙,迟复为歉。大作十分精彩丰富,文情并茂,嘉定故事,读来神往，得益良多，不胜感谢！嘉定有我不少尊敬的老辈和友好，如胡厥文、杨卫玉、秦浩等。解放前，还有民盟的直属小组，由我联系。负责人浦泳等为革命都有贡献，浦熙修还是《展望》杂志驻南方办事处主任，回忆往事，历历在目。

陆象贤：大作《疁城漫笔》两册均已收到，十分感谢。《疁城漫笔》的出版，对了解嘉定历史文化，大有裨益，你做了一件大好事。读《疁城漫笔》，对一般年轻人来说，因他们缺乏嘉定历史、文化知识，恐有一定的难度。他们更需要一本关于嘉定历史文化知识的通俗明白的读物，也需要有人去做。《疁城漫笔》一书的校对工作，做得很认真，几乎没有错别字。

顾振乐：前承惠赐大作《疁城漫笔》一册，已先后读其大半。余生于嘉定，而长期居住上海，对嘉定往事知之甚少。虽已年登耄耋，但乡土之情，始终萦萦于怀。故每读大作，往往爱不释手。病榻无聊，读书自遣。闭目养神之余，偶得八句奉献，札记于下，不免贻笑大方：

江南一支笔，妙语写练川。
胸藏万卷书，源于学在先。
散文崇清丽，文史索渊源。
才气加痴气，更擎一重天。

顾振乐先生还把诗写成了书法作品送我，高情厚谊，令我感激不已。

此外，我还收到了葛一虹、杨嘉祐、汪统、熊月之、陈四益、谢俊美、盛巽昌、赵丽宏、褚水敖、夏咸淳、钱江、韦泱、李福眠、丁言昭、沈潜、苇鸣等人的来信，因篇幅有限，无法一一列举。我将把全部书简及文章都打印装订成册，取名为《笔谈〈疁城漫笔〉》，予以珍藏。

我为嘉定地名"平反"记

在嘉定区开展创建文明城区活动时,政府提出了"教化之城,礼仪之邦"的口号,"教化"这个熟悉的口号让我想起了28年前的一件往事。

中国的地名有一个十分有趣的现象,常常会在地名前冠之一个状语,以描写、形容这个地区,往往有出其不意的传播作用。记得我在牙牙学语时,就已听到在嘉定流传着一首地名民谣:"金罗店、银南翔、铜真如、铁大场,叫化嘉定,贼娄塘,乌龟出在徐家行。"旧时,这首地名谣脍炙人口,在嘉定几乎妇孺皆知,曾经流传了数百年。

从内容看,这首民谣对旧时嘉定的七个主要集镇有褒有贬。罗店、南翔、真如、大场等镇是民谣所赞扬的地方,分别被冠以"金、银、铜、铁"的美称。但对嘉定、娄塘、徐行这三个集镇则分别以叫化(乞丐)、贼、乌龟(即"绿帽子")以示鄙夷,形成了前后强烈的对比。罗店、南翔、真如、大场等镇很自豪,而嘉定、娄塘、徐行等镇又很无奈。

这首地名谣应起源于明代中叶至清代前期。罗店、真如、大场三镇,在清雍正二年(1724)之前属嘉定县区域,后划归宝山县。今罗店、大场属宝山区,真如属普陀区。而民谣将嘉定的七座古镇放在一起讲,就可以肯定其诞生于清雍正之前。

罗店镇,古称"罗溪"。地处嘉定东境,长江口南,得江海之利,是个重要的水陆交通口岸,元代至正年间已经创市,商业和手工业十分发达,经济繁荣,店铺林立,是古代嘉定县的重镇,故有"金罗店"之称。

古镇南翔,地处嘉定南境,萧梁时期因"南翔寺"成镇,已有一千五百年历史,历史悠久,人文荟萃。明清时期因盛产棉花,大批农民从事织布业。以致吸引了大批徽商来这里从事棉花、棉布交易,南翔也成为嘉定的商贸重镇,经济十分繁荣发达。清嘉庆年间诗人姚承绪有诗曰:"三槎云树渺汀洲,古寺苔绕接素秋。广市生涯丛百货,繁华漫说赛苏州"(《吴趋访古录》)。棉花为银白色,加之棉业以银两出进,故有"银南翔"之称。

真如是嘉定南部古镇,与上海县接壤,境内建于元代的真如寺,香火旺盛,因寺得名。自古"为上、嘉出入要道,编氓鳞比,商贾麇聚,号称巨镇"(陆锡熊《真如里志序》),经济虽不及罗店、南翔,也可称繁荣,故称"铜真如"。

大场位于嘉定东南,缘于境内的宋代大盐场而成名,明代前期已成市,后逐步繁荣,镇内九桥十八弄,大小店铺达三百余家。晋、陕、徽商俱至,以棉花、棉布为大宗,集市每至深夜不散。但与真如相比稍逊一筹,故有"铁大场"之称。

嘉定人历来崇文重教,明嘉靖年间,唐宋派古文大家归有光来嘉定讲学,对嘉定产生了重大的影响;之后又有闻名遐迩的"嘉定四先生"唐时升、李流芳、娄坚、程嘉燧活跃于文坛画苑;清康熙年间,理学家陆陇其任嘉定知县,不但带来了清廉的风气,还带来了重教的理念,形成了良好的风尚。嘉定历史上共出了192名进士,主要集中于明清两代。清代嘉定还连续出了三个状元——王敬铭、秦大成、徐郙;清乾嘉时期,嘉定又出了两个著作等身的大学者——钱大昕、王鸣盛。饱学之士更是不计其数。嘉定有诗礼传家的名门望族,如龚氏、秦氏、唐氏、李氏、孙氏、王氏、徐氏等二十余家,注重家教家训。嘉定人以读书为荣,读书之风极盛,共出文人学者二千名,著作四千余部。清末,任浙江巡抚的嘉定人廖寿丰奏请将"求是书院"改为"求是大学堂"（今浙江大学的前身）。民国时期，嘉定人王柳生、王培孙在上海创办南洋中学，张公镠创办吴淞水产学校（今上海水产大学前身）、廖世承创办国立蓝田师范学院（今湖南师范大学前身）、张君劢创办大理民族书院，陈梦渔参与创办东亚体育专科学校，潘指行首创的"中心小学制"推向全国，嘉定的一批教育家沈恩孚、杨卫玉、潘仰尧、顾树森等与黄炎培等发起成立中华职业教育社，创办中华职业学校，倡导职业教育，时沪上有"无嘉不成教"之说，称"教化嘉定"当之无愧。但民谣贬之为"叫化嘉定"令人啼笑皆非。嘉定历史上可能有乞丐问津，但这里绝非盛产乞丐之地，更无冠名"叫化"的历史记录。

娄塘古镇地处嘉定北隅，早在元代至正年间已成集市。旧时娄塘镇沿河植遍桃树，春天桃花灼灼，游人如织，故雅称为"桃蹊"。娄塘商贸繁荣，棉花、棉布及大蒜、蚕豆等地货是交易大宗，人流、物流盛极一时，坐贾行商十分兴旺。娄塘镇的街道均不正，故有"娄塘街，条条歪"之称。但在这条条歪的街上，茶楼酒肆及旅馆随处可见，饭店、小吃店、茶馆店鳞次栉比，当地有与吃相关的娄塘"十"说：十爿酒店、十爿茶馆、十爿南北货店、十爿小吃店、十爿肉庄、十爿鱼摊、十爿点心店等，经营的品种繁多，以糟缸制品、肥羊大面、绉纱鲜肉馄饨、杏仁酥、海棠糕、火车饼、雪饼、朝板糕、竹爿糕为著名，"十"与"食"又是同音，故有"食在娄塘"之称，简称"食娄塘"。至于"贼娄塘"，系空穴来风，娄塘有贼，嘉定何处无贼？难道嘉定的贼都集中于娄塘？

徐家行，也称徐行。地处嘉定东北，古称"疁东"。这里民风彪悍，人们习武成风，以武为荣，曾经出过许多传奇的英雄人物，嘉定的抗倭、抗清斗争，均有徐行人参加，明清海运中带有武艺高强的徐行人充当押运。吴淞炮台上，也有不少徐行人充当官兵。

"武举"在这里不是武举人的含义,而是应试武科考试的举子的意思。每次武举考试中,常有徐行人夺魁,近代学者吕舜祥先生在成书于解放初的《疁东志·科举卷》中记载:"至武科,无所稽考,只能举述最近若干武秀才之姓名:陈瀛洲、杜福良、孙兆熙、孙兆桢等。"徐行的村民在闲暇时爱练石担石锁,徐行就成为嘉定的武术之乡,故有"武举出在徐家行"之称。而民谣将其地贬称为"乌龟出在徐家行",令人哑然失笑,难道嘉定一地,唯徐行的女子行为不端?近年来,有人提出徐行因盛产黄草编织,而黄草也称"乌蓲",蓲字读如丘,乌蓲与方言"乌龟"音近,也可备一说。

那么,这首地名谣在刚流传时,应该是这样的:"金罗店、银南翔、铜真如、铁大场、教化嘉定、食娄塘,武举出在徐家行。"而早在上世纪70年代初,我就对这首地名谣产生了怀疑。在查阅了大量史料的基础上,考证出这首民谣在长期的流传中,由于谐音的关系,逐步变异,以讹传讹,失去了原意,变得不伦不类,甚至部分变成了对某些地区的贬低、侮辱。我觉得十分有必要为它正名,以使它恢复本来面目。

1985年岁末,经过反复论证推敲,我写成了《嘉定地名谣辩正》一文,又反复修改补充后定稿,1987年发表于当时影响很大的《采风报》,引起了一阵不小的反响。自此,嘉定、娄塘、徐行三个地名,都恢复了历史的本来面目,提升了它们的历史定位。"教化嘉定"开始在嘉定叫响,成为响亮的文化坐标;"食娄塘"和"武举出在徐家行"让这两镇也变得理直气壮,徐行还修建了嘉定武术馆,开办了嘉定武术学校。2003年3月,经国家科技部审核批准,我的这个研究作为"软科学成果",批准为"国内首创",实出意外。算起来,我写此文时,正好是40岁,据说,这个年龄是出成果的高峰期。

随笔三章

探索者的足迹

19世纪中叶，风烛残年的清王朝，遭遇到"千古未见之大变局"，极大地震惊了中国知识分子。西方炮利船坚的工业文明吸引了无数中国人，中国出现了一个向西方寻找真理的知识分子群体。

上海开埠以后，西学东渐的步伐大为加快，学习西学成为时尚。嘉定作为上海的近郊，得风气之先，知识分子审时度势，紧跟潮流，纷纷弃科举，转而学习研究新学，或干脆出国留学。从清同治十一年（1872）牛尚周等随"清政府首批幼童留美"开始，一批又一批的青年才俊出洋留学，至1949年，全县留学生达60余名，在当时的历史条件下，数量可谓众多，以致嘉定留学生在江南一带十分引人注目。

最早出国留学生是十一二岁的少年儿童，在清政府派出的四批120名幼童中，嘉定就有牛尚周、周传谏、周传谔3名。他们年轻，少传统束缚，虎虎有生气，正是他们勇敢地迈出长期封闭的国门，为后来者作了良好的开端。

出国留学的学生，呈家族化的倾向，兴许是风气推动所致。如留日学生中，有王纳善、王守善、王宰善兄弟；廖氏家族中的廖世功、廖世纶、廖世承兄弟分别留学法国、日本、美国；廖家福、廖家珣姐弟留学法国；张氏兄妹张君劢、张嘉璈、张幼仪三人分别留学德国、日本、英国；葛成勋、葛成奎、葛成慧兄妹留学美国、日本。

嘉定这批早期留学国外的学生大都考入国外名校，如美国哈佛大学、耶鲁大学，英国牛津大学、剑桥大学，日本早稻田大学、东京高等工业学校等。出国留学生中有不少人后来成为国家的栋梁之材，如顾维钧成为卓越的爱国外交家，张君劢成为享誉海内外的新儒家，张嘉璈成为"民国第一理财家"，童世亨首先提出开发开放浦东，廖世承成为著名的教育家，张昌绍、陈邦典、牛惠生、牛惠霖成为一代名医。令嘉定人自傲的是在出国留学生中有几名杰出的女性，如葛成慧、顾静徽等人，他们不仅是中国最早的女留学生，还是中国最早的女博士，在各自的领域内都有重大的建树。

路是探索者的足迹，地上本没有路，走的人多了，便成了路。在出国留学不再成为畏途的时候，我们更不应忘记当年的那些探索者。

浅议"嘉定精神"

前不久，笔者参加"竹刻国际学术研讨会"，与会代表在盛赞嘉定竹刻的高超艺术水准时，形成共识：这种融书、画、诗、文、印为一体的艺术样式，出现于明代，反映了嘉定人的创新精神。其实，说起嘉定历史上的创新，可以历数许多例子。笔者认为，在嘉定精神中，创新是最能体现其核心价值的部分。

说起嘉定人的形象，最鲜明的特点当属敢为天下先，他们更能与时俱进，代有创新，也是这方水土所赋予他们独特的秉性，值得大书特书：元代，航海家张瑄打通海上运输线，改内河运粮为海上运粮，成功破解南粮北调的难题，此举泽被后世，载入《元史》，民国时期编入小学教材；明代，科学家孙元化引入西方先进科学技术，研制改造的"红夷大炮"，达到世界先进水平，在宁远保卫战中大显神威，使一世枭雄努尔哈赤中弹落马，数月后一命呜呼；清代，国学大师钱大昕穷一生之力，发现汉语音韵"古无轻唇，只有重唇"及"古无舌尖，只有舌头"。此论一出，中国音韵史改写，其成果被陈寅恪称之为"清史第一"；清末，任浙江巡抚的廖寿丰在杭州创办求是大学堂，这是一所全新的大学，就是今浙江大学的前身，它比京师大学堂（今北京大学前身）还要早办一年。

嘉定人不仅有创新的智慧，更有创新的胆识，这是嘉定知识分子独特的风骨所决定的。20世纪20年代，从上海广方言馆走出来的青年学子吴蕴初以一己之力，发明"佛手牌"味精，战胜了风靡一时、不可一世的"味の素"，惠及千家万户，使民族工业扬眉吐气；与此同时，教育家廖世承开创教育心理学科，率先制定小学中学"六三三"学制，这个科学和理性的学制一直沿用至今；20世纪30年代，教育家潘指行等一群有识之士独创"小学中心校制度"，这个科学的教学管理模式得到教育界同仁的高度评价，民国教育部称之为"效惊人之异彩，为各地之楷模"，迅速在全国推广，并形成长期制度；20世纪60年代初，中国大地"左"风弥漫，影坛更是万马齐喑，噤若寒蝉，电影艺术家瞿白音，不畏险峻，其"创新独白"之论，如石破天惊，后瞿白音因之获罪，历尽磨难，半个世纪过去了，实践证明他的观点不仅正确，而且超前，"创新独白"之论至今仍有旺盛的生命力；改革开放后，嘉定人的创新有精彩的续篇，大陆第一条高速公路——沪嘉高速公路，就诞生于嘉定，嘉定得风气之先，此后全国各地纷纷建设高速公路。

笔者列举历史上嘉定人创新的故事，不只是仅仅为了回顾昨天的光荣，而旨在为今天的创新提供思想资源。创新是一个民族和国家生生不息的源泉。无数历史事实有力地证明：创新生，守旧死。如今，我们正处在创新驱动、转型发展的关键时刻，我们更应该继承和发扬敢为天下先的精神，克服制约经济社会发展的瓶颈，敢于创新，善于创新，为建设繁荣美丽的嘉定而努力。

有生命的文物

在"嘉定区文物保护单位优秀摄影作品展"的陈列大厅里，一幅幅照片，记录了嘉定人八百年来来去去的踪迹；一幅幅照片，浓缩了嘉定历史长河下的呼吸和节拍；一幅幅照片，定格了嘉定历史文物美的瞬间。

孔庙、法华塔、秋霞圃、古猗园，还有老街、名宅、经幢……星星点点，如撒在嘉定大地上的一颗颗珍珠。岁月的风铃敲打了数百年，经历过无数次的天灾人祸，风霜雨雪，她们显得皱襞横陈，但她们依然倔强地站立在嘉定大地上，老而弥坚，精神犹在。

许多时候，我们可能忙于繁杂的事务，而忽视了她们的存在。在物质生活日益丰厚的今天，我们若缺失了人文精神的依凭，就会觉得若有所失，这就更领悟到她们是多么重要！

一位西方哲人言："在文明的范畴中，政治和经济只是它的表面现象，而文化才是文明的血液、骨髓和核心。"假如没有她们，一个城市将难以传承文脉，城市也略显苍白而无历史厚重感。

文物是有生命的，是需要人们精心呵护的。政府已经实施了诸多保护文化遗产的措施，然珍惜文物，珍爱前人留下的文化遗产，珍重人文传统的滋养，更需要市民进一步增强保护文物的意识。诸多热心文物保护工作的市民和摄影爱好者们，用镜头记录嘉定现存部分文物的现状。其中，仅从那张布满脚手架的照片中，是否足以窥见人们积极行动之一斑？

图书在版编目（CIP）数据

练水集/陶继明著.——上海：文汇出版社，2019.12
（新时期嘉定作家群文学丛书）
ISBN 978-7-5496-3035-6

Ⅰ.①练… Ⅱ.①陶… Ⅲ.①随笔－作品集－中国－当代
Ⅳ.① I267.1

中国版本图书馆 CIP 数据核字（2019）第 252275 号

练水集

著　者　陶继明
策　划　朱耀华
责任编辑　徐曙蕾
装帧设计　张志全

出版发行　文汇出版社
　　　　　上海市威海路 755 号
　　　　　（邮政编码 200041）

照　排　南京理工出版信息技术有限公司
印刷装订　上海天地海设计印刷有限公司
版　次　2019 年 12 月第 1 版
印　次　2019 年 12 月第 1 次印刷
开　本　890×1240　1/32
字　数　230 千
印　张　9.875
印　数　1—2000

ISBN 978-7-5496-3035-6
定　价　41.00 元